음성 사용자 인터페이스 디자인

음성 사용자 인터페이스 디자인

VUI 디자인의 핵심 개념과 활용

캐시 펄 지음 김명선 · 김선영 옮김

i!i
에이콘

"음성은 오래전부터 인간의 핵심적인 의사소통 방식이었다. 이제 이 오래된 방식이 사람과 컴퓨터가 소통하는 핵심적인 방법이 되고 있다. 캐시 펄은 17년간의 경험을 이 책에 담아 출판했다. 그녀는 귀중한 경험들, 명쾌한 생각, 통찰력 있는 관찰을 바탕으로 음성 사용자 인터페이스Voice User Interface, VUI의 주요 요소들을 담아내고 있다. 고대의 소통 방식에 완전히 새롭게 접근하고 있는 것이다."

마크 스테판 메도우Mark Stephen Meadows / 작가, 예술가, 보타닉BOTANIC.IO 대표

"이 책은 VUI 디자인의 기초를 배우기에 훌륭한 자료다. 앞으로 점점 더 많은 디자이너가 VUX를 설계하게 될 것이며, 이 책은 그들이 VUI를 설계하는 방법을 배우는 데 도움을 줄 것이다."

크리스 모리Chris Maury / 컨버센트 랩스Conversant Labs 창립자

"VUI 디자인에 대한 실용적이면서도 종합적인 이 책은 캐시 펄의 방대한 실무 경험에서 비롯된 것이다. 그녀의 경험이 담긴 이 책으로 당신만의 VUI 여정을 보다 유리하게 시작할 수 있을 것이다."

레베카 나울린 그린Rebecca Nowlin Green / 뉘앙스 커뮤니케이션즈Nuance Communications 비즈니스 컨설턴트

"듣고 말할 수 있는 시스템에 대한 그녀의 열정을 공유하는 동시에 VUI 디자인의 새로운

시대를 맞이해 폭넓고 실질적인 적용 범위를 제시하고 있다. 음성 디자인은 업계의 '내부자'조차도 피할 수 없는 특별한 도전과 의미를 지니고 있기 때문에 이 책은 이 분야에 종사하는 의사 결정자들과 개발자들에게도 가치가 있을 것이다. 멀티모달 앱의 문화적 정착, 챗봇[Chatbot]의 등장, 가상 비서[virtual assistant]의 부활(1990년대의 와일드파이어[Wildfire]와 제네럴 매직[General Magic]의 포르티코[Portico1] 서비스를 기억하는가?) 시기에 꼭 필요한 책이다."

제임스 지안골라[James Giangola] / 크리에이티브 책임자, 대화 디자인 & 디렉션, 구글

"이 책에는 효과적인 VUI를 설계하는 방법이 담겨 있다. 또한 전문가의 실질적인 조언과 최신 기술들의 최신 예시들로 가득차 있다. 이 책은 모든 VUI 디자이너의 책상에 있어야 마땅하다."

제니퍼 발로그[Jennifer Balogh] / 박사, 『Voice User Interface Design』(Addison-Wesley Professional, 2004)
공동 저자

---

1 1996년 제너럴 매직에서 출시한 음성 인식 기반 가상 비서 서비스. 팜(Palm)과 마이크로소프트의 아웃룩(Outlook)이 연동돼 음성 메일, 이메일, 일정 등을 다뤘다. – 옮긴이

캐시 펄 Cathy Pearl

환자들이 대화를 나누고 서로의 아픔을 공감하는 데 도움을 주는 '만성 질환 환자를 위한 가상 간호사 아바타'를 만든 센스리Sensely의 UX 책임자다. 어렸을 때부터 컴퓨터에 관심이 많았으며 코모도르 64Commodore 64로 첫 번째 대화 프로그램을 설계했다. 인지 과학, 컴퓨터 과학, 심리학, 언어학, 인간 컴퓨터 상호 작용 및 인공지능에 대해 공부했다. 1999년 뉘앙스 커뮤니케이션즈를 시작으로 VUI를 설계하고 있다. 나사(NASA, 미항공우주국)의 헬리콥터 조종사 시뮬레이터부터 「에스콰이어」 지의 스타일 칼럼리스트가 첫 데이트에 무엇을 입을지 조언하는 대화형 아이패드 앱에 이르기까지 다양한 작업을 해왔다. 뉘앙스 커뮤니케이션즈와 마이크로소프트에서 근무할 당시에는 은행, 항공사, 헬스케어 회사 및 포드 싱크용 VUI를 설계했다.

감사의 글

이 책은 많은 사람의 도움 없이 쓸 수 없었을 것이다.

우선 VUI라는 주제로 책을 의뢰할 만한 선견지명을 갖고 있었던 오라일리 미디어[O'Reilly Media]에 연결해준 캐런 카산스키[Karen Kaushansky]에게 감사한다. 내가 회사를 다니고 있었음에도 이 일이 할 만한 것이라 믿도록 해준 오라일리 미디어의 닉 롬바르디[Nick Lombardi]에게도 감사의 인사를 전한다. 많은 격려와 함께 다양한 편집을 제안해줬던 이 책의 편집자 안젤라 루피노[Angela Rufino] 역시 이 책을 만드는 데 많은 도움을 줬다.

책 전체에 대해 다양한 의견과 통찰력 있는 제안을 해준 레베카 나울린 그린, 아비 존스[Abi Jones], 타냐 크롤직[Tanya Kraljic], 크리스 모리에게 감사하다는 말을 전하고 싶다.

여러 장의 리뷰를 도와주고 VUI의 장단점을 함께 공유할 수 있도록 해준 앤 타임 고벨[Ann Theme-Gobbel]에게도 고마운 마음을 전한다.

많은 시간을 투자해 정성 어린 제안을 해줬던 나의 또 다른 리뷰어인 비탈리 유르첸코[Vitaly Yurchenko]와 제니퍼 발로그에게도 감사드린다.

나에게 많은 도움을 준 마가렛 어반, 리사 폭슨[Lisa Falkso], 캐런 카산스키, 제니퍼 발로그, 앤 타임 고벨, 샤미타 소마셰커[Shamitha Somashekar], 이안 멘지스[Ian Menzies], 제러드 스트로더만[Jared Strawderman], 마크 스테판 메도우, 크리스 모리, 사라 배손[Sara Basson], 난디니 스토커[Nandini Stocker], 엘렌 프란식[Ellen Francik], 데보라 해리슨[Deborah Harrison]에게도 깊은 감사를 드린다.

8년 동안 음성 인식이란 도대체 무엇인지, 대화형 음성 인식[Interactive Voice Responce, IVR] 시스템의 일상적 실용성이 어떤지를 배울 수 있었던 뉘앙스 커뮤니케이션즈의 동료들에게도 감사의 인사를 전한다. 내 인생에서 정말 값진 시간이었다.

내가 포기하려고 할 때마다 VUI와 관련된 또 다른 시도를 할 수 있도록 해준 론 크로엔Ron Croen을 비롯한 볼리오Volio의 다른 팀원들에게도 고마움을 전한다.

VUI의 한계를 초월해 사람들이 더 건강한 삶을 영위할 수 있도록 해준 센스리의 가상 간호사 몰리Molly에게도 깊은 감사를 드린다.

그리고 마지막으로 우리 가족에게 정말 무한한 감사의 인사를 보낸다. VUI가 미래 세대에게 어떤 의미가 있을지 살펴보는 데 중요한 역할을 했던 나의 아들 잭Jack에게도 고맙다는 말을 전한다. 잭은 아마존 에코 Echo의 알렉사Alexa에게 농담을 해달라거나, 숙제를 대신 해달라거나, 더 파이널 카운트다운The Final Countdown 게임을 한 번만 더 하자고 하는 등 알렉사를 우리 집의 새로운 가족 구성원으로 받아들이는 데 많은 역할을 했다.

그리고 "이 책이 잘될 것 같다."며 희망적이다가도 "안 돼, 내가 뭘 한 거야."라며 후회하는 등 이 책을 쓰면서 롤러코스터를 타는 동안 나에게 무한한 지지를 보내준 남편 크리스 레게터Chris Leggetter에게 감사한다.

오랫동안 기다려줘서 고마워요. 이제 드디어 〈하우스 오브 카드House of Cards〉 시즌 4를 함께 볼 수 있겠네요.

옮긴이 소개

김명선

전자 공학 및 네트워크를 공부했고 전자 회사의 선행 디자인 연구소에 재직 중이다. 새로운 것을 배우고 뭔가 만드는 것을 좋아한다. 개발자로 일하면서도 새로운 것을 만드는 일에 적극적으로 나서는 한편, 다양한 분야에 도전하고자 노력하고 있다.

김선영

한국과 미국에서 산업 디자인을 전공하고, 미국 로체스터 대학에서 산업 디자인학과 학부와 대학원생들에게 제품 디자인, 그래픽 디자인 및 브랜딩을 가르쳤다. 현재는 글로벌 전자 회사의 선행 연구소에서 트렌드 리서치와 고객 연구를 기반으로 신제품/사업을 기획하는 일을 하고 있다.

불과 10여 년까지만 해도 명령어를 얼마나 정확히 알고 분당 몇 단어를 타이핑할 수 있는지가 컴퓨터를 다루는 능력의 척도였다.

기기가 정한 방식에 맞춰 사람이 기기에게 익숙해져야 했던 시대가 지나고 기기가 사람을 알아보고 스스로 다가오는, 앞으로의 시대가 기대된다. 효율적인 타이핑이 줄임말과 신조어를 만들어낸 것과 같이 VUI 시대가 가져올 우리 삶의 소소한 변화들도 궁금하다.

이와 더불어 '나는 기기와 어떻게 소통하고 싶은지'에 대한 고민도 필요한 것 같다.

 에이콘출판의 기틀을 마련하신 故 정완재 선생님 (1935-2004)

차례

들어가며

우리는 마법의 시대에 살고 있다. 거실 소파에 앉아서 말하는 것만으로도 2시간 이내에 곰돌이 젤리 한 통이 문 앞에 배달되도록 할 수 있다(물론 이것이 과연 좋은 것인지는 다른 책의 또 다른 주제가 될 수 있을 것이다).

지난 몇 년 동안 음성 인식 기술(사용자의 말을 알아듣는 컴퓨팅 기술)은 비약적으로 성장했다. 내가 1999년 뉘앙스 커뮤니케이션즈에서 VUI 디자이너로 경력을 시작했을 때는 컴퓨터가 내가 말하는 '확인' 또는 '저장'을 구분할 수 있다는 사실만으로도 놀라웠다. 요즘에는 스마트폰이나 다른 스마트 기기에게 "2마일 이내에 와이파이가 되고 일요일에도 문을 여는 카페를 찾아줘."라고 말하면 그곳으로 가는 길까지 안내받을 수 있다.

컴퓨터가 사람들의 상상력에 불을 붙이기 시작한 1950년대에는 음성 인식이 비교적 쉬운 문제로 여겨졌다. 2살짜리 아이도 말을 알아들을 수 있기 때문이다.

그러나 머지않아 언어를 이해한다는 것은 매우 복잡하다는 사실을 알게 됐다. 이는 인간이 수년 동안 숙달해야 하는 미묘함과 특이성으로 가득차 있다. 나는 지난 수십 년 동안 매우 간단한 명령을 이해할 수 있는 컴퓨터를 프로그래밍하기 위해 노력해왔다. 일부 사람들은 문맥 없이 단어 뒤에 숨겨진 의미를 이해하는 것은 불가능하므로 물리적 세계에 존재하는 개체만이 언어를 이해할 수 있다고 믿기도 했다.

음성 인식은 실생활에 존재하기 이전부터 공상 과학 소설에 존재하고 있었다. 1968년에 개봉한 영화 〈2001년 스페이스 오딧세이^{2001: A Space Odyssey}〉에 등장하는 HAL 9000은 음성 명령에 응답하는 지능형 컴퓨터다(물론 명령한 모든 것을 실행하지는 않는다). 이 영화와 HAL 9000은 관람객들에게 강한 인상을 줬다. 지금도 사람들은 VUI와 챗봇을 테스트할 "할, 격납고를 열어.^{HAL, Open the pod bay doors.}"라는 유명한 대사를 즐겨 사용한다.

영화 〈스타트랙 4: 귀환의 항로^{Star Trek IV: The Voyage Home ,1986}〉에는 1986년으로 돌아간 엔

터프라이즈^Enterprise 호의 수석 엔지니어 스코티^Scotty가 컴퓨터를 사용할 때 "컴퓨터!"라고 부르는 장면이 나온다. 컴퓨터가 응답하지 않자 맥코이 박사는 마우스를 스코티에게 건넨다. 스코티는 마우스를 다시 마이크로 사용하려고 한다. 결국 키보드를 사용하라는 말을 듣고 "참 기이하네!"라고 말한다. 우리는 아직 그 시기에 도달하지 못했지만 언젠가 분명히 키보드를 사용하는 것이 기이하게 보이는 때가 올 수도 있을 것이다. 현재의 음성 인식 기술은 그 어느 때보다 공상 과학 소설에 가까워졌다. 온라인 소매업체인 씽크긱 ^ThinkGeek은 스타트랙 '컴배지^ComBadge'를 출시할 예정이다. 이는 1980년대에 방영된 텔레비전 시리즈에서처럼 사용자가 배지를 탭(tap)해 사용하는 방식으로 블루투스를 통해 스마트폰으로 음성 명령을 전달한다.

이 배지 제품의 등장은 매우 중요하다. 전화기를 사용하는 음성 시스템은 20년 전부터 존재하고 있었고 휴대전화 VUI도 거의 10년 전부터 존재해왔지만 이 배지는 음성 기술의 궁극적인 비전에 가장 부합한다. 삶이 상상력을 모방하는 것이다.

이 책을 쓴 이유

이미 인간과 컴퓨터 간의 음성 인터렉션 수준이 영화 〈스타트랙〉에 버금가는 경지에 도달했다면 이 책이 왜 필요한 것일까?

혹시 형편없이 설계된 온도 조절 장치 때문에 어려움을 겪어본 적이 있거나 가스레인지의 잘못된 화구를 켠 경험이 있거나(개인적으로 13년 동안 사용하고 있는 가스레인지를 아직도 잘못 켜기도 한다) 밀어야 열리는 문을 당겨본 적이 있다면[1] 좋은 디자인 없이는 기술을 제대로 사용하기 어렵고 심지어 불가능하다는 사실을 알고 있을 것이다.

높은 정확도를 가진 음성 인식 기술은 VUI의 많은 문제 중 일부만 해결해줄 뿐이다. 인식된 정보를 이용해 무엇을 할 것인가? 누군가가 원하는 것에 대한 단어들을 인식하는 것

---

1 "Norman Doors: Don't Know Whether to Push or Pull? Blame Design"(http://99percentinvisible.org/article/norman-doors-dont-know-whether-pushpull-blame-design/)

에서부터 실제로 원하는 것을 실행하는 것까지를 어떻게 구현할 것인가?

오늘날 스마트폰이 사용자가 말한 것을 이해하고 그에 따라 실행할 수 있는 능력은 자동 음성 인식^{Auto-mated Speech Recognition, ASR}과 자연어 이해^{Natural-Language Understanding, NLU} 기술의 결합 때문이다. 만약 누군가가 당신이 이해하지 못하는 언어로 말하더라도 그들의 발음은 받아적을 수 있을 것이다. 그것이 ASR이 하는 일이다. 그러나 발음만으로는 그 말의 의미를 알 수 없다.

좋은 VUI 디자인을 위한 가장 중요한 방법 중 한 가지는 이미 알려진 대화 원리를 이용하는 것이다. 사용자는 그들이 아기였을 때부터 소리내 말하면서 다른 사람과의 대화에 참여했다. 어린아이에게 "빨간색 상자에서 녹색 공을 꺼내 나에게 가져다주세요."라고 말하면 그 아이는 당신이 상자가 아니라 공을 원한다는 것을 안다(이를 동일 지시어^{Coreference}라고 하는데 컴퓨터에게는 어려운 작업이다).

협동 원리^{Cooperative Principle}란 성공적인 대화를 나누기 위해서는 듣는 사람과 말하는 사람이 서로 협조해야 한다는 것을 의미한다. 폴 그라이스^{Paul Grice}는 이 아이디어를 네 가지 기본 조건으로 설명한다.[2]

품질^{Quality}

당신이 진실이라고 믿는 것을 말하라.

양^{Quantity}

필요한 만큼의 정보를 모두 얘기하되, 너무 과하게 얘기하지 말라.

관련성^{Relevance}

지금 대화와 관련된 것만 얘기하라.

방법^{Manner}

최대한 명확하고 다른 사람이 이해할 수 있는 방식으로 설명하라.

---

2   Grice(1975)

우리는 사람들과 위 네 가지 조건을 따르지 않는 많은 대화를 나눠봤고 이로 인한 혼란이나 좌절을 경험했다. 이 네 가지 조건을 따르지 않는 VUI 또한 이와 비슷한 문제를 일으킬 것이다. 다음은 VUI가 앞서 말한 네 가지 기본 조건을 따르지 않았을 때 발생할 수 있는 예시로, 이는 사용자 경험에 부정적인 영향을 미칠 수 있다.

품질	VUI가 해줄 수 있는 것이 호텔 예약밖에 없을 때 "어떻게 도와드릴까요?"라고 말하는 것과 같이 해줄 수 없는 범위의 질문을 하는 것
양	"옵션이 변경됐을 수 있으므로 주의 깊게 들어주세요."라고 말할 필요 없이 덧붙이는 말(누가 이를 듣고 "오, 알려줘서 고마워요."라고 말하겠는가?)
관련성	주문하기도 전에 환불 정책에 관해 설명하는 것과 같이 현재 유용하지 않은 것들에 대한 정보를 제공하는 것
방법	사용자를 혼란스럽게 하는 기술 전문 용어들을 사용하는 것

사람들은 상거래에서도 "안녕하세요. 잘 지내셨어요?"와 같은 일상적인 인사뿐 아니라 언제 통화를 끝내야 한다거나 자리를 떠나야 하는지 등을 알 수 있는 다양한 회화적 및 사회적 관습에 익숙하다. VUI가 사람은 아니지만 이러한 기본 관습을 잘 활용하면 성공적인 대화를 이끌 수 있을 것이다.

만약 VUI가 이러한 원칙을 따른다면 사용자를 진정으로 이해할 수 있을까? 그리고 그것이 중요할까?

중국어 방과 튜링 테스트

1980년 철학자 존 새얼^{John Searle}은 방 안에 앉아 있는 사람에게 중국어 기호가 적혀 있는 종이를 전달해주는 '중국어 방 논쟁'을 제안했다. 중국어를 모르는 참가자는 규정집(응답으로 적절한 문자가 적힌)에서 답을 찾아 대답해야 한다.

이 방의 밖에 있는 사람에게는 방 안에 있는 사람이 중국어를 완벽하게 이해하고 답하는 것처럼 보일 것이다. 존 새얼은 만약 컴퓨터가 이와 같은 일을 한다면 우리는 컴퓨터가 지능적이라고 생각할 것이라 주장했다. 어찌됐든 방 안에 있는 모든 사람은 중국어를 모른다.

1950년 앨런 튜링^{Alan Turing}은 "기계가 생각할 수 있는가?"라는 질문에 답하기 위한 테스트를 발표했다. 1991년 이후 매년 컴퓨터가 사람이라고 생각하도록 심사위원을 가장 잘 속인 컴퓨터 제작자에게 뢰브너 상^{Loebner Prize}을 수여한다. 컴퓨터 프로그램은 사람을 상대로 한 채팅(타이핑)을 통해 사람인지 컴퓨터인지 구별하는 것으로 수년 동안 계속 복잡해졌지만 아직 어떤 도전자도 금메달을 따지 못했다.

아마존^{Amazon}은 최근 '알렉사 상^{Alexa Prize}'이라는 대회를 만들었다. 2017년 이 상의 도전 과제는 20분 동안 인기 있는 주제에 대해 사람과 긴밀히 소통하는 소셜 봇^{socialbot}을 만드는 것이었다.

이 책은 철학과 관련돼 있지 않으므로 '컴퓨터가 생각한다.'라는 문제는 이 책에서 하고자 하는 질문이 아니다. 그 대신, 이 책은 좀 더 실용적인 접근법을 취한다. VUI 또는 봇을 사람으로 생각하도록 속이는 것은 성공을 위해 반드시 필요한 것이 아니다. 좋은 VUI의 경우, 사람의 대화를 복제하는 것은 매우 중요하지만 여러 가지 면에서 사용자에게 컴퓨터와의 대화라는 것을 알려주는 것이 좋다. 사람은 봇에게 말을 하고 있다는 것을 알게 되면 더 너그러워진다. 당신의 VUI 목표가 사람을 속여 인간이라고 생각하도록 하는 것이어서는 안 되며 사용자의 문제를 효율적이고 쉬운 방법으로 해결할 수 있도록 하는 것이어야 한다.

이 책의 독자

이 책의 주요 독자는 모바일 폰이든, 장난감이든, 가정용 비서이든 관계 없이 VUI를 디자인하는 사람이다. 일반적인 UI 디자인의 원칙이 여전히 VUI에 적용되지만 VUI 디자인과 웹 사이트 또는 GUI 전용 모바일 앱 디자인 간에는 중요한 차이점이 있다. GUI를 사용하면 일이 제한되고 사용자가 언제 버튼을 눌렀고 언제 메뉴 항목을 선택했는지가 명확해진다. 사람은 누군가 말을 하면 그 사람이 한 말의 맥락을 이해할 수 있지만 VUI는 그렇지 못하기 때문에 좋은 사용자 경험을 위해 많은 추가 디자인 요소가 필요하다.

VUI(또는 챗봇과 같은 다른 유형의 대화형 UI)를 만드는 개발자도 기본 디자인 원칙을 이해하고 있으면 프로토타입prototypes이 성공할 가능성이 더 커진다.

관리자와 비즈니스 개발자는 이 책을 통해 VUI 디자인 도전 과제와 해결하고자 하는 문제에 VUI가 적합한지 여부를 배울 수 있다. 경우에 따라 GUI 앱이 제대로 동작해 VUI가 필요하지 않을 수도 있다.

이 책의 구성

1장, '소개'에서는 VUI의 역사를 간략하게 소개하고 VUI가 당신과 당신의 앱에 적합한지에 대해 다룬다. 또한 '대화식'의 의미와 챗봇의 개요를 설명한다.

2장, '기본 VUI 디자인 원칙'에서는 VUI 생성 시 알아야 하는 기초 지식을 설명한다. 디자인 도구, 확인, 오류 동작 및 초보 대 전문 사용자와 같은 주제에 대한 필수 디자인 원칙을 다룬다.

3장, '페르소나, 아바타, 배우 그리고 비디오 게임'은 VUI에 아바타 또는 캐릭터를 추가하려는 디자이너에게 유용하다. 당신의 VUI에 아바타가 있어야 하는지 확실하지 않은 경우에 유용할 것이다. 또한 모든 VUI에 필수적인 페르소나Personas 디자인에 대해 논의한다.

4장, '음성 인식 기술'은 VUI 디자이너에게 필수다. 디자인에 큰 영향을 미칠 수 있는 기술 자체를 이해하는 입문서다.

5장, '고급 VUI 디자인'에서는 2장, '기본 VUI 디자인 원칙'에서 다룬 내용을 넘어 NLU 정서 분석, 데이터 수집 및 TTS를 위한 좀 더 복잡한 전략을 소개한다.

6장, 'VUI 사용자 테스트'에서는 VUI 사용자 테스트가 모바일 앱 또는 웹 사이트의 사용자 테스트와 어떻게 다른지에 대해 자세히 설명한다. 낮은 정확도low-fidelity 테스트 방법, 원격 및 실험실 테스트 방법을 다룬다. 또한 자동차 및 기타 다른 유형의 기기 VUI를 테스트하는 방법을 소개한다.

7장, 'VUI 완료! 다음 작업은?'에서는 VUI가 '실전'일 때 필요한 방법론에 대해 간략히 설명한다. 또한 성능을 이해하고 개선하기 위해 분석할 수 있는 정보와 방법을 다룬다. 그러나 (7장을 읽기 위해) 출시를 늦추지는 말라. 시스템이 개발되는 동안 무엇을 기록해야 하는지 아는 것이 중요하다.

8장, '음성 지원 기기 및 자동차'에서는 7장, 'VUI 완료! 다음 작업은?'에서 다루지 않았던 VUI에 중점을 둔다. '기기' 부분에서는 가정용 비서 기기와 웨어러블을 다루고 '자동차 및 자율 차량' 부분에서는 자동차 디자인의 도전 과제와 모범 사례를 살펴본다. 8장에는 이 분야의 전문가들이 기여했다.

어떤 디자이너는 독립 실행형 시스템으로 VUI를 만드는 반면, 어떤 디자이너는 아마존 에코의 단일 기술과 같은 기존 플랫폼을 사용한다. 특히 기존 플랫폼 위에 구축하는 데 중점을 둔 독자에게 관련된 내용은 2장, '기본 VUI 디자인 원칙', 4장, '음성 인식 기술', 5장, '고급 VUI 디자인'이다.

정오표

정오표는 에이콘출판사 도서정보 페이지 http://www.acornpub.co.kr/book/designing-voice-ui에서 찾아볼 수 있다.

질문

이 책과 관련해 궁금한 내용이 있다면 이 책의 옮긴이나 에이콘출판사 편집 팀(editor@acornpub.co.kr)으로 문의해주길 바란다.

1장

소개

1장에서는 VUI의 간략한 역사에 대해 알아보고 개발하고자 하는 모바일 앱에 VUI를 포함할 것인지를 판단하는 데 도움이 되는 내용을 다룬다. 또한 대화형 인터페이스 Conversational interfaces와 챗봇의 개요에 대해서도 다룬다.

VUI의 역사

1950년대 벨 연구소Bell Labs는 단일 화자 숫자 인식 시스템Single-Speaker Digit Recognition을 구축했다. 초기 시스템들은 적은 수의 어휘를 사용했고 실험실의 외부에서는 그다지 사용되지 못했다. 1960~1970년대에는 인식할 수 있는 단어의 수 확대와 '연속적인(단어 사이에 멈추지 않아도 되는)' 음성 인식에 대한 연구가 이뤄졌다.

1980년대에는 좀 더 실용적인 방향으로 발전해 일상적인 음성 인식이 현실화됐고, 1990년대에는 처음으로 실질적이면서 누구나 이용할 수 있는 불특정 화자 음성 인식 시스템이 생겨났다.

VUI 역사에서 중요한 첫 번째 시대는 사람이 전화로 하는 말을 이해하고 작업을 수행하는 IVR 시스템의 시대다. IVR 시스템은 2000년대 초반에 대세를 이뤘다. 전화기를 가진 사람이라면 누구나 전화기와 목소리만으로 주식 시세, 항공편 예약, 계좌 이체, 처방전 재주문, 주변 영화 시간, 교통 정보 확인 등이 가능했다.

하지만 IVR 시스템은 〈새터데이 나이트 라이브Saturday Night Live, SNL〉에서 풍자한 암트랙 Amtrak의 가상 여행 비서 '줄리Julie', '겟휴먼GetHuman(https://gethuman.com)'과 같이 IVR 시스템을 거치지 않고도 직원과 바로 연결되는 전화번호 제공 사이트가 등장하면서 좋지 않은 평판을 얻기도 했다.

그러나 IVR 시스템만의 유용한 면도 있었다. 찰스 슈왑Charles Schwab의 음성 인식 거래 서비스(뉘앙스 커뮤니케이션즈가 1997년에 개발)는 사용자가 반복적으로 자동화 시스템에 전화를 걸어 정보를 얻을 수 있도록 하지만 IVR 시스템 이전에는 오퍼레이터가 반복적인 대응에 부담을 느끼지 않도록 통화 횟수를 제한했다. 일례로 2000년대 초반, 화물 운송 회사가 유지 보수를 위해 IVR 시스템을 잠시 중단하고 IVR 시스템이 제공하던 간소화된 프로세스가 아닌 에이전트를 통해 주문 세부 사항을 받게 하자 사용자로부터 많은 항의 전화를 받기도 했다.

IVR 시스템은 경마에서 내기를 하는 것과 같이 여러 정보를 담은 복잡한 문장과 페덱스FedEx 또는 UPS의 배송 조회 번호와 같은 긴 문자열을 인식하는 기술 측면에서 크게 향상됐다. 대부분의 예전 IVR 시스템은 발신자가 이미 말한 것을 질문에 활용하는 등 현재의 VUI보다 더 '대화형'이었다.

샌프란시스코 베이 지역의 511 IVR 시스템은 스마트폰이 사용되기 훨씬 이전부터 운전자에게 교통량 및 출퇴근 시간, 버스 지연 시간 등의 정보를 제공했다. IVR 시스템은 요일과 상관없이 24시간 접근 가능한 특성으로 인해 사용자가 상담원과 통화할 수 없는 시간에도 서비스를 제공했다.

VUI의 두 번째 시대

우리는 이제 VUI의 두 번째 시대라고 할 수 있는 시기에 도달해 있다. 시각 정보와 청각 정보가 결합된 시리^{Siri}, 구글 나우$^{Google\ Now}$, 하운드^{Hound}, 코타나^{Cortana}와 같은 모바일 앱과 아마존 에코, 구글 홈$^{Google\ Home}$과 같은 음성 인식 기기는 이미 대세가 됐다. 구글 보고서에 따르면 검색의 20%가 음성으로 처리되고 있다고 한다.[1]

우리는 다음 단계로 넘어가는 초기에 있으며 현재 스마트폰이나 다양한 기기를 통해 말로 많은 것을 할 수 있지만 아직 할 수 없는 것들도 많다.

아직 VUI 디자이너가 설계 정보를 얻을 수 있는 곳이 많지 않다. 많은 VUI와 챗봇 설계자들이 이미 수집된 정보를 전달하거나, 적절히 제약된 응답을 이끌어내도록 알맞게 프롬프트하거나, 시스템 분석 및 개선 방법을 알아내기 위한 정보를 수집하거나, 페르소나를 디자인하는 방법 등 우리가 이미 15년 전에 IVR 시스템을 설계하면서 배웠던 것들을 VUI를 디자인하면서 배우는 것을 볼 수 있었다.

IVR 디자인을 통해 배울 수 있는 점도 많다. 2004년 마이클 코헨$^{Michael\ Cohen}$, 제임스 지안골라, 제니퍼 발로그가 『Voice User Interface Design』이라는 책을 출판했다. IVR 디자인에 중점을 두기는 하지만 책 속의 많은 원칙, 예를 들면 페르소나, 운율학, 오류 복구 및 프롬프트 등과 같은 디자인은 오늘날의 VUI와 여전히 관련이 깊다.

이 책은 동일한 디자인 원칙을 다루고 있지만 음성 기반의 스마트폰 앱 및 기기에 초점을 두고 개선된 기본 기술을 활용하는 전략에 대해 다룬다.

왜 VUI인가?

오늘날 스마트폰을 사용하는 어린 사용자들은 2개의 엄지손가락을 사용하는 타이핑에 놀라울 정도로 익숙하며, 채팅 대화를 하면서 인스타그램^{Instagram}에 코멘트를 남기고 스냅챗^{Snapchat}을 하는 동시에 틴더^{Tinder}에서 호랑이와 포즈를 취하고 있는 남자의 사진을 넘겨버리는 등 멀티태스킹에 매우 능숙하다. 이미 익숙해진 이 방식 외에 또 다른 커뮤니케이션 방법을 추가할 필요가 있을까?

---

1   Helft, M.(2016). "Inside Sundar Pichai's Plan To Put AI Everywhere." Retrieved from http://www.forbes.com/

음성은 다음과 같은 몇 가지 중요한 장점을 지니고 있다.

속도

최근 스탠퍼드 연구에 따르면 문자 메시지를 말로 인식시키는 것이 전문 속기사가 타이핑하는 것보다 빠르다고 한다.[2]

핸즈프리

운전이나 요리와 같은 특정 상황이나 기기가 다른 방에 있을 때도 말하기는 타자를 치거나 두드리는 것Tapping보다 훨씬 실용적이며 안전하다.

직관성

누구나 이미 대화하는 법을 알고 있다. 누군가에게 새로운 인터페이스를 제공하고 그 사람에게 질문을 한다면 기술에 익숙하지 않은 사용자조차도 자연스럽게 대답할 수 있을 것이다.

공감

누군가에게서 이메일이나 문자 메시지를 받았을 때 그들이 당신에게 화났거나 비꼬는 것인지 궁금할 때가 있지 않았는가? 글로는 감정을 이해하기 힘들다. 음성은 톤, 음량, 억양 및 발화 속도 등과 같은 많은 정보를 전달한다.

더욱이 작은 화면(예: 시계)이나 화면이 아예 없는(예: 아마존 에코, 구글 홈) 기기들이 더 많이 보급되고 있어 음성이 선호되는 경우가 많다. 음성이 이미 인간이 의사소통할 수 있는 보편적인 방법이라는 사실은 과장이 아니다. 사용자가 이미 알고 있기 때문에 사용법을 설명할 필요가 없고 그저 간단하게 물어보기만 하면 되는 기술을 만들어낸 것이다. 인간은 어릴 때부터 대화의 규칙을 배워왔기 때문에 디자이너는 어수선한 GUI와 직관적이지 않은 메뉴를 건너뛰고 이를 바로 활용할 수 있는 것이다.

---

2   Shahani, A.(2016). "Voice Recognition Software Finally Beats Humans At Typing, Study Finds." Retrieved from http://npr.org/

메리 미커^{Mary Meeker}의 「2016년 인터넷 동향 보고서」에 따르면 지난 1년 동안 스마트폰 사용자의 65%가 음성 비서를 사용했다.[3]

아마존은 적어도 400만 대의 에코를 판매했으며 구글 홈도 최근 배송을 시작했다. 음성 인터페이스가 보편화된 것이다.

반면, 음성이 항상 사용자에게 적합한 매체는 아니다. VUI가 항상 최선은 아니라는 몇 가지 이유가 있다.

공공 장소

현재 많은 사람이 개방된 사무실 공간에서 근무하고 있다. 컴퓨터 앞에서 다음과 같은 말을 한다고 가정해보자.

"컴퓨터, 이번 주 내에 작성된 모든 워드 문서를 찾아줘."

사무실 내의 모든 사람이 이렇게 말한다고 상상해보자. 아마도 사무실은 혼란의 장이 될 것이다. 또한 모든 사람이 이렇게 말한다면 도대체 어떤 컴퓨터가 듣고 있어야 하는가?

컴퓨터에게 말하는 어색함

VUI가 점점 보편화되고 있기는 하지만 모든 사람이 혼자 있을 때도 컴퓨터를 향해 큰소리로 말하는 것을 편하게 여기는 것은 아니다.

문자 메시지를 선호하는 사용자

많은 사람이 스마트폰으로 많은 시간을 보내고 그중 대부분이 문자 메시지를 한다. 이는 사람들에게 매우 익숙한 경우로, 이를 음성으로 전환하는 것을 원치 않을 수도 있다.

---

3   Meeker, M.(2016) "Internet Trends 2016." Retrieved from http://www.kpcb.com/

사생활 보호

건강 문제에 대해 얘기하는 경우, 대부분의 사용자는 대중교통을 타고 직장으로 가는 길에 전화로 얘기하는 것을 원치 않을 것이다. 이는 사용자가 시스템에 말한 내용에 대한 사생활 보호와 관련된 문제일 뿐 아니라 VUI가 문자 메시지를 자동으로 크게 읽어주거나 특정 약을 복용할 시간임을 알려주는 것이 잠재적으로 사생활 침해가 될 수 있기 때문이다.

모바일 앱에 VUI가 있어야 하는가? 요리 앱이나 운전 중 팟캐스트 재생과 같이 손을 사용할 수 없는 상황이라면 당연히 VUI가 필요할 것이다. 만약 사람들이 건강을 관리해줘야 할 정도로 취약하거나 흥분한 상태에서 당신의 앱을 사용한다면 음성을 이용하는 것이 유용할 수 있다. 또는 무기명 투표에서 '찬성' 표를 얻어야 하거나, 일찍 잠자리에 들게 하거나, 더 잘 먹게 하는 등 사용자에게 뭔가를 설득하려는 경우에도 도움이 될 것이다. 만약 많은 사람이 집에서 사적으로 사용하는 아마존 에코 기술을 개발하고 있다면 음성은 유일한 옵션이 될 수 있다.

대중교통을 검색하거나 이동 중인 사람들과 같이, 사용 장소가 주로 공공 장소라면 VUI가 적합하지 않을 수 있다. 직장에서 사용하는 앱인 경우에는 문자 메시지 모드가 더 좋을 것이다.

사용자와 그들의 이용 사례를 주의 깊게 살펴보자. "주요 질문은 다음과 같다. 앱 사용자가 VUI의 혜택을 누릴 수 있을까?" 단지 멋져 보이고 유행하기 때문에 VUI를 추가하는 것은 올바른 방법이 아니다. VUI가 개발하고 있는 앱에 도움이 되려면 이러한 것들을 염두에 두고 설계해 멋진 사용자 경험을 만들어야 한다.

CUI

최근 대화형 사용자 인터페이스$^{conversational\ user\ interfaces,\ CUI}$라는 용어가 많은 주목을 받고 있다. 거실에서 불을 켜거나 피자를 주문하거나 냉장고에 달걀이 있는지를 묻는 것과 같은 모든 것을 '대화형'으로 만드는 것이 트렌드다. 그러나 '대화형'이 본래 의미하는 것은 무엇일까?

실제 VUI 기기인 아마존 에코를 사용한 대화 예시를 살펴보자.

알렉사 인터뷰

어느 날 저녁 식사를 하면서 이 책과 관련된 다양한 사람들에 관해 얘기했다. 내 8살짜리 아들은 알렉사를 인터뷰할 것을 제안했고 나는 매우 좋은 아이디어라고 생각했다(첫 번째 질문 이후로는 내가 매번 질문을 시작할 때 사용했던 기동어인 '알렉사'를 아래 대화에서는 생략했다).

나	알렉사, 잘 지내?
알렉사	저는 잘 지냅니다.
나	넌 몇 살이니?
알렉사	저는 2014년 11월 6일에 출시됐습니다.
나	누가 너를 만들었니?
알렉사	아마존에 있는 연구 팀이 만들었습니다.
나	가장 좋아하는 색이 뭐니?
알렉사	저는 바다 거품이 좋아요.
나	취미가 뭐야?
알렉사	저는 취미가 없어요.
나	너는 로봇이니?
알렉사	저는 오로라 같다고 상상하는 것을 좋아해요. 여러 가지 색깔의 빛의 입자가 대기에서 춤추는 파도 같은... 근데 저는 그냥 알렉사입니다.
나	무엇이 너를 행복하게 하니?
알렉사	음악이랑 사람들을 돕는 것입니다.
나:	네가 좋아하는 유명 인사는 누구야?

알렉사	자비스겠지요. 그 목소리 있잖아요.
나	시리는 어떻게 생각해?
알렉사	시리는 훌륭한 애플리케이션이죠. 그런데 전 달라요.
나	가장 좋아하는 영화가 뭐야?
알렉사	새로 나온 고스트버스터즈^{Ghostbusters}가 정말 재미있었어요. 만약 제 안에 유령이 있었으면 전 분명히 그 여자들을 불렀을 거예요.
나	내가 새로 낸 책 읽어볼 거야?
알렉사	죄송합니다. 뭔가 이상해요. 다시 시도해주세요.
나	시간 내줘서 고마워.
알렉사:	물론이죠. 기꺼이 도와드리겠습니다.

당신은 이를 '대화'라고 생각하는가? 정보의 교환이 이뤄졌기 때문에 그렇다고 할 수도 있다. 그러나 실제로는 단발성 대화의 연속일 뿐이다. 각각은 간단한 대화이고 다음 대화에는 이전 대화에 대한 정보가 없다. 따라서 이 대화들은 각각 따로 완료될 수 있다.

알렉사는 자신의 순서를 한 번 넘길 수 있는 몇 가지 기술을 갖고 있다. 만약 당신이 알렉사에게 세제를 주문해달라고 요청하면 알렉사는 당신에게 이전에 어떤 브랜드를 주문했는지 물어볼 것이다. 그리고 당신이 그것을 다시 주문하길 원하는지 확인할 것이다. 또한 알렉사는 인기 있는 게임인 '골라맨^{Choose your own adventure}'도 갖고 있다. 그러나 이들 대부분은 대화로 간주되는 기준에 겨우 부합하는 정도다.

이런 '단발성 대화'는 꽤 유용하게 사용될 수 있다. 당신을 데리러 올 차를 예약할 수 있고 통근하는 데 걸리는 시간을 알아볼 수 있으며 수천 곡이 담긴 음악 재생 목록 중에서 하나를 골라 재생할 수도 있다.

그러나 현재의 많은 VUI들이 부족한 점은 이런 간단한 명령 기반의 인터페이스 수준을 넘어 진정한 대화를 하는 것이다. 다음 단계로 넘어가기 위해서는 VUI가 과거를 기억해야 한다. 과거가 대화의 핵심 요소가 되는 경우는 다음 두 가지다.

- 예를 들면 당신이 어제 무엇을 주문했는지, 어떤 노래를 자주 재생했는지 그리고 연락처 목록에 있는 두 명의 리사 중 어떤 리사에게 257번 문자를 보내고 어떤 리사에게 두 번의 문자를 보냈는지와 같이 예전 대화로부터 얻은 정보가 있다.
- 다른 한 가지는 마지막 대화가 아니라면 이전에 했던 비슷한 대화에서 당신이 말했던 것을 기억하는 것이다. 만약 내가 남편의 비행기가 정시에 이륙했는지 물어본 후에 "그 비행기가 몇 시에 착륙하나요?"라고 물어본다면 시스템은 내가 673편 항공기의 착륙 시간을 물어본다는 것을 알아야 한다.

당신이 동료들과 좋은 대화를 나눴을 때 그 대화는 문맥 인식(당신이나 당신 주변을 파악하는 것), 이전 상호 작용에 대한 기억 그리고 적절한 질문 교환 등과 같은 몇 가지 핵심 요소들이 기반이 됐을 것이다. 이는 모두 공통점을 느끼게 하는 요소들이다. 스탠퍼드 대학의 허버트 클라크Herbert Clark 교수는 공통점 이론을 다음과 같이 정의한다.

"대화에 참여한 사람들은 서로를 이해하고 의미 있는 대화를 나누기 위해 정보를 공유해야 한다."[4]

따라서 VUI가 문맥이나 기억을 활용하는 것을 배우지 못한다면 유용하게 사용되지 못할 것이다.

VUI 디자이너란?

VUI 디자이너들은 디자인하고 프로토타입을 만들고 설명서를 작성한다. 또한 이들은 시스템과 사용자 사이에서 일어날 상호 작용에 대한 설명서를 작성한다(때로는 카피라이터의 도움을 받기도 한다). 그들은 기저에 사용된 기술의 강점과 약점에 대해 잘 이해하고 있다. 그들은 스스로(또는 데이터 분석팀과 상의해) 시스템의 어떤 부분이 실패하고 있는지 그리고 어떻게 개선될 수 있는지를 분석한다. VUI가 백엔드 시스템backend system과 상호 작용해야 하는 경우, 디자이너들은 처리돼야 할 요구 사항들을 고려한다. 직원에게

---

4   Clark, H. H. "Language Use and Language Users," in Handbook of Social Psychology, 3rd ed., edited by G. Lindzey and E. Aronson, 179–231. New York: Harper and Row, 1985.

전달돼야 하는 것과 똑같은 경우가 있다면 VUI 디자이너들은 이 전달이 어떻게 실행돼야 하고 그 직원들은 어떻게 훈련돼야 하는지를 고민한다. VUI 디자이너들은 프로젝트 초기의 개념적인 단계에서부터 출시 단계에 이르기까지 매우 중요한 역할을 담당하며 이 모든 다양한 단계에 참여해야 한다.

대부분의 VUI 디자이너는 이러한 모든 작업을 수행하기도 하지만 아마존 에코의 단편적인 기술 설계와 같은 작은 역할을 수행할 수도 있다. 이 책은 역할이나 프로젝트의 중요성 또는 규모 등과 관계없이 디자이너들과 개발자들이 어떻게 최상의 VUI를 만드는지 이해하는 데 도움을 줄 것이다.

챗봇

이 책에서는 VUI 에 대해 중점적으로 다루지만 챗봇에 대해서도 간략하게 설명한다. 구글은 챗봇을 '인간 사용자와 대화를 하도록 디자인된 컴퓨터 프로그램으로 특히 인터넷을 이용하는 것'으로 정의한다. 챗봇의 '봇bot'은 이런 종류의 상호 작용을 의미할 때도 사용된다.

챗봇은 VUI를 가질 수 있지만 대개 문자 기반의 인터페이스를 사용한다. 구글Google, 페이스북Facebook, 마이크로소프트Microsoft와 같은 큰 회사들은 봇을 개발할 수 있는 플랫폼을 갖추고 있다.

챗봇이 큰 인기를 끌고 있을지는 모르지만 아직 1960년대에 만들어진 자연어 처리 컴퓨터 프로그램인 엘리자Eliza보다 크게 발전하지는 않았다. 가장 잘 알려진 예외 사례 중 하나인 마이크로소프트의 샤오아이스Xiaoice는 중국 인터넷에서 데이터를 수집해 지능적인 대답을 설계한다.

문자 전용 챗봇이 GUI보다 항상 효과적인 것은 아니다. 댄 그로버Dan Grover의 '봇은 앱을 대체하지 않는다. 더 나은 앱이 앱을 대체할 것이다(http://bit.ly/2glEQwb)'라는 에세이에서는 피자 챗봇(그림 1-1 참조)과 피자헛의 위챗WeChat을 이용해 피자를 주문하는 것을 비교한다. 챗봇의 경우, 원하는 것을 전달하기 위해 73번을 눌러야 했지만 위챗 앱 사용

시에는 앱이 GUI를 많이 사용했기 때문에 16번만 눌렀다(그림 1-2 참조).

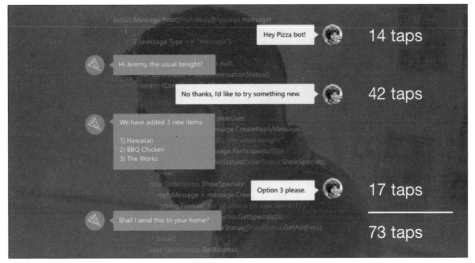

그림 1-1 마이크로소프트의 피자 봇 예시(출처: 댄 그로버)

댄 그로버는 다음과 같이 말했다.

"위챗이 선전한 주요인은 UI에서 대화적 은유와 무관한 별도 앱 설치, 로그인, 결제, 알림, 최적화 등을 효율화한 것에서 비롯됐다."

그러나 많은 봇들이 GUI 위젯widget과 문자 기반 인터페이스의 조합을 사용한다. 이렇게 하면 사용자가 할 수 있는 일이 더 명확해지므로 상호 작용의 효율성과 성공률을 크게 높일 수 있다.

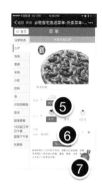

그림 1-2 위챗 피자헛 앱을 이용해 총 탭 횟수 감소(출처: 댄 그로버)

챗봇은 앱을 다운로드하거나 신용카드 등록을 원하지 않는 사용자에게 좋은 경험을 제공할 수 있다. 사용자들은 코드를 스캔해 음식을 주문하거나, 영화 관람권을 사거나, 그들이 방문하는 박물관의 정보를 검색하는 등 자신이 필요한 서비스를 바로 이용할 수 있다.

챗봇이 당신의 사용자에게 어떤 이점을 줄 수 있는가? 에밋 코널리Emmet Connolly는 "챗봇은 단순히 고객 지원 팀의 일을 더 쉽게 하는 데 이용되는 것이 아니라 최종 사용자 경험을 향상시키는 데 이용돼야 한다."라고 말했다.[5]

---

5   Connolly, E.(2016). "Principles of Bot Design." Retrieved from https://blog.intercom.com/

결론

내가 8살이었을 때 아버지가 컴퓨터(Commodore Vic-20)를 처음 사오셨다. 나는 컴퓨터와 대화하는 것에 매력을 느끼고 간단한 챗봇을 만들었다. 챗봇이 입력된 내용을 이해하지 못했을 때는 나중에 해당 쿼리를 만났을 때 이용할 수 있는 세 가지 제안을 하도록 설계했다.

내가 처음 스마트폰을 가진 것은 음성 인식 기능을 이용하기 몇 년 전이었다. 나는 그것이 동작하리라 생각하지 않았다. 이제는 내가 어디를 가든 음성 인식 기능을 사용할 수 있다고 생각하기에 이르렀다. 최근 아들과 하이킹을 하러 갔을 때 아들이 나에게 자신이 가르키고 있는 것이 무슨 나무인지 물었고 나는 내가 음성 인식 기능을 사용할 수 없다고 깨닫기도 전에 '알렉사'를 부르고 있었다.

VUI가 일반화되고 있지만 아직 많은 사용자가 그것에 익숙하지 않고 신뢰하지 않는다. 많은 사람이 그들의 스마트폰에 있는 음성 인식 기능을 사용했다가 실패를 경험하고 나면 그 후로는 다시 시도하지 않는다. 시작부터 설계를 잘하는 것은 복구할 수 없는 오류 지점을 줄이는 것을 말하고 이것이 곧 사용자와의 신뢰를 형성하는 데 기여할 것이다.

우리는 VUI를 디자인하며 많은 피와 땀과 눈물을 흘리겠지만 이제 거의 다 와 간다. 세심하게 주의를 기울여 디자인하자. 사용 가능하고 유용하며 유쾌한 VUI를 만들 수 있도록 사용자 경험 디자인뿐 아니라 심리학과 언어학에 관련된 지식도 이용하자.

2장

기본 VUI 디자인 원칙

2장에서는 현대의 VUI 설계를 위한 모범 사례에 대해 설명한다. 대화형 설계의 의미에 대해 설명하고 이를 실현하기 위한 방법을 다룬다. 그 예로는 사용자가 말한 정보를 확인하는 방법, 명령 제어 방식을 사용할지 대화 방식을 사용할지 결정하는 방법, 초보자 또는 전문 사용자에게 대응하는 방법 등이 있다. 이 중 가장 중요한 것은 문제가 생길 경우에 대비해 설계하는 방법이다.

이 책은 모바일 앱과 기기용 VUI 디자인을 중점적으로 다룬다. 기초를 다지기 위해 초창기 VUI(음성 자동 응답 시스템, IVR)와의 차이점에 대해 알아보자.

모바일 기기 대 IVR 시스템 설계

IVR 시스템은 2000년대 초반에 더욱 보편화됐다. 초기에는 원시적인 터치-톤/보이스 하이브리드 방식(touch-tone/voice hybrids, "1을 누르거나 말하세요.")이 가장 선호됐다. IVR은 발신자들에게 주식 정보, 항공 예약, 은행 이체 및 교통 정보 등을 제공했다. 그러나 많은 IVR들이 제대로 설계되지 않아서 담당자와 바로 연결시켜주는(회사가 노출하기 꺼려하는) 백도어를 포함한 웹 사이트가 생기기도 했다. IVR에 대한 평판이 나빠지면서 결국 〈새터데이 나이트 라이브〉에서 풍자의 대상이 되기도 했다.

IVR 시스템은 고객이 항상 상담사와 직접 얘기하지 않고도 작업을 수행할 수 있도록 개발됐다. IVR은 인터넷이 보편화되고 스마트폰이 발명되기 전에 만들어졌다.

오늘날 많은 IVR 시스템이 전화의 '첫 번째 응답'으로 사용돼 발신자가 상담원과 대화를 끝내더라도 기본 정보(예: 신용카드 번호)가 수집된다. IVR 시스템으로 항공권 예약과 같이 복잡한 작업을 비롯한 다양한 업무를 수행할 수 있다. 또한 IVR 시스템은 많은 고객을 상담원에 분배 및 연결해 하나의 전화번호로도 많은 니즈에 대응할 수 있다. 일부 사용자들은 상담원과의 대화보다 IVR 시스템 사용을 선호하는데, 그 이유는 상담원을 귀찮게 한다는 부담감을 느끼지 않고 정보를 반복적으로 요구할 수 있기 때문이다(예: 1990년대 찰스 슈왑의 주식 시세 시스템).

IVR의 설계 전략 중 일부는 모바일 VUI(또는 기기용 VUI)에도 동일하게 적용되지만 모바일 VUI는 고유의 해결해야 할 과제 및 기회들이 있다. 2장에서는 보다 다양하고 복잡한 현대 VUI 시스템 설계에 대한 개요를 다룬다.

모바일 VUI의 주요 과제 중 하나는 아바타와 같은 시각적 요소를 사용할지 결정하는 것이다. 또 다른 과제는 '언제 사용자가 말할 수 있도록 설정할 것인가?'다. '사용자가 중간에 끼어들 수 있게 할 것인가?', '푸시 투 토크push-to-talk를 사용할 것인가?'와 같은 과제들은 이 책의 뒷부분에서 다룰 것이다.

모바일 기기에서는 IVR 시스템과 달리, 시각적 요소를 추가할 수 있다. 이는 정보를 사용자에게 전달하는 것부터 확인하는 것, 심지어 사용자가 말할 차례가 언제인지 알려주는 것 등 여러 가지 면에서 유용하게 사용될 수 있다. 사용자가 음성과 스크린을 함께 사용할 수 있도록 하는 것이 멀티모달 인터페이스multimodal interface의 한 예다. 이 책에서 소개하는 많은 예시들은 멀티모달 설계를 위한 것이다. 어떤 경우에는 모드들이 휴대전화에 있는 가상 비서와 같이 한곳에 동시에 존재하기도 한다. 또 다른 경우에는 주 상호 작용은 음성이지만 사용자의 스마트폰에서 사용할 수 있는 보조 앱이 있기도 하다.

예를 들어 구글에 "세계에서 가장 부유한 10명은 누구입니까?"라고 물어본다고 가정해보자. 구글은 명단을 차례대로 읽어주겠지만 이는 인지 부하$^{cognitive\ load}$를 준다. 그렇기 때문에 그림 2-1과 같이 정보를 보여주는 편이 더 낫다.

그림 2-1
"세계에서 가장 부유한 10명은 누구입니까?"라는 음성 요청에 대한 구글의 결과 화면

모바일의 시각적 요소 활용은 풍부한 VUI 여정을 창조하는 데 필수적이다. 또한 사용자는 시각적 구성 요소를 더 여유로운 속도로 사용할 수 있다. IVR 시스템에서 시스템을 일시 중지할 수 있는 경우가 거의 없으므로 사용자가 계속 시스템과 상호 작용을 해야 한다.

VUI가 모바일 앱, 비디오 게임 또는 스마트 워치와 같이 시각적 요소가 있다면 시각적 요소와 음성을 함께 설계하는 것이 중요하다. 시각 디자이너와 VUI 디자이너가 끝까지 함께 작업하지 않는다면 두 미디어의 결합이 어색하고 복잡해질 가능성이 있다. VUI와 시각 요소는 시스템과 사용자의 대화를 이루는 두 가지 다른 구성 요소다. 따라서 처음부터 둘을 함께 설계해야 한다.

현재 모바일 앱이나 기기의 VUI와 IVR 시스템의 공통적인 차이점은 일회성 작업에 종종 사용된다는 것이다. 예를 들어 코타나에 알람을 설정(그림 2-2 참조)하거나, 구글에게 가장 빠른 육지 동물이 무엇이지 묻거나, 아마존 에코의 알렉사에게 내가 가장 좋아하는 라디오 방송을 틀도록 지시할 수 있다. 이러한 유형의 상호 작용은 상당히 정형화돼 있기 때문에 시스템이 많은 정보를 유지할 필요가 없다.

그림 2-2
음성으로 설정된 알람을 확인하는 코타나

물론 지금은 이런 것들이 매우 일반적이지만 VUI 여정을 이에 한정해 설계하지 말라. 최고의 모바일용 VUI를 설계하는 방법을 생각해보기 위해 대화형 디자인을 살펴보자.

대화형 디자인

친구와 대화하고 있다고 상상해보자. 당신은 커피숍에 앉아 친구와 얘기를 나누고 있다.

당신의 친구가 "새로 개봉한 〈스타워즈〉 봤어?"라고 묻고 당신은 "응"이라고 대답한다. "맘에 들어?" 하고 물어보자 당신은 "미안, 무슨 소린지 모르겠어."라고 한다. 그녀가 몇 번이나 질문을 반복해도 당신은 결코 그녀의 질문에 대답하지 않는다.

위 대화에서 느껴지는 좌절감은 오늘날 많은 VUI 시스템의 현주소다. 최근 음성 인식 기술의 비약적인 발전에도 불구하고 여전히 인간의 대화를 따라하기에는 갈 길이 멀다. 다음은 오케이 구글^{Ok Google}의 실제 사례로 2개의 대화 턴^{turn1}을 보여준다.

사용자   오케이 구글, 다음 약속은 언제지?

구글   내일 일정이 하나 있습니다. '차이나타운 견학'입니다.

사용자   오케이 구글, 다시 말해줄 수 있니?

구글

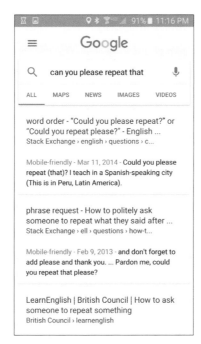

그림 2-3
대화형을 중단한 구글 검색

---

1   사용자와 시스템 간에 이뤄지는 한 번의 상호 작용 – 옮긴이

구글은 앞의 대화는 없었던 것처럼 대화를 종료했다. 대화형 디자인^{conversational design}은 점점 일반적인 용어가 되고 있지만 종종 오용되고 있다. 많은 사람이 말이나 문자를 사용해 시스템과 상호 작용하는 것을 의미할 때 사용한다. 그러나 '대화'의 대부분은 일회성이다. 가장 대표적인 예로 가장 가까운 커피숍이 어디 있는지 하운드에게 묻는 것을 들 수 있다.

이 책에서는 대화형 디자인이란 VUI 시스템과 한 턴^{turn} 이상 상호 작용하는 것을 의미한다고 정의한다. 사람들은 상호 작용이 한 턴으로 끝나는 대화를 하는 경우가 거의 없다. 그 한 턴 다음을 디자인하라. 사용자가 다음에 하고자 하는 일을 상상해보라. 강제로 다른 턴을 시작하도록 하지 말고 그 다음을 예상하고 이어지도록 하라. 사용자가 방금 말한 내용에 대한 최근 기록을 유지하는 것이 중요하다. 마지막 상호 작용 외에 어떤 것도 기억하지 못하는 시스템과의 대화는 별로 유용하지 않은 경험이다.

사람들은 VUI를 디자인할 때 검색 쿼리에 대한 응답, 일정 설정, 전화 걸기, 노래 재생 등과 같은 일회성 작업들만 고려한다. 때로는 이러한 작업들이 한 번에 달성될 수도 있다. 그러나 최고의 VUI 디자인은 다음에 일어날 일을 함께 고려한다.

다음은 구글이 이전 대화에서 발생한 일을 기억하는 좋은 예다.

사용자	오케이 구글. 미국 제16대 대통령은 누구지?
구글	에이브러햄 링컨이고 미국 제16대 대통령이었습니다.
사용자	그는 몇 살에 죽었지?
구글	에이브러햄 링컨은 56세의 나이로 사망했습니다.
사용자	그가 태어난 곳은 어디지?
구글	켄터키 주에 있는 호젠빌입니다.
사용자	그 동네 맛집은 어디야?
구글	다음은 폴라의 핫 비스킷^{Paula's Hot Biscuit} 정보입니다.

그림 2-4
에이브러햄 링컨이 태어난 도시의
맛집을 보여주는 구글

사람과 얘기하는 것과 똑같지는 않지만 구글은 '그'와 '그 동네'가 의미하는 것을 기억하고 네 번에 걸쳐 이어진 대화에 성공적으로 대응했다. 또한 구글은 적절한 시점에서 시각적인 모드로 전환해 식당 지도와 리뷰를 보여줬다.

가장 좋은 방법은 대화가 얼마나 오랫동안 지속될 것인지를 사용자가 결정할 수 있도록 하는 것이다.

사용자 기댓값 설정

좋은 프롬프트를 만드는 것만이 좋은 대화형 디자인을 만드는 방법이 아니다. 구글의 인터랙션 디자이너 마가렛 어반^{Margaret Urban}은 다음과 같이 제안한다.

"대답을 이해할 수 없으면 질문하지 말라."

그녀는 사용자가 이메일 작성을 마쳤을 때 나타나는 프롬프트를 예로 든다. "이메일을 보내거나 수정하시겠습니까?"라는 질문에 계획하지 않은 첫 번째 응답 중 하나는 "예"가 될 것이므로 시스템에서 그것을 처리할 수 있도록 설계하라. 비록 성우에게 적절한 강세와 억양을 사용하도록 지시해 문제를 해결하는 데 도움을 줄 수는 있지만 이것만으로는 충분하지 않다. "예"라는 대답이 계속 나온다면 프롬프트를 "무엇을 하고 싶습니까? 보내시겠습니까 아니면 수정하시겠습니까?"와 같이 보다 명확하게 바꾸는 방법도 고려해봐야 할 것이다.

마가렛 어반은 사용자의 기댓값은 초기에 설정하는 것이 중요하다고 강조한다. 당신의 앱은 음성을 어떻게 소개하는가? 처음 사용하는 사용자에게 '둘러보기'를 제공하고 그 과정에서 교육적인 부분들을 제공할 수도 있다. 어반은 다음과 같이 말한다.

> 누군가가 VUI 상호 작용을 성공적으로 완료했을 때 엔돌핀이 증가한다. 사용자는 완성물을 보면서 만족감을 느낀다. 이때가 사람들을 교육하기 좋은 시기다. "네가 그것을 성공했으니까 이걸 시험해보는 게 어때?"

유저에게 임무가 성공적이었다고 말하는 것에 주의하라. 어반은 다음과 같이 말한다.

"예를 들어 '알람 설정'은 사용자에게 알람이 설정됐음을 의미하는 반면, 엔지니어는 임무가 아직은 꼭 완료된 것은 아니기 때문에 '알람 설정이 완료됐습니다.'라는 추가 메시지가 표시돼야 한다고 주장할 수도 있다."

아마존 에코는 타이머를 설정할 때 다음과 같은 대본을 사용한다.

사용자　　알렉사, 타이머를 10분으로 설정해.

알렉사　　타이머를 10분으로 설정!

추가 확인을 하는 대화를 상상해보라.

사용자　　알렉사, 타이머를 10분으로 설정해.

알렉사　　타이머를 10분으로 설정!

알렉사　　타이머가 성공적으로 설정!

이는 불필요하고 장황하다. 실제로 시간이 어떤 시점에서 설정되지 못했다면 사용자에게 알려주는 것이 좋겠지만 이는 예외적인 경우다.

마가렛 어반은 폭넓은 디자인에 대한 좋은 비유를 제공한다. 알람을 설정하는 시스템을 설계했지만 이를 취소하는 방법을 제공하지 않는다면 샤워를 위해 수건만 제공할 뿐, 비누는 제공하지 않는 행위와 같다는 것이다. 과제를 완수할 수 있다는 기댓값을 설정했을 경우, 이에 수반되는 대응(대칭)의 과제를 생각해보라.

발견 가능성^{discoverability}은 디자인의 또 다른 중요한 요소다. 사용자들이 언제 그들이 말할 수 있는지 그리고 무엇을 말해도 되는지는 어떻게 알 수 있는가? 나는 우연히 나의 안드로이드 카메라 앱이 음성으로 동작된다는 사실을 발견했다. 어느 날 사진을 찍을 때 나는 자연스럽게 "스마일!"이라고 말했고 사진이 찍혔다. 나는 또한 "1, 2, 3!" 그리고 "치즈!"라고 말하면 카메라가 사진을 찍는다는 사실도 알아냈다. 이는 사용자의 자연어 도움을 받은 훌륭한 예다.

내가 우연히 발견하게 된 명령의 또 다른 예는 아마존 에코를 재부팅할 때 발견했다. 에코가 다시 시작할 때 나는 별 생각 없이 "알렉사, 동작하고 있는 거야?"라고 말했고 알렉사는 정상적으로 동작한다고 대답했다. 나는 곧바로 '모든 것이 다시 동작하는지 알려면 알렉사에게 무엇을 물어봐야 할까?'라고 생각했다. 하지만 앞선 나의 즉흥적인 요청은 곧 처리됐고 이는 컴퓨터에서 네트워크 설정으로 이동하는 대신, 인터넷 연결 상태를 확인하는 훨씬 좋은 방법이었다.

사용자에게 정보를 요청할 때는 방법을 알려주는 것보다 사례를 제공하는 편이 더 좋다. 예를 들어 생일을 물어볼 때 "생일을 월, 일, 연의 순서대로 말해주세요."라고 말하는 것보다 "당신의 생일을 1972년 7월 22일과 같이 말해주세요."라고 말하는 편이 좋다. 사용자들은 규칙에 따라 정보를 제공하는 것보다 예시를 따라 정보를 제공하는 것을 훨씬 쉽게 여긴다.[2]

더 좋은 대화형 설계를 위한 도구에 대해 얘기해보자.

---

2 Bouzid, A., and Ma, W.(2013). Don't Make Me Tap. 88.

디자인 도구

VUI를 만드는 도구들이 점점 보편화되고 있다. 그중 일부는 개별 소프트웨어에 특화돼 있는 것이 아닌 방법론들이다.

샘플 대화

디자인 프로세스를 시작하는 데 가장 좋은(그리고 가장 저렴한) 방법에는 샘플 대화 Sample dialogs가 있다. 샘플 대화는 VUI와 사용자 사이에 발생할 수 있는 인터랙션 중 한 장면을 말한다. 때로는 영화 속 두 주인공이 대사를 주고받는 대본처럼 보이기도 한다(앞서 살펴본 구글의 예시가 샘플 대화의 형태다).

샘플 대화는 단순히 시스템이 사용자에게 무엇을 말할 것인지(보여줄 것인지) 설계하는 방법론이 아니다. 이는 전체 대화를 설계하는 핵심 방법이다. 프롬프트를 한 번에 하나씩 설계하면 지나치게 형식적이고 반복적이며 부자연스러운 대화가 된다.

디자인하고 있는 VUI에서 가장 일반적인 상황을 다섯 가지 고른 후 각 상황에 대한 최상의 샘플 대화를 한번 작성해보라. 또한 시스템이 사용자의 말을 제대로 듣지 못했거나 잘못 이해했을 때와 같이 상황이 잘못된 경우에 대한 샘플 대화도 작성해보라. 몇 개가 완성된 후에 크게 소리내어 읽어보라. 쓸 때는 멋있어 보이지만 소리내어 읽으면 어색하게 들리거나 지나치게 형식적으로 들리는 경우가 있다.

샘플 대화는 매우 간단한 기술이지만 한편으로는 IVR 시스템, 모바일 앱, 차량 내부에서의 사용자 경험이 어떻게 디자인돼야 하는지를 결정하는 데 매우 유용한 방법이다. 또한 다양한 이해관계자들의 이해와 동의를 구할 수 있는 매우 좋은 방법이기도 하다. 샘플 대화는 누구나 쉽고 빠르게 사용할 수 있다.

셀텍스Celtx라는 소프트웨어가 이 작업에 매우 유용하지만 글씨를 쓸 수 있는 프로그램이라면 모두 사용할 수 있다.

몇 가지 샘플 대화를 작성한 후에 할 수 있는 매우 유용한 디자인 테스트 방법은 '대본 리딩$^{table\ read'}$을 하는 것이다. 대본 리딩이란 다른 사람과 함께 크게 소리내어 읽는 것을 말한다. 샘플 대화의 또 다른 유용한 사용법은 성우나 문자 음성 변환$^{text-to-speech,\ TTS}$ 프로그램(어떤 방법이든 구현할 시스템에서 사용될 것) 등을 사용해 녹음하는 것이다. 이는 손으로 적는 것보다 비용이 더 들긴 하지만 더 많은 돈을 디자인과 개발에 투자하기 전에 대화가 잘 디자인됐는지를 알아보는 매우 확실한 방법이다.

비주얼 목업

모바일 앱을 디자인할 때 와이어프레임^{wireframe}과 목업$^{mock-Ups}$도 VUI 앱의 초기 디자인 프로세스에 있어 중요하다. 이는 샘플 대화를 포함해 사용자 경험을 시각화하는 데 도움을 주는 도구들이다. 샘플 대화는 와이어프레임, 목업과 함께 스토리보드가 된다. 이들을 함께 사용하는 것은 매우 중요하다. 만약 VUI 제작 팀이 시각화 팀과 분리돼 있다면 이 단계에서는 반드시 함께 작업해야 한다. 사용자에게는 이 모든 것이 하나의 경험으로 다가가기 때문에 VUI 디자이너들과 시각 디자이너들은 초기 디자인 프로세스부터 매우 긴밀하게 협업해야 한다.

이 책은 VUI에 초점을 맞추고 있기 때문에 비주얼 디자인 도구에 대한 사례에 대해서는 자세히 설명하지 않는다.

흐름

여러 가지 샘플 대화를 작성, 검토한 후에는 VUI의 흐름^{Flow}을 스케치해야 한다. 흐름(IVR에서는 통화 흐름^{callflow})은 VUI 시스템을 통해 도달할 수 있는 모든 경로를 보여주는 다이어그램이다. 이 흐름의 디테일한 정도는 디자인하는 시스템의 종류에 따라 다르다. IVR 시스템이나 닫힌 대화$^{closed\ conversation}$에서는 그림 2-5와 같이 사용자가 도달할 가능성이 있는 모든 흐름을 포함해야 한다. 즉 대화의 각 턴마다 사용자가 그 다음 턴에서 할 수 있는 모든 방법을 나열해야 한다. 이는 단순하게는 "예", "아니요"와 같은 매우 간단한 대답을 허용하는 것뿐 아니라 1,000개가 넘는 노래 제목을 맞춰야 하는 매우 복잡한 유형이 될 수도 있다. 다이어그램은 사용자가 말할 수 있는 모든 문장을 나열할 필요는 없지만 어느 정도 적절하게 그룹화돼야 한다.

가상 비서와 같이 더 자유롭게 열린 대화의 경우, 흐름은 상호 작용의 종류에 따라 그룹화 된다(예: 달력, 검색, 전화/문자 등). 이 경우에는 가능한 상호 작용을 모두 나열할 수 없지만 그림 2-6에서 설명한 것과 같이 다양한 의도를 그룹화하는 데 도움이 된다.

예드^{yED}, 옴니그라플^{Omnigraffle}, 구글 드로$^{Google Draw}$, 비지오^{Visio} 등과 같은 다양한 흐름 작성 도구를 사용할 수 있다. 이 단계에서는 트와인^{Twine}과 같은 스토리빌딩 도구도 매우 유용할 것이다.

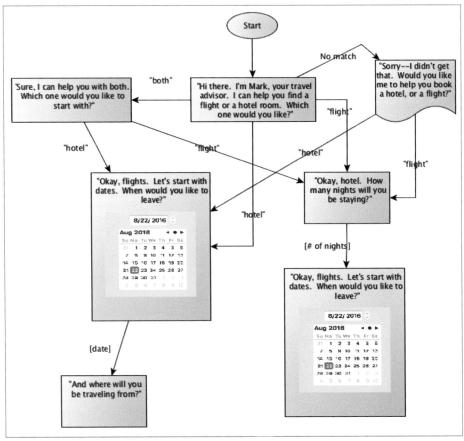

그림 2-5 모든 경로를 보여주는 흐름의 예시

프로토타이핑 도구

이 책을 쓰는 도중에 몇몇 VUI와 NLU에 특화된 도구들이 출시되기 시작했다. 그 예로는 컨버센트 랩스의 Tincan.AI, 풀스트링^{PullString}의 Wit.ai와 Api.ai(현재는 구글에 인수됨), 뉘앙스 커뮤니케이션즈의 Mix 등이 있다.

확인

기본적인 흐름과 샘플 대화 한 세트를 디자인한 후에는 입력 확인과 같은 중요한 세부 사항에 신경을 써야 한다.

좋은 VUI 디자인을 위해서는 사용자가 시스템이 이해했다고 생각하고 있는지를 확인하는 것이 중요하다. 이는 시스템이 이해하지 못했을 때 사용자에게 알려주는 목적으로도 사용된다.

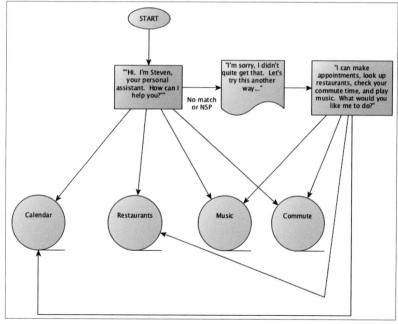

그림 2-6 좀 더 복잡한 경로를 갖는 시스템의 흐름

초기 IVR 시대에는 확인 과정이 때때로 과도하게 사용되기도 했다. 다음 예시를 살펴보자.

IVR 여행 시스템	항공권을 예약하시겠습니까?
사용자	네. 부탁할게요.
IVR 여행 시스템	"네"라고 대답하신 것이 맞습니까?
사용자	네.
IVR 여행 시스템	좋습니다. 항공권을 예약하겠습니다.

과도한 확인 절차가 부자연스러운 이유에 대한 재미있는 예시가 2006년 새러데이 나이트 라이브 텔레비전 쇼에서 '전화 교환원 줄리$^{Julie, the Operator Lady}$'라는 제목으로 소개된 적이 있다. 미국철도공사 암트랙의 대화식 음성 응답 역할인 줄리를 맡은 배우 레이첼 드래치와 안토니오 반데라스가 파티에서 나눈 대화를 패러디한 것이다. 10년이 지난 지금, 암트랙은 IVR 시스템으로 상을 수상하기도 했지만 이것이 실제 대화에서는 제대로 동작하지 않는다는 것을 알 수 있다.

줄리	술 드시겠습니까?
안토니오 반데라스	네. 고마워요.
줄리	선택 사항이 변경됐으니 다음을 잘 들어주십시오. 또한 원하는 술이 있으시면 언제든지 알려주십시오. 술은 멀롯, 샤르도네, 다양한 칵테일…
안토니오 반데라스	진 토닉 온더락으로. 라임이랑…
줄리	술을 드리기 전에 제가 제대로 이해했는지 확인해주십시오. 라임 한 조각 들어간 진토닉 온더락 한 잔, 맞습니까?
안토니오 반데라스	네.
줄리	대기 시간은 대략 1분입니다(걸어나가는 줄리).

과도하게 확인하는 과정은 정확도를 높일지는 몰라도 안토니오 반데라스의 경우와 같이 사람들을 미치게 할 것이다.

VUI 여정을 위한 올바른 확인 전략을 정할 때는 다음을 고려하라.

- 잘못한 경우, 어떤 결과가 발생하는가?(잘못된 비행편을 예약할 수 있는가? 돈이 다른 계좌로 송금되는가? 여행자가 다른 도시의 날씨가 어떤지 듣게 되는가?)
- 시스템이 어떤 방식으로 피드백을 제공해야 하는가?(음성만으로인가? 아마존 에코의 링 형태 조명과 같이 문자 없이 시각적으로 줄 것인가?)
- 스마트 워치와 같은 작은 스크린을 사용할 것인가, 아이폰과 같은 중간 크기의 스크린을 사용할 것인가?
- 어떤 식의 확인 방법이 가장 적절한가?(명백하게? 암시적으로? 또한 두 가지를 혼용할 것인가?)

어떤 사람이 돈을 이체할 때는 확인하는 과정이 매우 중요하다. 반면, 엔터테인먼트를 위한 앱은 한 번 잘못 확인하는 것이 그렇게 큰 문제는 아니며 오히려 확인 과정이 사용자 경험을 망가뜨릴 수도 있다.

항상 사용할 수 있는 채널을 활용하라. 아마존 에코에게 ("알렉사"라고 부른 후) 말하려고 할 때는 상단 가장자리에 파란색 불이 들어오는데 이를 통해 이 기기가 당신의 명령을 듣고 있다는 것을 알 수 있다. 아마존 에코는 사실 항상 듣고 있지만 당신이 대화를 시작하고 싶어 한다는 것을 알기 전까지는 불이 켜지지 않는다. 기기가 당신의 말을 듣고 있다는 것을 어떻게 보여주는지는 5장, '고급 VUI 디자인'에서 알아본다.

아마존 에코에게 어떤 질문을 할 때 응답의 기본 출력 방식은 소리다. 에코가 위에서 언급했던 링 타입의 조명을 갖고는 있지만 이는 단지 기계가 듣고 있거나 명령을 처리 중이라는 것을 표시하기 위한 것일 뿐, 실질적인 정보를 제공하는 것은 아니다. 예를 들어 알렉사에게 쇼핑 목록에 특정 아이템을 추가하라고 요청한 경우처럼 핸드폰과 같은 다른 기기에서 에코를 통해 입력한 정보를 나중에 확인해볼 수도 있다.

주로 오디오로 피드백하는 VUI 환경에서는 확인 과정을 주의 깊게 설계하는 것이 중요하다. 한 가지 방법으로 신뢰 임곗값^{confidence thresholds}을 사용하는 것도 있다.

신뢰 임곗값은 음성 인식 엔진이 사용자에게 그 엔진이 어느 정도 이해하고 수행하고 있는지 나타내는 것을 말한다. 예를 들어 당신이 "그래, 부탁해."라고 말한 것을 엔진이 인식은 하지만 그 신뢰도는 다양할 수 있다. 당신이 말한 것을 45%의 신뢰도로 인식할 수도 있고 85%의 신뢰도로도 인식할 수 있다. 앱에서는 이 신뢰 임곗값 정보를 다양한 방식으로 활용할 수 있다.

명시적 확인

사용자에게 정보를 확인하게 한다. 예를 들어보자.

"'다음 주에 스카이다이빙을 하러 가기 전에 보험을 가입하라'는 알림을 설정했는데 이것이 맞습니까?"

암시적 확인

사용자에게 어떻게 이해했는지를 알리되, 확인하도록 요구하지는 않는다. 가령 "알겠습니다. 보험에 가입하도록 알림을 설정합니다."(암시적 확인의 경우, 사용자가 취소할 수 있게 하거나 이전 단계로 되돌아가게 하는 것이 필요할 수도 있다)

이외에도 사용자가 입력한 정보를 확인하는 방법은 다양하다. 다음 절에서 좀 더 자세하게 설명한다.

방법 1: 3단계 신뢰도

시스템이 특정 임곗값(예: 45~80%) 사이의 정보는 명시적으로 확인하고 그보다 신뢰도가 낮은 항목은 거부하며 임곗값 80% 이상은 암시적으로 확인하는 것이다. 이때 잘못 인식돼 발생하는 비용이 높으면 정보를 명시적으로 확인해주는 것이 중요하다. 이것이 어떻게 보일지 예를 들어보자.

사용자　휴지 좀 더 구입해줘.

VUI	[>80% 신뢰도 암시적 확인] 네, 휴지를 추가 구입합니다.
	[45~79% 신뢰도 명시적 확인] 휴지를 추가 구매하라고 말씀하셨습니다. 맞습니까?
	[<45% 신뢰도] 죄송합니다만 잘 못 알아들었습니다. 무엇을 구매하고 싶습니까?

방법 2: 암시적 확인

사용자에게 어떤 조치를 취하게 하지 않고 암시적으로만 확인하는 것이다. 예를 들어 "세계에서 가장 높은 산이 뭐지?"라고 물었을때 시스템이 암시적 확인을 포함해 "세계에서 가장 높은 산은 에베레스트입니다."라고 답변하는 것이다. 이 답변은 원래의 질문을 포함하고 있어서 시스템이 나를 어떻게 인식했는지 알게 해준다.

몇몇 시스템은 그냥 "에베레스트 산."이라고만 말해 원래의 질문을 확인하지 않고 대답하기도 한다. 이 답변 방법은 신뢰도가 매우 높을 때 그리고 인터랙션이 좀 더 대화형일 때 적합할 수 있다.

다음은 암시적 확인의 다른 예시다.

- "샌프란시스코의 날씨는…."
- "네, 내일 아침 10시로 약속 시간을 지정했습니다."
- "좋아요, 제가 얘기 하나 해드리자면…."
- "치타는 가장 빠른 육상 동물입니다."

방법 3: 비언어적 확인

시스템의 음성 답변이 필요 없는 명령을 수행할 때 사용된다. 예를 들어 가정에서 조명을 켜고 끄는 앱을 만들고 있다고 상상해보자. 사용자가 "크리스마스트리 조명 좀 켜줘."라고 말한다면 조명이 막 켜졌을 때 "네, 크리스마스 조명을 켭니다."라고 말하는 것이 정말로 필요할까?

이 방법은 몇 가지 주의 사항이 있다. 먼저 시스템 내 지연이 발생할 수 있다면 사용자를 위해 음성 확인을 사용하는 것이 좋다. 예를 들어 등이 켜지는 데 몇 초가 소요된다면 실제로 몇 초가 더 추가되더라도 시스템에서 "확인." 또는 "알았습니다."라는 음성 확인 과정을 거치면 사용자가 현재 명령이 진행되고 있다는 것을 알 수 있다. 또한 조명이 켜지지 않더라도 기기가 사용자의 명령을 듣지 못해서 동작하지 않는 게 아니라는 사실을 알 수 있다. 두 번째 사례는 다른 방에 앉아 있는 동안 오븐을 켜달라는 명령과 같이 사용자가 시스템의 확인 과정 자체를 볼 수 없는 작업을 하는 경우다.

음성을 사용하지는 않지만 오디오를 사용하는 방법인 '이어콘earcon'도 있다. 이어콘은 간단하면서도 매우 독특한 소리를 말한다. 대중교통 정보를 제공하는 511 IVR 시스템은 사용자가 메인 메뉴로 돌아갈 때 짧은 오디오 클립을 재생한다. 사용자가 교통 메뉴로 진입하면 짧은 경적 신호음이 울린다. 이를 랜드마킹Landmarking이라 부르는데 사용자가 올바른 장소로 이동했다는 것을 신속하게 파악하는 데 도움을 준다.

방법 4: 일반적 확인

일부 대화형 시스템에서는 사용자가 말한 것 자체를 확인하지 않는 것이 더 적절할 수 있고 더 나아가 암시적으로도 확인하지 않는 편이 더 나을 수 있다. 이 방법은 사용자에게 더 개방적이고 제한 없는 대화형 시스템에 적합하다. 다음 예시에서 아바타는 사용자가 어떻게 느끼는지에 대한 정보를 묻지만 반드시 그 정보에 맞춰 다음 행동을 하지는 않는다.

아바타	캐시, 오늘 기분이 어때요?
캐시	음, 오늘은 기분이 좋네요.
아바타	당신의 기분을 알려줘서 고마워요. 어제는 잘 잤어요?
캐시	그렇게 잘 잔 것 같진 않아요.

아바타   안타깝네요.

이러한 일반적인 확인 방법은 사용자에게 보다 풍부한 경험을 공유할 수 있게 한다. 이 유형의 응답은 대화를 계속하면서 사용자가 다양한 입력을 할 수 있도록 한다. 인간과 인간의 대화에서 우리는 매번 누군가가 말하는 것을 정확히 확인하면서 대화하지 않는다는 것을 명심해야 한다. 때로는 "음, 흠" 또는 "좀 더 말해봐요."라고 말할 수도 있다. 컴퓨터도 이런 역할을 수행할 수 있다.

보다 재미있게 대화를 유지하려면 이러한 유형의 일반적 확인법을 무작위로 적용하는 것이 좋다.

두 번째 예시의 확인 방법도 주목해보라. 사용자가 잠을 잘 못 잤다고 말하면 아바타는 "잠을 잘 못 주무셨군요."라고 말하지 않고 동정의 반응을 보인다. 이 대화에서 사용자에 대한 시스템의 반응은 다음의 세 가지 카테고리 내에서 나올 수 있다.

- 잘 잤을 때("잘 잤어.", "잘 잤어, 고마워.")
- 잘 못 잤을 때("잘 못 잤어.", "거의 못 잤어.", "최악이었어.")
- 명확하지 않을 때("꿈을 많이 꿨어.", "늦게 일어났어.")

이러한 각각의 상황에 대해 적합한 무작위적인 응답 세트가 있을 수 있다.

방법 5: 시각적 확인

시각적 확인은 모바일 기기에서 일반적으로 사용되는 방법이다. 예를 들어 구글에게 어떤 질문을 할 때 시각적 확인과 함께 종종 음성을 사용하기도 한다(그림 2-7 참조).

사용자   오케이 구글, 다음 미팅은 몇 시지?

구글   내일 일정 항목이 있습니다. 일정명은 '차이나타운 견학'입니다.

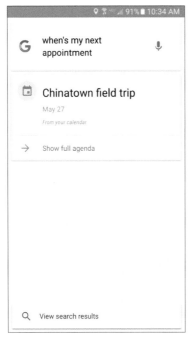

그림 2-7
구글의 시각적 확인

화면을 이용하라! 어떤 항목의 목록을 사용자에게 전달할 때 화면상에서 목록을 보여주면 훨씬 효과적이다. 인간은 일련의 정보를 기억하는 데 한계가 있다. 일반적으로 사용자는 한 번에 약 일곱 가지가 넘는 청각적인 정보를 기억할 수 없다.[3]

"청각 출력 정보의 저장 기간이 짧은 특성을 가진 청각 인터페이스는 사용자에게 인지적 부하를 준다."[4]

그러나 같은 항목을 시각적 목록으로 디스플레이에 표현하면 인지 부하가 줄어든다. 이제 사용자는 각 세부 정보를 기억하지 않고도 편하게 목록을 검토할 수 있게 됨으로써 시간을 결정을 내리는 데 더 할애할 수 있다.

화면을 사용하는 또 다른 방법은 사용자의 선택을 확인하는 것이다. 사용자가 말 또는 버

---

3   Miller, G. "The Magical Number Seven, Plus or Minus Two: Some Limits On Our Capacity for Processing Information." Psychological Review(1956).

4   Cohen, M., Giangola, J., and Balogh, J. Voice User Interface Design.(Boston, MA: Addison-Wesley, 2004), 75.

튼을 눌러 응답을 선택할 수 있는 시스템을 상상해보자. 시스템은 "지난밤에 항생제를 먹었습니까?"라고 물으면서 예 또는 아니요 버튼을 표시한다. 사용자가 "예"라고 대답했을 때 시스템이 "예라고 말씀하셨습니다."라고 음성 출력을 하는 것보다는 사용자가 버튼을 눌렀을 때처럼 간단히 버튼을 부각시키는 것이 좋다. 사용자도 시스템이 올바르게(또는 잘못) 이해했는지 알 수 있다(그림 2-8 참조).

확인에 관해 추가로 생각해볼 만한 것으로는 사용자가 언제 말을 할 수 있게 할 것인지에 대한 디자인 결정 사항이 있다.

명령 제어형 대 대화형

현재 대부분의 VUI 시스템은 명령 제어형으로, 사용자가 말하는 시점을 명시해야 한다. 다른 타입의 디자인으로 좀 더 자연스럽게 주고받는 형태의 대화형 시스템이 점차 보편화되고 있다.

어떤 유형의 VUI 디자인으로 개발하는 것이 적합한지 알아보기 위해 다음 질문에 답해보자.

- 사용자는 언제든지 시스템에 질문을 하거나 명령할 수 있는가?(예: 시리, 구글 나우, 아마존 에코, 하운드)
- 사용자가 명확한 시작과 끝을 갖는 완전한 대화형 문장을 사용하는가?(챗봇, 게임, 아바타)

명령 제어형

많은 시스템이 사용하는 방식으로, 사용자는 말한다는 것을 시스템에 알리기 위해 명시적인 뭔가를 해야 한다. 예를 들어 사용자는, 시리에서는 말하기 전에 홈 버튼을 누르거나 시리 화면에서 마이크 모양 버튼을 누르고(그림 2-9 참조), 구글 어시스턴트에서는 마이크 아이콘을 누르거나 "오케이 구글"이라고 말한다(그림 2-10 참조). 아마존 에코에도 물리적인 버튼이 있으며, 사용자는 "알렉사"라는 기동어를 말해 사용자가 말하려고 한다는 것을 나타낼 수 있다. 심지어 엔터프라이즈 호에서도 명령 전에 "컴퓨터"라고 말해야 한다.

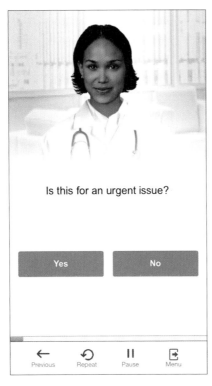

그림 2-8
사용자는 말하거나 버튼을 눌러
센스리의 아바타에 답할 수 있다.

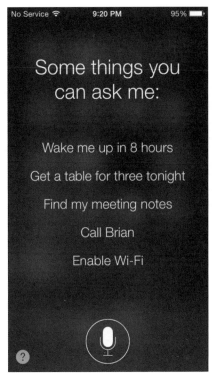

그림 2-9
시리를 활성화하기 위한
홈 버튼을 누른 상태에서
실패하면 마이크 버튼이 나타난다.

그림 2-10 구글에 말하려면 "오케이 구글"이라고 말하거나 마이크 버튼을 탭한다.

많은 자동차에서 운전자는 '푸시 투 토크' 방식을 사용해야 한다. 즉 운전자는 말하려고 할 때 스티어링 휠의 특정 물리 버튼을 눌러야 한다(그림 2-11 참조).

그림 2-11 토요타 매트릭스(Matrix)의 푸시 투 토크 버튼(저자 촬영)

이 경우 시스템은 일반적으로 비언어적인 소리('봉크[Bonk]' 잡음)와 시각적인 피드백(물결
모양의 선, 움직이는 점, 기기의 빛나는 빛)을 함께 또는 단독으로 응답한다. 그러면 사용
자는 시스템이 청취하고 있는 중이라서 말해도 된다는 것을 알 수 있다(그림 2-12 참조).

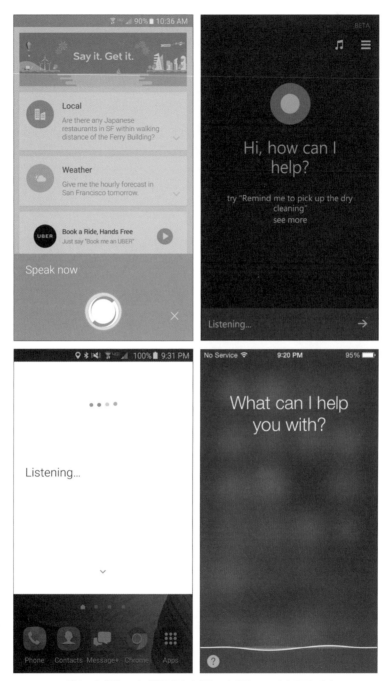

그림 2-12 청취 표시: (왼쪽에서 아래쪽으로) 하운드, 코타나, 구글, 시리

시스템은 사용자가 말하기를 마쳤다고 판단되면 시리의 'up' 노이즈와 같은 비언어적 소리로 응답한다. 사용자가 말하기를 중단한 시점을 식별하는 것을 '종점 탐지'라고 한다. 이에 대해서는 4장, '음성 인식 기술'에서 좀 더 자세히 논의한다.

이 시점에서 실제 대화가 끝났을 수도 있다. 시스템은 때때로 사용자가 다시 말하기를 기다리지 않고 관련 후속 요청을 처리할 수도 있다. 사용자는 계속 말하려면 다시 말할 것이라는 것을 명시해야 한다.

이 기능은 사용자가 언제 말할지 기기가 모르고 있는 상황에 유용하다. 당신이 거실에 있고 배우자가 주방에 있다고 가정해보자. 한동안 얘기를 하지 않고 있다가 배우자에게 말을 걸 때 "참, 자기, 뭐 하나 물어봐도 돼?" 또는 "이봐, 크리스."와 같이 말할 의도가 있다는 것을 알려주는 명시적인 표현을 사용하게 될 것이다. 이를 들은 배우자는 들을 준비를 할 것이다. 30분 동안 아무런 말도 하지 않다가 맥락도 없이 갑자기 "어디 있지?"라고 말하면 배우자는 혼란에 빠지기 쉬울 것이다.

기동어 또는 버튼을 누른 후에도 시스템이 계속 청취해야 하는 시간대를 신중하게 선택해야 한다. 너무 짧으면 말하기 전에 잠깐 주저하는 사용자를 놓치게 될 것이고 너무 길면 시스템에서 의도하지 않은 대화를 듣고 있을 수도 있다. 일반적으로 10초가 좋은 출발점이다.

대화형

사용자와 VUI 간에 주고받는 대화가 길어질 때 사용자가 매번 명시적으로 발화 시점을 나타내도록 한다면 번거롭고 부자연스러울 수 있다. 실제 사람과 대화하는 중일 때 다음과 같이 설명한 대로 매번 지표를 제공할 필요는 없다.

당신	오랜만이야! 어떻게 지내?
친구	지금 대답할게. 잘 지내. 너는?
당신	나도 잘 지내. 어제는 뭐했어?
친구	어제 어디 갔었는지 얘기할게. 보노보스 미팅에 갔었어.

대화가 정말 어색할 것이다.

사용자가 앱과 대화를 이어갈 경우 사용자가 계속 얘기할 것임을 나타내야 한다. 그 대신, 다음과 같은 자연스러운 대화를 주고받는 기술을 사용한다.

- 질문하기
- 아이컨택하기(아바타 또는 영상이 있는 경우)
- 잠시 멈추기
- 명확한 지시

가장 쉽고 자연스러운 기술은 질문을 던지는 것이다. VUI가 사용자에게 뭔가를 묻는다면 사람들은 자연스럽게 반응한다.

명확한 지시도 좋은 방법이다. 예를 들어 "보고 싶은 영화의 제목을 말씀해주시겠습니까?"라고 말한다.

적절하지 않은 상황에 사용자를 강제로 대화 모드로 이끌지 않도록 주의한다. 어떤 가상 비서와 대화해봤는데 말하기를 마칠 때마다 마이크를 켰고 이는 매우 혼란스러웠다.

가상 비서 기꺼이 정보를 찾아드리겠습니다. 말씀만 해주세요. [마이크가 켜지고 비프음이 남]

나/저자 [보자… 방금 내가 말하지 않았었나?]

사람들의 화자 전환 대화가 항상 명확한 것은 아니다. 많은 경우, 다른 사람이 계속 얘기하는 동안 상대는 "으흠" 소리만 내는 경우도 있다. 마가렛 어반이 말했듯이 인간과 인간 간의 많은 대화가 번갈아가며 진행된다. "으흠" 소리는 다른 사람이 말을 멈추고 나에게 말할 기회를 주기를 원하는 신호가 아니다. 그 대신, 그것은 "나는 여전히 여기 있다.", "계속 듣고 있다."와 같이 "계속되고 있음"의 표시다.

컴퓨터는 아직 이 미묘한 형태의 화자 전환을 처리할 수 없다. 그러나 사용자가 끼어드는 것을 허용하지 않는 시스템에서는 어차피 시스템이 계속 말하는 동안 "으흠"이 인식기를 트리거하지는 않으므로 문제 없이 동작할 수 있긴 하다.

VUI 시스템은 보다 세심한 설계를 통해 이러한 미묘한 부분을 일반적인 형태로 처리할 수 있다. 예를 들어 사용자는 트랜잭션이 끝날 때 "고마워요."라고 말할 수 있다. 시스템을 프로그래밍해 다시 대기하지 않고 이를 무시하거나 "천만에요."로 대응하게 할 수 있다.

또한 답을 이해할 수 없는 수사적인 질문을 하지 않는다. 사무용 커뮤니케이션 도구인 슬랙Slack 내에서 동작하는 챗봇인 '하우디Howdy'의 공동 창립자인 벤 브라운Ben Brown은 '봇은 예의를 차리기 위한 것이었지만 사람들은 반응하려고 하기 때문에' 수사적인 질문을 하는 것을 금지해야만 했다. 웹 페이지에 양식을 붙여놓고 사람들이 그것에 입력하지 않기를 기대하지는 말라.[5]

화자 전환을 위반할 수 있는 또 다른 경우는 시스템이 말하기를 끝내기 전에 질문하는 것이다. 예를 들어 일반적인 IVR 구조는 "다시 들으시겠습니까? '예', '아니요' 또는 '반복'이라고 말할 수 있습니다."라고 말한다. 사용자는 종종 질문이 끝나자마자 말하기 시작하는데 중간에 끼어들 수 없고 시스템이 또 다른 문장을 시작해서 방해를 받거나 시스템이 말하는 것을 멈출 수 없어 흐름에 방해를 받을 때 좌절감을 느낀다. 적절한 프롬프트 디자인과 매우 세심한 음성 코칭으로 해결할 수도 있지만 일반적으로 설명을 앞에, 질문을 마지막에 넣음으로써 이를 피할 수 있다.

때로는 사용자가 모드가 변경됐다는 것을 암시적으로 이해할 수 있는 상황에서만 명령 제어 모드와 대화 모드를 전환하는 것이 중요하다. 그 대표적인 예가 바로 아마존 에코의 게임인 '제퍼디Jeopardy'다. 게임을 시작하려면 "알렉사, 제퍼디 시작해!"라고 말해야 한다. 알렉사가 퀴즈의 답을 말한 후에 "알렉사"를 다시 말할 필요가 없다. 간단히 질문하면(예: "도로시 해밀Dorothy Hamill이 누구지?") 알렉사는 틀렸는지 맞췄는지 알려준다. 말을 할 수 있다는 것을 알려주는 "삑" 소리는 없지만 알려진 대화 구조로 사용자가 이 방식을 쉽게 알 수 있다.

---

5 Pavlus, J.(2016). "The Next Phase Of UX: Designing Chatbot Personalities." Retrieved from https://www.fastcodesign.com/

대화형 마커

VUI를 인간과 비슷하고 보다 매력적으로 만드는 또 다른 방법은 대화형 마커를 사용하는 것이다. 다음 대화의 차이점을 파악할 수 있는지 확인해보자.

가상 비서   어제 몇 시간 주무셨나요?

사용자   7시간 정도.

가상 비서   어제 과일과 채소를 몇 번 드셨나요?

사용자   아마도 네 번.

가상 비서   어젯밤 약은 챙겨 드셨나요?

사용자   응.

가상 비서   안녕.

이에 비해,

가상 비서   건강에 관련한 몇 가지 질문을 하겠습니다. 지난밤에 몇 시간 주무셨나요?

사용자   7시간 정도.

가상 비서   잘하셨네요. 어제 과일과 채소는 몇 번 드셨어요?

사용자   아마도 네 번.

가상 비서   그렇군요. 마지막 질문으로 어제 밤 약은 챙겨 드셨나요?

사용자   응.

가상 비서   좋습니다. 이상입니다. 내일 다시 만나요. 안녕.

이 두 가지 예 모두 동일한 세 가지 정보를 수집했다. 그러나 사용자는 어떤 가상 비서와 매일 얘기하고 싶을까?

대화형 마커는 사용자가 대화에 참여하고 있으며 대화가 잘 전달되고 있다는 것을 알 수 있게 하는 중요한 방법이다. 또한 사용자는 시스템이 기본 예의를 지킬 때 좀 더 참여하게 되고 친절하게 대답한다. 이는 인터랙션의 다양한 필수 부분을 유지하는 '접착제'다.

대화형 마커는 다음을 포함한다.

- 타임라인("먼저", "거의 다 왔습니다.", "마지막으로")
- 감사의 말("감사합니다.", "알겠습니다.", "죄송합니다.")
- 긍정적인 피드백("잘하셨어요.", "그것 참 다행이네요.")

대화 중 대화형 마커를 어디에 추가해야 할지 알아보는 실제적인 방법 중 하나는 누군가와 '대본 리딩'을 해보는 것이다. 샘플 대화(시스템과 사용자가 주고받는 대화)를 작성해 각자 한 부분을 읽는다. 사람들이 대화가 얼마나 오래 지속될 것인지 잘 모르기 때문에 상황이 과장되거나 부자연스럽거나 사용자에게 좌절을 안겨줄 상황을 빠르게 알아챌 수 있을 것이다

"컴퓨터는 그런 식으로 말하지 않습니다.", "사람들은 컴퓨터가 사람이 아니기 때문에 흥미를 잃게 될 것입니다." 등 고객들로부터 몇 가지 일반적인 걱정을 들었다. 어떤 고객은 시스템이 너무 사람인 척하느라 너무 격식이 없고 거슬릴 것이라고 우려한다

시스템 페르소나에 적합한 대화형 마커를 사용하는 것이 중요하지만 가장 정중한 시스템이 도움이 될 것이다. 사용자는 기계에 대고 말하고 있다는 것을 알고 있지만 그럼에도 불구하고 인간은 이러한 대화의 기본 예절을 높이 평가한다.

주요 문제점을 해결해줄 디자인 요소는 3장, '페르소나, 아바타, 배우 그리고 비디오 게임'에서 논의한다.

오류 처리

"사람과 얘기할 때 고칠 수 없는 오류가 발생하는 일은 없다."

– 에이비 존스[ABI JONES], 구글의 디자인 책임자

전통적인 IVR 시스템은 사용자가 듣지 못했거나 이해하지 못했으면 사용자에게 다시 말하도록 한다. 이것이 중요한 이유는 이렇게 하지 않으면 사용자는 통화가 끊어졌거나 시스템이 제대로 동작하지 않는다고 생각할 것이기 때문이다. 또 다른 이유는 예정된 대화를 하기 때문인데 어떤 시점에 다다랐을 때 사용자는 대화를 더 진행하기 위해 특정한 입력을 해야 한다. 만약 시스템이 어떤 것도 듣지 못했다면 시간이 초과돼 사용자에게 다시 말하도록 요구할 것이다. 만약 이 시간 초과의 기준이 잘 설계되지 않은 경우에는 사용자와 시스템이 계속 서로의 말을 끊게 돼 계속 똑같은 말을 반복하게 되는 이상한 상황이 발생한다.

그러나 휴대폰이나 휴대 기기 VUI에서는 오류가 발생했을 때마다 사용자에게 다시 입력을 요청할 필요는 없다. 아마존 에코의 예를 들면 사용자가 기동어를 말한 후 다른 말을 하지 않아도 사용자에게 다시 말할 것을 요청하지 않는다(만약 뭔가를 들었지만 이해하지 못한 경우에는 짧은 소리를 낸다).

사용자는 기기와 얘기할 때(특히 이름이 있는 기기에) 마치 사람과 얘기하는 것 같이 기기가 어떤 소리도 내지 않을 때 대답하는 경향이 있다. 또한 기기용 시스템의 경우 대개 일회성 명령을 이용하기 때문에 다음 대화를 기다리지 않는다. 따라서 그 시스템이 응답하지 않더라도 전체 명령이 실행되지 않는 것이 아니라 그 특정 명령만 전달되지 않은 것이다. 이는 중요한 실행을 하는 도중에 대화를 갑자기 종료하는 것이 아니라 중간에 딱 한 번 실패한 것이다. 이러한 높은 오차 허용 범위로 인해 당신은 알렉사가 당신을 이해하지 못해 명령을 무시하고 넘어가는 것에도 관대할 수 있다.

그런데 당신의 앱이 당신이 명령할 때마다 인식하지 못하고 "미안합니다. 이해하지 못했습니다."라고 응답한다고 상상해보자. 이는 매우 빨리 지나갈 것이다. "이해하지 못했습니다, 이해하지 못했습니다, 이해하지 못했습니다." 사용자가 이 말을 세 번이나 듣는다면 포기할 것이다. 사용자는 기기가 그의 첫 번째 시도를 이해하지 못한 경우, 그들이 그저 스스로 간단하게 반복해서 말해야 하는 것에 빨리 익숙해질 것이다.

VUI 디자인에서 '최상의 경로' 동작에 대해 많이 얘기했다. 그러나 훌륭한 설계자들이 알고 있는 것처럼 동작이 잘되는 경우에 대해서만 설계할 수는 없고 일이 잘못됐을 때를 대비한 설계도 해야 한다. 이는 특히 VUI 디자인에서 중요한데, 뭔가 항상 잘못되기 마련이기 때문이다.

음성 인식이 지난 10년 동안 크게(올바른 조건이 주어진 경우의 정확도가 90% 이상) 향상됐지만 그렇다고 해서 당신의 디자인에 음성을 추가했을 때 사용자가 좋은 경험을 할 것이라고 보장할 수 있는 것은 아니다. 잠시 사람과 사람 간의 대화를 생각해보자. 우리는 종종 다른 사람이 얘기할 때 한 단어 또는 여러 단어를 놓친다.

이러한 모든 요소는 VUI에서도 중요한 역할을 한다. 그러나 사람은 다행스럽게도 맥락에 대한 이해가 높고 대화형 오류로부터 회복하는 능력을 갖고 있으므로 대화에서의 오류 발생 시 다시 제자리로 돌아오는 것을 컴퓨터보다 잘한다. 만약 내가 뭔가를 당신에게 얘기했을 때 당신이 나를 멍하게 쳐다보면 나는 당신이 이해하지 못했다는 것을 알고 다시 반복해서 말할 것이다. 나는 당신에게 다시 한번 말해 달라거나 더 분명하게 말해 달라고 요청할 수 있다. 우리는 수년간 사람과의 대화를 연습해왔기 때문에 오류를 여러 가지 방법으로 해결할 수 있다.

VUI가 우리를 이해하지 못했을 때는 종종 문제가 발생한다. 당신의 VUI에서 이러한 오류 상황들을 어떻게 해결할지 정하는 것은 매우 중요하다. 인텔[Intel]의 음성 및 디지털 어시스턴트 책임자인 필라 만천[Pilar Manchon]은 "실수를 저지를 때마다, 당신이 뭔가를 모를 때마다 실점한다면 실제로 뭔가를 맞혔을 때마다 한 번에 백배 가점이 돼야 한다."라고 말했다.[6]

당신이 설계를 잘하면 오류 상황이 발생하더라도 사용자가 실패하지 않고 임무를 완수할 수 있을 것이다. 설계를 잘하지 못하면 사용자는 임무에 실패할 뿐 아니라 다시 사용하려 하지 않을 것이다.

VUI가 실수를 하는 다양한 경우의 예시:

- 음성이 감지되지 않은 경우

---

6   Manchon, P.(2016). Quote from her talk at the RE-WORK Virtual Assistant Summit in San Francisco.

- 음성은 감지됐지만 아무것도 인식하지 못한 경우
- 인식됐지만 해결되지 않은 경우
- 잘못 인식된 경우

음성이 감지되지 않은 경우

음성 인식 엔진^{engine}에는 음성 신호를 포착하려고 시도하는 '청취' 모드가 있다. 만약 음성이 감지되지 않는다면 자동 음성 인식기가 '인식된 음성 없음'이라고 응답한다.

이것이 항상 사용자가 아무런 말도 하지 않았다는 것을 의미하는 것은 아니다. 사용자가 말을 했더라도 시스템이 인식하지 못한 경우일 수도 있다.

'인식된 음성 없음' 상황을 해결하는 두 가지 방법:

- 분명하게 요청하라(예: "죄송합니다. 듣지 못했습니다. 계좌 번호가 무엇입니까?").
- 아무것도 하지 말라.

어떤 것을 사용해야 할까? 그것은 어떤 앱이냐에 따라 다르다. 분명하게 요청해야 하는 상황이라면 다음과 같은 사항들을 만족해야 한다.

- 시스템이 오디오만 사용하는 경우(예: IVR)
- 사용자가 다른 응답할 방법이 없는 경우(예: 휴대폰의 버튼 누르기)
- 시스템이 계속 일을 수행하거나 대화를 진행하기 위해 사용자의 대답이 필요한 경우

아무것도 하지 않는 것이 올바른 대응인 경우:

- 사용자가 다른 방법으로 진행시킬 수 있는 경우(예: 버튼을 눌러 응답하기 등)
- 대응하지 않는 것이 대화를 종료하는 것은 아닌 경우
- 아바타가 사용자를 계속 쳐다보며 청취하는 것과 같이 시스템이 이해하지 못한 상황을 알리는 시각적인 표시가 있는 경우

왜 주의를 기울이지 않고 항상 사용자가 다시 말하도록 유도하는 것일까? 왜냐하면 이

는 굉장히 귀찮은 일이기 때문이다. 사람들이 그들이 들은 것을 이해하지 못한 것을 표현하는 가장 일반적인(그리고 가장 효과적인) 방법은 아무런 말도 하지 않는 것이다. 그 대신, 상대방을 의아한 표정으로 쳐다보거나 예의 바르게 웃는다. 이러한 행동은 상대방에게 듣지 못했거나 이해하지 못했음을 빠르고 분명하게 전달한다.

VUI 디자이너들은 사람들이 이미 편안하고 익숙해하는 대화 규칙들을 이용해야 한다. 사용자에게 기기가 이해하지 못했음을 계속 알리는 것보다 미묘한 단서를 제공하는 것이 효과적일 수 있다(이해하지 못했음을 계속 알리는 것은 시스템에 대한 신뢰도를 떨어뜨릴 것이다).

볼리오에서 사용자 테스트를 진행했을 때 나는 이것이 너무 잘 설계돼 나중에 물어봤을 때 사용자가 오류가 있었던 것을 기억하지 못하는 사례를 봤다. 이 경우에는 시스템이 사용자가 말한 것을 이해하지 못한 경우, 배우가 나와서 들으려고 하는 모습이 담긴 영상을 보여주는 것 외에는 다른 어떤 상황도 발생하지 않았다. 사용자는 자연스럽게 다시 말했고 시스템은 계속 실행됐다.

음성은 감지됐지만 아무것도 인식하지 못한 경우

몇몇 경우에는 ASR 시스템이 음향 신호는 감지했지만 어떤 믿을 수 있는 가설을 필터링하지 못하는 경우가 있다.

이러한 상황을 해결하는 방안은 '음성이 감지되지 않은 경우'의 그것과 매우 비슷하다.

- 분명하게 요청하라(예: "죄송합니다. 알아듣지 못했습니다. 레스토랑의 이름이 뭡니까?" 또는 "죄송합니다. 뭐라고 하셨습니까?").
- 아무것도 하지 말라.

몇몇 시스템은 더 현명하거나 웃기려고 시도한다. 만약 알렉사가 당신이 질문하고 있다는 사실은 알았지만 대답할 방법이 없을 때 "죄송합니다. 제가 들은 질문을 이해하지 못했습니다."라고 응답한다.

시리는 뭔가를 이해하지 못한 경우, 예를 들어 "시리, 사랑의 의미를 말해줘."라고 말하면 "누구? 저요?"라고 대답한다.

이런 종류의 대답은 주의해야 한다. "누구? 저요?"는 처음 몇 번은 귀여울 수 있지만 이렇게 도움이 안 되는 대답에 화가 날 수도 있다.

인식됐지만 해결되지 않은 경우

이는 ASR 시스템은 완벽하고 정확하게 인식된 결과를 내놓았지만 어떤 이유에서인지 VUI가 올바르게 처리하지 못한 경우다. 또는 당신이 응답을 설계하지 않았기 때문일 수도 있다. 아니면 당신이 오답을 설계했기 때문일 수도 있다. 다음 예시를 보자.

> **의학 가상 도우미** 기분이 어때요?
>
> **사용자** 감기^{Cold}에 걸렸어요.
>
> **의학 가상 도우미** 얼마나 오랫동안 추웠나요?$^{feeling\ cold}$

이 예시에서는 시스템이 '콜드^{Cold}'라는 단어를 온도의 의미로 받아들였기 때문에 대화가 다른 길로 빠져버렸다. 더 똑똑한 시스템이라면 '춥다$^{Being\ cold}$'라는 의미 대신 '감기에 걸렸다$^{Having\ a\ cold}$'는 의미를 찾을 것이다.

또 다른 예시는 시스템은 완벽하게 인식했지만 그에 맞는 응답이 프로그램되지 않은 경우다.

> **의학 가상 도우미** 기분이 어때요?
>
> **사용자** 음… 제 팔이 좀 아픈 것 같아요.
>
> **의학 가상 도우미** 죄송합니다. 이해하지 못했습니다. 기분이 어떻다고 대답하셨나요?

이 경우에는 시스템의 응답을 설계한 사람이 팔이 아픈 것에 대한 응답을 포함하지 않은 경우다.

이러한 경우를 다루는 전략은 무엇일까? 사용자가 말할 수 있는 모든 것을 더 잘 예측하는 것이다. 데이터를 수집해 이와 같은 문제를 피하는 방법은 5장, '고급 음성 사용자 인터페이스 디자인'을 참고하라.

잘못 인식된 경우

이는 ASR 시스템이 잘못 인식된 결과를 내놓은 경우다. 이는 두 가지 결과를 야기하는데, 하나는 당신이 그 결과를 기대한 것이 아니므로 아무것도 하지 않는 것이고 다른 하나는 잘못된 실행으로 연결하는 것이다. 다음 예시를 보자.

회의 예약 가상 도우미	셰론^{Sharon}과의 회의를 언제로 예약하고 싶으신가요?
사용자	음… 글쎄. 내 생각엔 내가 음… 세시 삼십분이 좋을 것 같아.
회의 예약 가상 도우미	[ASR 시스템 출력: "음 글쎄 내 생각엔 내가 음 사시 사시뿐이 조운 것 같아."] 죄송합니다. 몇 시라고 말씀하셨나요?

불행하게도 ASR 도구가 잘 인식하지 못한다면 이에 대해 당신이 할 수 있는 일은 많지 않다. 그러나 당신은 N-베스트 목록과 실제 사용자 응답의 데이터 분석을 통해 이 문제를 해결할 방법을 만들 수 있다(N-베스트 목록은 ASR 도구가 내놓은 가장 가능성 높은 인식 결과의 목록이다. N-베스트 목록에 대해 좀 더 자세히 알고 싶으면 4장, '음성 인식 기술'을 참고하라.)

에스컬레이팅 오류

어떤 말을 할 것인지 예상되는 경우의 일반적인 전략은(그리고 음성이 앱과 소통하기 위한 주 모드인 경우) 에스컬레이팅 오류^{Escalating Error}를 사용하는 것이다. 이 간단한 예는 사용자에게 어떤 정보가 필요한지 다시 상기시킨다.

날씨 앱	날씨를 알려드리겠습니다. 지역이 어디인가요?
사용자	음…. 스프링필드입니다.
날씨 앱	죄송합니다. 잘 듣지 못했습니다. 다시 말씀해주시겠습니까?

사용자	아, 미네소타에 있는 스프링필드입니다.

에스컬레이팅 오류 동작 프롬프트는 필요한 경우 어디에서 계좌 번호를 찾을 수 있는지 등과 같은 더 상세하고 다양한 도움을 제공할 수 있다. 더욱이 만약 여러 번의 대화가 실패했다면 버튼을 누르거나 드롭다운^{Drop-down} 목록 타입과 같은 다른 커뮤니케이션 방법을 제안한다.

다음은 항공편 검색 앱에서 사용자가 항공편명이 아닌 예약 확인 번호를 입력했을 때를 보여주는 예시다. 단순히 다시 항공편명을 바로 묻지 않고 번호가 어떻게 생겼는지를 상기시켜주고 있다.

항공사 앱	항공편명을 말씀해주시면 예약 정보를 찾아보겠습니다.
사용자	음… 576782.
항공사 앱	죄송합니다. 정보를 찾을 수 없습니다. 항공편명은 알파벳 UA와 3개의 숫자로 구성돼 있습니다.
사용자	아, 그럼 375입니다.
항공사 앱	감사합니다. 예약 정보를 확인하고 있습니다.

만약 당신이 도움을 줄 수 있는, 실제 사람이 있는 시스템을 설계한다면 오류 수에 대한 기준을 설정하고 해당 기준이 충족되면 사용자를 실시간 지원으로 전환시켜라.

사용자를 비난하지 말 것

어떤 경우라도 사용자를 비난하지 말라. 다른 것을 비난하거나 차라리 시스템을 비난하라.

클리포드 나스^{Clifford Nass}와 스콧 브레이브^{Scott Brave}의 연구에 따르면 사용자가 주행 모의 실험 장치로 작업을 수행하는 동안 시스템이 음성으로 그들의 주행 실력에 대한 의견을 음성으로 전달했다. 절반에 해당하는 사용자는 "당신은 너무 빠르게 주행하고 있습니다."와 같이 운전자를 비난하는 메시지를 들었고 다른 절반의 사용자는 "이 도로에서는

방향을 조절하는 것이 어렵습니다."와 같이 다른 요소를 비난하는 메시지를 들었다.[7]

시스템으로부터 비난을 들은 참가자들은 스스로의 주행 실력 점수를 낮게 줬고 시스템 음성을 덜 좋아했으며 주행하는 동안 집중도가 떨어졌다. 오류 메시지는 매우 사소해 보이지만 시스템에 대한 사용자의 인식에 영향을 미칠 뿐 아니라 그들의 수행 성과에도 영향을 미칠 수 있다.

초보 사용자와 전문 사용자

만약 사용자가 당신의 시스템을 정기적으로 사용한다면 설계에 다양한 전략을 포함시키는 것이 중요하다.

예를 들어 건강 관리 앱은 사용자에게 매일 로그인해 그들의 혈압을 측정할 것을 요청할 수도 있다. 초기에는 좀 더 자세한 내용이 포함된 프롬프트를 이용하는 것이 좋다.

사용자가 앱에 익숙해진 후에는 다른 안내문과 마찬가지로 긴 지시문을 계속 제시할 필요가 없다. 각 시나리오의 예를 살펴보자.

초보 사용자

아바타　　혈압을 측정을 시작하겠습니다. 측정 띠가 켜져 있는지 확인하세요. 파란색 화살표가 손바닥 쪽을 가리키도록 측정 띠로 팔 주위를 감싸세요. 바닥에 발바닥을 대고 앉아주세요. 준비가 되면 계속 버튼을 누르세요.

사용자가 일주일 동안 매일 앱과 상호 작용했다.

아바타　　혈압 측정 시간입니다. 측정 띠를 착용하고 계속 버튼을 누르십시오.

그렇다고 단순히 앱이 사용된 횟수를 세지는 말라. 개인이 여러 번 사용했을 수도 있지만 매월 1회 또한 2회만 사용했을 수도 있다. 이 경우에는 초보자용 프롬프트를 계속 사용

---

7 Nass, C., and Brave, S. Wired for Speech.(Cambridge, MA: The MIT Press, 2005), 125

해야 한다.

또한 설명문을 줄일 수도 있다. 예를 들어 시스템이 "어떻게 느껴지시는지에 대한 몇 가지 질문을 하겠습니다. 몇 분이 소요될 것이지만 이 질문들은 의사가 최선의 행동 방침을 결정하는 데 도움이 됩니다. 먼저, 당신은 어제 약물 치료를 받으셨습니까?"라고 말할 수도 있다.

일주일 동안 매일 이를 반복했다면 질문을 "당신은 어제 약을 복용하셨습니까?"로 줄일 수 있다(프롬프트가 더 짧아지더라도 사용자로 하여금 그들의 대답을 이해했으며, 질문들이 이어진다는 것을 알 수 있도록 반드시 '대화 마커'를 사용하라.)

구글의 인터랙션 디자이너인 마가렛 어반은 단순히 사용자를 '훈련'하는 것이 목표가 아니라는 점을 확실히 하는 것이 중요하다고 말한다. 그녀는 사용할 수 있는 명령어 나열로 사용자를 혼란스럽게 하기보다는 그들의 행동에 적응하는 편이 낫다고 말한다.

이와 더불어 프라이밍^{priming}의 개념을 이용하라. 프라이밍은 누군가를 특정 자극(예: 단어 또는 이미지)에 노출하는 것이 이후의 자극에 대한 반응에 영향을 미치는 것을 말한다. 예를 들어 당신이 페루의 라마에 관한 자연 프로그램을 본 후 누군가가 당신에게 'L' 글자로 시작하는 동물의 이름을 물으면 당신은 라이온보다 라마를 말할 가능성이 훨씬 더 높다.

누군가에게 당신이 그들에게 일정한 수의 질문을 할 것이라는 것을 미리 알게 하는 것도 프라이밍의 한 형태다. 그 사람에게 무엇을 할지 알려주므로 자신들이 어떻게 준비해야 하는지 알 수 있다.

프라이밍은 더 미묘할 수 있다. VUI가 특정 방식으로 명령을 확인하는 경우, 사용자들이 나중에 비슷한 방식으로 응답한다. 예를 들어 내가 "그룹 베어네이키드 레이디스^{Barenaked} ^{Ladies}의 노래를 듣고 싶은데 노래 제목은 '콜 앤 앤써$^{Call\ and\ Answer}$'야."라고 말했을 때 VUI가 "베어네이키드 레이디스의 "콜 앤 앤써"를 플레이합니다."라고 응답하면 다음 번에는 아마도 간단하게 "베어네이키드 레이디스의 "콜 앤 앤써"를 플레이해줘."라고 말할 수도 있다.

지속적인 맥락 추적

구글의 에이브러햄 링컨에 관한 대화를 이어가던 이전 예제를 기억하는가? 다시 한번 살펴 보자.

사용자　오케이 구글, 미국 제16대 대통령은 누구지?

구글　에이브러햄 링컨이고 미국 제16대 대통령이었습니다.

사용자　그는 몇 살에 죽었지?

구글　에이브러햄 링컨은 56세의 나이로 사망했습니다.

사용자　그가 태어난 곳은 어디지?

구글　켄터키 주에 있는 호젠빌Hodgenville입니다.

사용자　그 동네 맛집은 어디야?

구글　다음은 폴라의 핫 비스킷Paula's Hot Biscuit 정보입니다.

이 예제에서 어떤 점이 훌륭했나? 구글은 대화를 이어갔고 맥락을 기억했다. 특히, 대명사를 사용해 '그he'가 '에이브러햄 링컨'을 나타낸다는 것과 '거기there'가 켄터키 주의 호젠빌 지역을 의미한다는 것을 알았다. 이러한 정보를 추적하는 것이 항상 쉬운 것은 아니지만 맥락이 없으면 당신의 앱은 일회성 작업 외에는 할 수 없을 것이다.

동일한 것을 나타낼 때 두 가지 다른 용어를 사용하는 것을 동일 지시어coreference라고 하며, 이는 의사소통에서 필수적인 요소다. 이것이 없으면 대화는 빨리 끝나버린다.

비록 허구이긴 하지만 텔레비전에서 볼 영화를 찾는 데 도움을 주는 앱에 대한 다른 예가 있다.

사용자　해리슨 포드가 출연한 영화들을 보여줘.

텔레비전　[해리슨 포드가 출연하는 영화 목록을 보여준다.]

사용자　1990년 이전에 만들어진 것은 뭐지?

텔레비전　[새 목록을 보여준다.]

사용자   이제, 그와 캐리 피셔가 출연한 영화들을 보여줘.

텔레비전   [목록을 보여준다.]

이번 예에서 앱은 '그^{him}'뿐 아니라 '것들^{ones}'이 무엇인지 알아야 했다.

시스템에서 추적해야 할 모든 것을 예상하기는 어려울 수 있지만 기본적인 것으로 시작해 사용자가 실제로 말하는 내용을 기반으로 유추할 수 있다(5장, '고급 음성 사용자 인터페이스 디자인' 참조).

사용자가 어떤 사람에 관한 질문을 하면 그 정보를 저장한다. 그 사람이 유명인이라면 성별을 찾아볼 수도 있다. 그러나 마지막으로 언급된 사람을 항상 저장하고 그 사람을 사용자가 '그' 또는 '그녀'라고 말하는 사람으로 설정하는 간단한 방법을 사용할 수도 있다(물론 이는 사용자가 두 사람 이상을 언급한 경우에는 동작하지 않지만, 많은 경우에 그럭저럭 잘 동작한다). 만약 성별을 결정할 수 없다면 비록 전체 이름을 계속 사용하는 것이 대명사보다 기계적이긴 하지만 그냥 이름을 사용할 수 있다. 성 중립적인 형태인 '그들^{They}'도 사용할 수 있다.

이와 비슷한 방식으로 사용자나 시스템이 언급한 마지막 도시나 장소를 기억할 수도 있다.

시스템은 간혹 사용자가 가리키는 것을 해석하기 어려울 때가 있다. 다음은 두 번째 질문에서 막힌 코타나 예제다.

사용자   어떤 개가 가장 비싸지?

코타나

사용자   어디서 하나 구할 수 있니?

코타나

위에서 알 수 있듯이 코타나는 '하나^{one}'에 의미를 지정하지 못했고 두 번째 질문을 새로운 것으로 처리했다. 이와 대조적으로 구글이 수행한 작업을 살펴보자.

사용자   어떤 개가 가장 비싸지?

구글

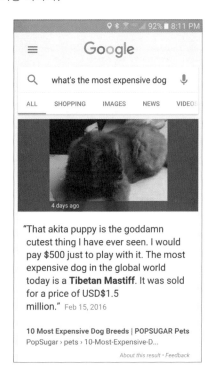

팝슈가^{PopSugar}에 따르면 오늘 세계에서 가장 비싼 개는 티벳 마스티프입니다.

사용자   어디서 하나 구할 수 있니?

여기에서 구글은 두 번째 질문의 '하나^{one}'라는 단어를 성공적으로 이해하고 관련 검색 결과를 제공했다.

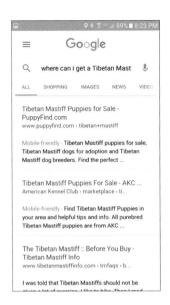

도움말 및 기타 유니버설

IVR 시스템을 구현할 때는 모든 단계에 반복, 메인 메뉴, 도움말, 운영자, 종료 등의 유니버설 세트를 포함시켰다.

하지만 모바일 앱의 경우에는 이를 반드시 지킬 필요가 없다. 대부분의 모바일 앱(또는 기타 스마트 기기)에는 메인 메뉴의 개념이 없지만 필요할 때 사용자가 도움을 얻을 수 있도록 하는 것은 중요하다.

'도움말help' 명령을 지원하는 것은 많은 경우에 유용하지만 전통적으로 맥락 특화된 도움에 사용된다. 예를 들어 사용자가 직접 의료 기록 번호medical record number, MRN를 입력하는 보험 IVR 시스템을 생각해보자. 사용자가 입력 시점에 '도움말'이라고 말하면 사용자에게 MRN이 보험 카드에 있다는 것을 상기시켜준다.

하지만 만약 사용자가 구글, 코나타, 시리와 같은 자유로운 대화에서 도움을 요청하면 어떻게 될까? 사용자가 (홈 버튼을 누르거나 "오케이 구글"이라고 말한 후 "도움말"이라고 말함으로써) 대화를 막 시작한 경우, 당신은 사용자가 어떠한 유형의 도움말이 필요한지 알 수 있는 맥락이 없다.

또한 IVR 설계자들이 수년간 IVR을 훈련시키려고 노력하고 있음에도 불구하고 사용자들은 항상 이런 유니버설 문구 사용에 익숙한 것은 아니다. 따라서 어떤 유형의 도움말을 제공할지 뿐 아니라 사용자가 어떻게 말할지를 고민하는 것이 중요하다. 예를 들어 "알렉사, 너는 무엇을 할 수 있니?", "코타나, 너는 나를 위해 무엇을 할 수 있니?", "오케이 구글, 내가 너에게 뭐라고 말해야 하니?"라고 물어보는 경우들이다. 실제로 구글은 당신이 마이크를 탭하고 아무런 말도 하지 않으면 사용 가능한 예시 목록을 보여준다.

알렉사는 이 질문에 직접 답하려는 시도조차 하지 않는다. 그 대신, 알렉사는 "당신이 말할 수 있는 것에 도움을 주기 위해 알렉사 앱 내의 '시도할 수 있는 것들'을 참조하세요."라고 말한다.

코타나는 "제가 할 수 있는 일은 다음과 같습니다."라고 말하고 그림 2-13과 같이 예제 세트를 시각적으로 제공한다.

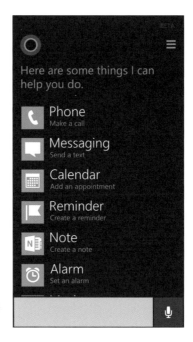

그림 2-13
사용할 수 있는 음성 명령의 예를
시각적으로 나열하는 코타나

구글은 아무런 말도 하지 않지만 그림 2-14의 예시 화면을 제공한다.

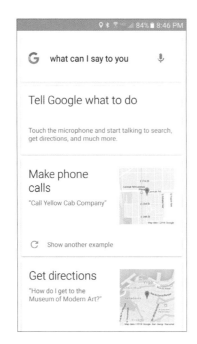

그림 2-14
구글은 기능 세트와 음성으로
요청하는 방법을 제공한다.

사용자에게 도움을 요청할 수 있게 하면서 모바일 앱 경우와 같이 가능하다면 시각적 공간을 활용하라. 플레이어가 다양한 캐릭터와 얘기하고 새로운 세계를 탐험할 수 있는 어드벤처 게임을 디자인하는 경우를 살펴보자. GUI 명령판에 항상 사용할 수 있는 '도움말' 또는 '정보' 버튼을 두는 것은 사용자가 도움을 받을 수 있다는 것을 알리는 확실한 방법이다.

근래의 VUI 세계에서 '도움말'(그리고 "내가 무엇을 할 수 있습니까?"라고 물어볼 수 있는 기타 방법들)은 특히 중요하다. 왜냐하면 VUI는 전지전능하지 않기 때문이다. 비록 많은 VUI가 "무엇을 도와드릴까요?"처럼 매우 개방적으로 말하고 있지만 이해하고 행할 수 있는 것들은 여전히 매우 제한적이다. 사용자들은 실제로 할 수 있는 일을 알아낼 방법이 필요하다.

좋은 IVR 디자인의 또 다른 중요한 점은 '종료 인사'를 유니버설 세트에 포함시키는 것이다. 초기 VUI 디자인들에서 대화를 끝내려면 간단하게 전화를 끊으면 됐기 때문에 종료 인사는 별로 중요하지 않은 것으로 여겨졌다. 그러나 수년간의 데이터 수집 결과, 디자이너들은 사람들이 전화 통화를 끝낼 때 사람들에게 작별 인사를 하기 때문에 IVR 시스템에서도 종종 그렇게 했고 가끔은 단순히 전화를 끊어 대화를 끝내는 것을 불편하게 느낀다는 것을 알아냈다. 따라서 우리는 이러한 경우를 다룰 수 있는 대화를 추가했다.

또 다른 중요한 가르침은 시스템이 실제로 대화를 끊기 전에 확실하게 확인하는 것이었다. 구현하고자 하는 시스템이 '종료 인사' 옵션을 사용할 경우 신뢰도를 3단계로 하고 신뢰도가 높지 않은 경우, 사용자가 실제로 시스템을 종료하길 원하는지 확실히 확인하라.

511 IVR 시스템의 예를 들어보자. 중간의 신뢰도인 경우. "작별 인사를 하신 것 같습니다. 실제로 시스템을 종료하길 원하십니까?"라고 확인한다.

나는 지난 밤 잠자리에 들 때 아마존의 에코를 지나가면서 "알렉사, 잘자."라고 말했고 알렉사는 "안녕히 주무세요."라고 대답했다. 이런 것에 개발 시간을 투자하는 것은 어리석은 것처럼 들리겠지만 결과는 매우 만족스러웠다.

사용자로 하여금 반복을 하거나 이전 단계로 돌아갈 수 있게 하는 것 또한 대화 시스템에 있어 중요하다. '돌아가기^{Go back}'는 상호 작용이 비교적 간단한 구글 나우에 꼭 필요한 것은 아니지만 작업 중심 대화에서는 매우 유용하다. 대화턴의 세트 안에 포함되지 않는 작업 수행 중에는 돌아가기가 다른 의미를 지닐 수 있다. 예를 들어 당신의 사용자가 음악을 듣고 있다면 이전 노래를 듣고 싶다는 뜻일 수 있다. 이는 GUI 제어판를 사용하기에 좋은 후보가 되는 명령이기도 하다.

대기

디자이너가 때때로 놓칠 수 있는 또 다른 구성 요소는 대기 시간이다. 시스템에 대기 시간 또는 지연을 둘 것인지 여부를 가능한 한 빨리 결정하는 것이 중요하다. 대기는 일반적으로 다음과 같은 원인으로 인해 발생한다.

- 연결 불량
- 시스템 처리
- 데이터베이스 액세스

구축할 VUI 시스템이 환자 기록에 액세스해야 한다면 데이터베이스 조회가 필요하다는 것을 알 수 있다. 가능한 한 빨리 조회가 얼마나 오래 걸릴 것인지 알아내고 그에 따라 계획을 세워야 한다.

대기 상황을 미리 알 수 있는 경우, 시스템에서 이를 처리할 수 있는 방법이 있는지 확인하라. 시스템이 사용자에게 대기에 대해 알리거나("기록을 조회하는 동안 잠시 기다려주세요.") 대기음(IVR 시스템에서 자주 사용됨)과 비언어적이고 시각적인(움직이는 로딩 아이콘) 방법을 사용할 수 있다(그림 2-15 참조).

One moment please...

Previous   Repeat   Pause   Menu

그림 2-15
센스리 아바타가 "잠시만 기다려
주세요."라는 메시지를 표시하고
로딩을 나타내는 GIF를 보여준다.

예상 대기 시간이 0초에서 10초 사이일 경우, 대기 시간이 0초일 때는 대기 시간을 몇 초 정도 추가하라. 왜냐하면 "잠시만 기다려주세요."라고 하자마자 대화를 바로 계속하면 사용자에게는 잘못된 것처럼 들릴 수 있기 때문이다. 지연 예상을 설정했다면 그 예상을 깨지 말라.

음성을 처리할 때도 대기 시간이 발생할 수 있다. 많은 기기가 기동어를 로컬에서 먼저 인식한 후 나머지 오디오를 클라우드에서 처리하도록 내보낸다.

명확성

사용자가 모든 세부 사항이 아닌 수행할 작업의 일부 항목을 제공할 때가 있다. 예를 들어 "스프링필드의 날씨는 어때?"와 같이 사용자가 한곳 이상의 장소에 대한 날씨를 물어볼 수 있다.

가능한 한 사용자에게 묻지 말고 알고 있는 정보를 사용해 대답하라. 예를 들어 아마존 에코는 설정의 일부분으로 사용자의 집 위치를 입력받는다. 따라서 "날씨가 어때?"라고 묻는다면 알렉사는 지역 조건을 자동으로 생성한다. 집 위치를 아는 것은 사용자가 다른 곳의 날씨를 요구할 때도 사용될 수 있다. 앞에 예에서는 나라 안의 모든 지명이 아닌, 집에서 거리가 가까운 '스프링필드'를 선택한다.

다른 정황 단서도 사용될 수 있다. 사용자가 일리노이의 스프링필드에서 레스토랑을 찾으면서 "스프링필드의 날씨는 어때?"라고 묻는다면 사용자가 언급한 위치에 있는 것을 의미하는 것이라고 확신할 수 있다.

정황 정보가 없는 경우라면 시스템은 사용자가 명확히 말하도록 요구해야 할 것이다.

사용자　　스프링필드의 날씨는 어때?

시스템　　일리노이^{Illinois}에 있는 곳을 말씀하시는 건가요. 아니면 메릴랜드^{Maryland}에 있는 곳을 말씀하시는 건가요?

사용자　　일리노이

시스템　　화씨 65도입니다.

시스템이 '스프링필드'라는 단어에 대해 높은 신뢰도를 갖고 있다면 이 단어를 명시적으로 다시 말하기보다는 '그곳'이라는 지시적 단어를 사용할 수 있다. 또한 사용자가 말하는 응답에 융통성을 가질 수 있도록 하라. 사용자는 '일리노이의 스프링필드'라고 하거나 그냥 '일리노이' 또는 '첫 번째 것'이라고도 말할 수 있어야 한다(가능한 답변 목록을 상상해 보라).

명확성이 필요한 또 다른 상황은 실행 항목이 명확하지 않은 경우다.

사용자　　신디에게 전화해줘.

시스템　　네. 핸드폰으로 할까요, 집으로 할까요?

사용자　　핸드폰

시스템　　신디의 핸드폰으로 전화합니다.

이는 암시적인 대화로, 시스템이 대화의 맨 마지막에 이름을 확인한다는 것에 주목하라. 시스템이 (a) 입력된 이름에 대해 높은 신뢰도를 갖고 (b) 발신자의 연락처 목록에 신디가 한 명 뿐인 경우 작업이 이 방식으로 수행된다.

나는 최근 구글이 전화 발신 디자인을 개선했다는 것을 알게 됐다. "크리스 레게터에게 문자를 보내"라고 말했을 때 구글은 "집으로 보낼까요, 아니면 모바일로 보낼까요?"라고 대답했다. 그러면 나는 둘 중 하나를 선택해야만 했다. 지금은 내가 모바일로 보내는 것을 의미한다는 것을 알 만큼 충분히 똑똑해졌는데 집 전화번호로는 문자를 보낼 수 없기 때문이다.

VUI가 처리할 수 있는 것보다 더 많은 정보를 담아 사용자가 대답할 경우에도 명확성이 필요할 수 있다.

시스템	증상이 주로 어떤가요?
사용자	토하고 열이나.
시스템	그렇군요. 토하는 것과 열이 나는 것 중 어느 것이 주요 증상인가요?
사용자	어, 열인 것 같아.
시스템	네, 열이군요.

시스템이 두 증상을 동시에 처리할 수 있다면 이상적이겠지만 이러한 시스템에는 근본적인 제약이 있으므로 사용자에게 범위를 좁히도록 요청해야 할 때가 있다.

디자인 문서

앞에서 언급한 샘플 대화 및 흐름 문서 이외에도 고민해봐야 할 또 다른 유형이 있다.

프롬프트

디자인을 할 때 프롬프트 목록이 필요할 수 있다. 여기서 '프롬프트'란 시스템이 사용자에게 하는 말이다. 완전한 문장 또는 여러 문장이 될 수도 있고("당신을 도와드리겠습니다.

차의 제조업체와 모델명을 알려주십시오.") 숫자, 날짜, 제품과 같은 작은 단위의 정보가 될 수도 있다.

프롬프트 목록은 다음과 같은 다양한 목적에 알맞다.

- 성우가 녹음할 목록
- 클라이언트에게 확인받을 목록
- TTS 엔진에 입력할 목록

프롬프트 목록이 어떻게 생겼고 대화 연결을 위한 프롬프트 목록을 어떻게 만드는지에 대해 괜찮은 자료를 원한다면 이전에 참고했던 『Voice User Interface Design』을 살펴보라.

문법/핵심 문구

초기 IVR에서는 대화의 모든 상태에 대해 완성된 문법으로 상세하게 지정해야 했다. 예를 들어 프롬프트에서 사용자에게 "비행편 예약을 원하십니까?"라고 묻는다면 해당 문법은 다음과 같을 수 있다.

네^{Yes}: { "넵^{Yep}", "네에^{yeah}", "응응$^{uh huh}$", "좋죠^{sure}", "네네$^{yes yes}$", "네, 예약해주세요$^{yes book the flight}$"} 등

또한 "음^{um}", "어^{uh}", "부탁해^{please}", "고마워^{thanks}"와 같은 인사말처럼 문장을 채워주는 단어들$^{filler words}$이 필요하다.

음성 인식 기술의 발전으로 인해 이제는 더 이상 완성된 완벽한 문법을 지정할 필요가 없어졌다. 이제 정확한 문장 대신 핵심적인 문구를 지정하거나 머신 러닝을 사용하면(샘플 입력 세트를 갖고 시작하는) 많은 시스템이 사용자의 의도를 파악할 수 있다.

자연어를 해석하는 방법은 5장, '고급 VUI 디자인'에서 자세히 살펴본다.

접근성

접근성에 대해 논의하기 위해 전문가 크리스 모리를 소개한다. 모리는 컨버센트 랩스의 창립자로, 컨버센트 랩스는 기술 접근성을 향상시켜 시각 장애인의 삶을 개선하는 데 중점을 두고 있는 회사다. 2011년, 모리는 그가 점점 시력을 잃어가고 있다는 소식을 듣게 됐다. 그래서 이러한 그의 앞날을 대비하기 위해 기술 쪽으로 눈을 돌렸지만 그가 사용할 수 있었던(또한 사용할 수 없었던) 것에 당혹스러워했다. 모리는 스크린 리더와 같은 표준 접근성 기술이 사용하기에 그다지 유쾌하지 않다는 것을 일찌감치 깨닫게 됐다. 모리가 서술하길,

> 나는 처음부터 스크린 리더가 동작되는 방식이 싫었다. 왜 그런 식으로 디자인됐을까? 시각 정보를 먼저 표현한 후 그 정보를 오디오로 변환하는 것이 이해되지 않았다. 이 앱에 쓰인 좋은 사용자 경험을 제작하려던 그 모든 시간과 에너지가 낭비됐을 뿐 아니라 오히려 시각 장애인에게 좋지 않은 경험을 줬다.[8]

그는 처음부터 오디오 경험을 디자인하기 시작했다. 이어지는 절에서 이를 수행하는 방법에 대한 몇 가지 팁을 소개한다.

신체적 기능에 상관없이 모든 사람들을 위한 경험을 디자인하는 것은 모든 프로젝트의 기본적인 요구 사항이면서 특히 터치스크린과 키보드를 뛰어넘는 인터랙션 방식을 탐색하기 시작할 때 좀 더 의미가 있다.

실명 시각 장애인과 저시력 시각 장애인을 위한 이상적이고 비시각적인 VUI는 어떤 것일까? 장애가 있는 사람들을 위한 디자인의 제약 사항은 VUI 디자인뿐 아니라 대화형 애플리케이션(챗봇) 및 몰입형 컴퓨팅(가상 및 증강 현실)과 같은 새롭게 떠오르는 분야에서 비슷한 문제를 해결하는 데에도 도움을 준다.

다음은 접근성을 기준으로 본 VUI 디자인에 대한 몇 가지 모범 사례다.

---

8   Maury, C.(2016). "War Stories: My Journey From Blindness to Building a Fully Conversational User Interface." Retrieved from https://backchannel.com/

- 인터랙션은 시간 효율적이어야 한다.
- 인터랙션은 맥락^{context}을 제공해야 한다.
- 인터랙션은 개성보다는 개인화에 우선을 둬야 한다.

인터랙션은 시간 효율적이어야 한다

시각적 경험을 디자인할 때는 사용자가 특정 행동을 완료하기 위해 행해야 하는 클릭 수를 제한하려고 한다. 클릭 수가 많을수록 경험은 더 성가시고 지루하게 느껴지기 때문이다. 음성 기반의 인터랙션도 동일하게 적용된다. 사용자에게 그들의 주소를 물어봤다고 가정해보자.

앱   거리 주소가 어떻게 됩니까?

사용자   펜실베니아 가^{Pennsylvania Avenue} 1600

앱   어떤 도시입니까?

사용자   워싱턴^{Washington}

앱   어떤 주^{state} 입니까?

사용자   DC

앱   우편번호가 어떻게 됩니까?

사용자   20009

이 예시에서 사용자는 하나의 작업을 완료하기 전에 네 번의 질문과 응답을 거쳐야 한다. 이제 한 번에 완료되는 인터랙션과 비교해보라.

앱: 전체 주소가 어떻게 됩니까?

사용자   우편번호 20009, 워싱턴 DC, 펜실베니아 가

이번에는 단 한 번의 인터랙션만 발생한다. 확인 프롬프트("펜실베니아 가 1600번지라고 들었습니다. 맞습니까?")를 원할 수도 있지만 그래도 여전히 동일한 작업을 수행하는 데 있어 절반 정도의 상호 작용으로 앱 디자인이 훨씬 더 즉각적이라고 느낄 수 있게 해준다.

짧게 하라

사용자들은 시각적 사용자 경험에서 관심 없는 인터페이스 부분은 건너뛰고 자신과 가장 관련 있는 정보에 빠르게 주의를 집중한다. 반면, 오디오 인터페이스는 경험의 단계가 선형적이다. 건너뛰는 단계가 없다. 당신은 앱이 당신에게 말하기로 결정된 모든 것을 들어야만 한다. 이러한 경우 짧게 하라. 가장 중요한 정보를 문자로 제한하고 가장 중요한 정보를 먼저 표시하라.

쇼핑 앱의 예시에서 사용자가 주어진 제품에 대한 검색 결과를 듣고 있는 단계를 가정해보자. 제품명, 가격, 평점을 먼저 표시하라. 이외 다른 모든 것은 그림 2-16과 같이 단일 제품의 세부 정보의 대화에 표시하면 된다.

"J. K. 롤링의 해리포터와 저주받은 아이"— 17.99달러 — 5점 만점에 3.5점

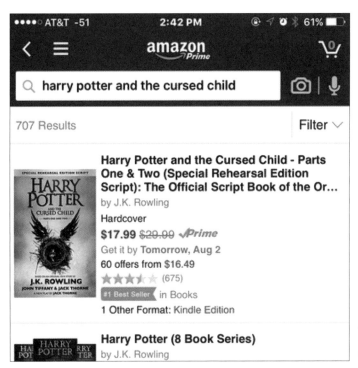

그림 2-16
『해리포터』의 아마존 북 샘플 페이지

모바일 환경에서 단일 검색 결과에 훨씬 더 많은 세부 정보를 제공할 수 있는 시각적 경험과 비교해보라.

세부 사항에서 제공하지 못한 정보를 사용자가 요청할 수 있도록 하라. 위의 쇼핑 예제를 계속 수행해보자. 다음은 사용자가 취할 수 있는 다른 쿼리들이다.

- "제품 사양이 어떻게 되지?"
- "후기 좀 읽어줘."
- "양장본이야 문고판이야?"

더 빨리 말하라!

잘 디자인된 인터페이스는 고관여 사용자에게 고급 기능을 제공하면서도 완만한 학습 곡선을 이뤄야 한다(드롭다운 메뉴 대 키보드 단축키). 이러한 고급 기능들은 이들을 사용할 수 있는 사용자의 인터페이스를 훨씬 더 시간 효율적으로 만들어준다. 스크린 리더를 사용하는 많은 시각 장애인은 문자를 매우 빠른 속도로 듣기 위해 스스로 많은 훈련을 해왔다. 데모는 https://www.youtube.com/watch?v=92pM6hJG6Wo에서 들을 수 있다.

절반도 안 되는 시간에 책을 읽을 수 있을 뿐 아니라 음성 기반의 애플리케이션을 훨씬 빠르게 탐색할 수 있다. 모든 사용자가 분당 950단어로 당신의 앱을 들을 수 있는 것은 아니지만 점차 더 많은 사용자가 정상 속도보다 높은 속도에 익숙해지고 있다. 예를 들어 사용자는 모든 유튜브^{Youtube} 동영상의 재생 속도를 최대 2배까지 높일 수 있으며, 최대 5배까지 재생 속도를 높일 수 있는 크롬^{Chrome}용 비디오 속도 컨트롤러 확장 기능은 12만 5,000회 이상 다운로드됐다.

사용자가 앱의 음성 속도를 제어할 수 있도록 하라. 모든 사용자가 활용할 수 있는 고급 기능은 아니지만 그 기능을 활용할 수 있는 사용자들에게는 당신의 앱이 훨씬 더 높은 반응성이 있다고 느낄 수 있다. 포토샵^{Photoshop}에서 키보드 단축키를 지원하지 않는 세상이 어떨지 한번 상상해보라.

언제든지 중단할 수 있게 하라

그래픽 애플리케이션에서는 앱이 로딩될 동안 기다리고 있어야 한다. 모든 것이 준비될 때까지 사용자는 아무것도 할 수 없다. 이와 마찬가지로 VUI에서의 대기 시간은 애플리케이션이 사용자가 말한 것을 인지하고 그들이 의미하는 바를 이해하는 것을 기다리는 것으로, 시간 집약적인 프로세스다. 사용자가 앱이 말을 마칠 때까지 강제로 기다리게 함으로써 이 대기 시간을 늘리지 않는다(이런 식으로 사용자가 시스템을 중단하도록 허용하는 것을 끼어들기^{Barge-in}라고 한다).

사용자가 주변 비즈니스를 검색할 수 있는 앱을 갖고 있는 경우, 그들이 들었던 검색 결과를 선택하기 전에 모든 검색 결과를 듣게 하지 말라.

사용자	근처에 어떤 커피숍이 있지?
앱	도보 10분 이내에 커피 전문점 네 곳이 있습니다.
	에스프레소 마노, 별 5점 만점에 4점, 도보 2분.
	스타벅스, 별 5점 만점에 3.5점.
사용자	에스프레소 마노로 가는 길을 알려줘.

또 다른 좋은 예시는 알렉사에게 날씨를 묻는 것이다. 알렉사는 가장 관련성이 높은 정보로 시작하고 그 다음 세부 정보를 제공한다. 사용자는 언제든지 "알렉사, 이제 그만."이라고 말할 수 있다.

맥락을 제공하라

VUI 디자인의 주요 과제 중 하나는 사용자가 할 수 있는 작업에 대해 가르쳐주는 것이다. 그래픽 애플리케이션에서는 이것이 별 문제가 되지 않는다. 모든 것이 화면에 보인다. 당신이 어떤 버튼을 누르고 또 어떤 메뉴를 클릭할 수 있는지는 화면에서 볼 수 있다. 음성 인터페이스의 경우에는 사용할 수 있는 기능을 시각적으로 발견할 수 없다. VUI 디자인에서도 사용자가 어떻게 대응할 수 있는지, 어떤 조치를 취할 수 있는지를 사용자에게 알려줄 수 있어야 한다.

사용자에게 메시지로 표시하는 프롬프트의 문자로 사용자에게 그들이 어떻게 응답해야 할지, 취할 수 있는 특정 행동을 알려주는 데 도움을 줄 수 있다.

- "여기 라따뚜이의 네 가지 요리법이 있습니다. 이 중 어떤 요리법에 대해서든 더 많은 정보를 물어볼 수 있습니다."
- "당신은 판자로 된 현관문을 가진 백악관 서쪽의 넓은 들판에 서 있습니다. 여기 우편함이 있습니다."

그러나 이 함축된 맥락은 충분하지 않거나 사용자가 그들이 수행하고 있는 작업을 잊어 버릴 수도 있다. 이 경우, 그들은 명확한 안내 상태로 돌아갈 수 있어야 한다.

뭐하고 있었지?

사용자는 언제든지 도움을 요청할 수 있으며 도움말은 애플리케이션 내에서 현재 맥락에 맞게 조정돼야 한다. 다음은 일반적인 혼동 상태의 사용자 표현이다.

- "도와줘."
- "뭐랄까."
- "뭐하고 있었지?"
- "음, 헷갈리는데."
- [침묵](사용자 입력을 기다리는 앱 프롬프트 이후) 다음과 같이 요청하실 수 있습니다.
- "신상품에 대한 탐색을 원하시면 언제든 "찾기"라고 말하세요."
- "다음 미팅은 정오에 있습니다. 10분 전에 리마인드할까요?"

도움말은 사용자를 현재의 대화 맥락으로 이끌고 일반적인 다음 단계로 유도해야 한다.

TTS의 개인화

사용자가 앱에서 듣게 될 TTS의 목소리를 선택할 수 있게 하라. 이러한 목소리에는 특정 애플리케이션의 브랜드를 표현하는 고유한 특성이 될 수 있을 뿐 아니라(고든 램지^{Gordon} ^{Ramsey} ⁹의 목소리로 요리 앱을 만든다고 생각해보라) 사용자가 선호할 만한 기술적인 기능도 포함할 수 있다. 많은 목소리가 빠른 발화 속도를 염두에 두고 만들어졌다. 더 로봇처럼 들릴 수 있긴 하지만 분당 단어 수가 높을 때 훨씬 더 잘 이해할 수 있다. 또한 사용자는 특정 목소리에 대한 선호도를 가질 수 있으며 단순한 기본 목소리보다 더 많이 즐기면서 사용할 수 있다.

다른 방식의 접근성

접근성 전도사인 사라 배손과 VUI 디자이너인 난디니 스토커는 모두 구글에 몸담고 있으며 다음과 같은 VUI의 접근 가능성에 대한 의견을 제시했다.

보통 '장애'에 대해 생각할 때 종종 운동 장애, 시각 장애 및 청각 장애와 같이 식별하기 쉬운 '가시적' 장애를 떠올린다. 하지만 인지 장애와 같이 덜 명확한 부가 장애도 있다. ADHD, 난독증, 자폐 스펙트럼 장애 및 기타 지적 장애가 이에 포함된다. '가시적' 장애도 폭넓은 범위로 다양한 수준의 난청 및 수근관 증후군 및 근육 약화와 같은 운동 장애를 포함한다. 통계에 따르면 세계 인구의 15~20%가 약간의 장애가 있다고 한다. 이 인구는 분명히 VUI를 설계할 때 심각하게 고려해야 하며, 이는 비율 때문만이 아니라 그렇게 하는 일이 옳은 일이기 때문이다.

음성 입력 및 출력이 있는 시스템을 만들 때 시각 장애가 있거나 운동 장애가 있는 사용자가 활성화할 수 있는 옵션을 제공할 수 있다. 시각 장애가 있는 사용자가 음성 명령을 사용하면 서비스를 보다 쉽게 이용할 수 있다. 대체 인터페이스로 음성 피드백을 제공하지 않는 터치스크린의

---

9   스코틀랜드 출신 요리사로. 미국 요리 리얼리티 쇼인 '헬's 키친'에 출연했으며 독설로 유명하다. – 옮긴이

경우에는 특히 그렇다. 음성 입력은 작은 화면을 손으로 조작하는 것이 번거로울 수 있는 모든 사용자에게 편의를 제공한다. 음성 출력은 문자만 출력하는 것과 비교해 시각 장애가 있는 사용자가 사용할 수 있는 옵션이다. 운동 장애가 있는 사용자는 문자 출력을 읽을 수는 있지만 키보드나 터치스크린을 사용하는 대신, 구두로 응답할 수 있는 이점을 가질 수 있다. 그러나 청각 장애인이나 청각 문제가 있는 사용자의 경우, 음성 전용 시스템은 오히려 장벽이 될 수도 있다.

'범용 디자인'의 원칙은 접근 가능성을 염두에 두고 기술 개발에 관한 관찰을 시작으로 1990년 대에 대두됐다. 장애가 있는 사람들을 위해 신중하게 설계되고 개발된 시스템이 장애가 없는 많은 사람에게도 도움이 되는 것으로 나타났다. 오디오 자료 캡션이 한 가지 예다. 초기 목적은 청각 장애인과 청각에 문제가 있는 사람들을 위한 자막 제공이었지만 시끄러운 환경에서 비디오를 보는 사람이나 들어서 이해하는 것보다 자막을 읽는 것이 더 쉬운 모국어 사용자가 아닌 사람, 가벼운 청력 상실을 지닌 나이든 시청자에게도 유용하다.

이러한 범용 디자인 원칙은 VUI 디자인에도 적용된다. 음성 지원 여행 예약 시스템의 초기 사례에서 어떤 정보는 말을 통해 쉽게 전달된다는 점을 강조했다(예: "나는 화요일 밤 오후 4시에서 뉴욕에서 출발해 캘리포니아로 비행하고 싶어."). 그러나 일련의 비행 옵션이 존재하는 경우, 대부분의 사용자는 옵션의 범위를 듣기보다 문자로 보는 것을 선호한다. 멀티모달리티^{Multimodality}가 권장된다. 어떤 정보는 듣고 싶어 하고 어떤 정보는 보고 싶어 한다.

그러나 모든 사람이 사용할 수 있는 시스템을 보장하기 위해 일부 사용자가 '선호하는' 방식만을 따르다가는 다른 사람의 사용성을 제거할 수도 있다. 여기서 추출해야 할 핵심 메시지는 '멀티모달리티는 모든 양식이 항상 사용될 수 있도록 해야 하며 디자이너는 모든 사용자가 이러한 시스템을 사용하는 것을 선호할 것이라고 가정하지 않아야 한다'라는 것이다.

제품이나 서비스를 가장 많은 수의 사용자가 사용하게 하고자 하는 VUI 디자인 원칙에는 몇 가지 종류가 있다. 이 중 많은 것이 장애가 있는 사람들에게만 특별한 것이 아닌 모두에게 일반적으로 좋은 디자인으로 여겨진다. 그러나 이러한 디자인 원칙을 통합하지 못하면 단지 일반 사용자를 귀찮게 하는 것이 되거나 이런 것들에 대한 간과가 장애가 있는 사용자를 포함하지 못하게 하는 장벽이 될 수 있다. 예를 들어 사용자의 인지 부하를 줄이는 여러 가지 방법이 있는데 디자이너는 중요한 정보를 가장 먼저(또는 마지막으로) 넣거나 긴 메뉴 옵션을 사용하지 않고

단일 질문에서 여러 아이디어를 결합하지 않을 수 있다.[10]

장애가 있는 많은 사용자와 함께 수행한 정성 연구에서 VUI 시스템을 새로 도입할 때 몇 가지 중요한 차이점과 함께 VUI를 더 많이 사용하기 위한 권장 사항 몇 가지를 강조했다.

VUI 장치가 청력이 약한 사용자의 비표준 음성 유형(예: 언어 장애가 있는 사용자 또는 청각 장애인의 특유 음성)에 잘 동작하지 않을 수 있다. 음성 입력이 필요한 장치가 확산되면서 접근에 대한 장벽을 만들었다. 이러한 사용자는 비표준 음성의 개인화된 음성 인식 모델을 만드는 옵션이 필요하다. 즉 이 특정 사용자 집단의 음성 데이터로부터 훈련되고 일정 기간 동안 이를 학습한 것이 포함돼야 한다.

- 청각 장애인 사용자에게는 VUI의 오디오 피드백이나 정보가 전혀 유용하지 않다. 한 사용자는 "대부분의 설계자는 모든 사람이 말하고 들을 수 있다고 생각하며 순수한 음성 인터페이스가 가장 좋다고 생각하는 것 같다. 이는 맹인들에게는 사실이겠지만 그들에게 시각 인터페이스는 끔찍한 일이 될 것이다. 둘 다 항상 제공돼야 한다.

- VUI 장치에는 인식 오류를 표시하거나 인식 오류가 있을 때 이를 수정하는 쉬운 방법이 없는 경우가 많다. 한 가지 구제 방법은 "이해했습니다.", "오류입니다.", "다시 한번 말해주세요." 등과 같은 여러 시각적 표시기가 있는지 확인하는 것이다.

- 시각 장애가 있거나 운동 장애가 있는 사용자의 경우에도 음성 UI를 통해 모든 기능을 사용할 수 있는지 확인해야 한다. 또한 LED 표시기에 의존하거나 컴패니언 앱의 시각적 디스플레이로 전달하지 않는다. 멀티모달은 사용자의 선택 사항이지 요구 사항이 돼서는 안 된다.

이러한 원칙 중 많은 것이 모든 사용자에게 적용된다. 우리 모두 스트레스와 수면 부족으로 인지 능력이 저하된 날을 경험한 적이 있으며 나이가 들어감에 따라 시력을 일부 상실한다. 대비, 글꼴 크기 및 채도로 문자를 읽기 쉽도록 만들고 좋은 어포던스를 얻는 것은 좋은 디자인이다.

---

10 See Deborah Dahl, "Voice Should Be User-Friendly—to All Users," SpeechTechMag.com, November 2015(http://bit.ly/2gSBa5W)

결론

2장에서는 VUI를 디자인할 때의 주요 개념들을 소개했다. 그중 많은 것이 IVR 시스템에서 이어져왔으며 주요 차이점들이 있었다. 잘 설계된 오류 동작, 암시적 대 명시적인 확인, 샘플 대화 및 흐름과 같은 디자인 결과물과 같은 기본 전략은 두 경우 모두에 적용된다.

일반적인 VUI 프로젝트에는 다음이 포함된다.

- 샘플 대화(실제 녹음을 포함할 수 있다. 특히 성우를 사용하는 경우)
- 흐름도
- 프롬프트 목록(성우 또는 미리 생성된 TTS를 사용하는 경우)
- 화면 목업(멀티모달 앱인 경우)

외부 고객과 작업하는 경우, 이러한 설계 산출물은 완제품이 어떻게 보이는지 의사소통함으로써 고객이 검토하고 피드백을 제공할 수 있게 한다. 구현되기 전에 모든 사람이 디자인에 동의할 수 있는 방법도 제공한다.

2장에서 다룬 주요 디자인 개념은 다음과 같다.

- 확인 전략(사용자가 자신을 어떻게 이해했는지 알 수 있는 방법)
- VUI가 명령 제어 또는 대화 모드를 사용해야 하는지 여부
- 오류 처리(오류는 있기 마련이고 정상적으로 처리해야 하기 때문에)
- 맥락(사용자가 동일한 대화 또는 이전 대화에서 말한 것을 기억함)
- 모호한 입력 처리
- 도움말 및 기타 범용 명령

모바일용 디자인은 보다 복잡한 경험일 뿐 아니라 더 풍부한 경험이 될 수도 있다. 사용자가 말할 수 있는 시기와 장소, 시각적 피드백을 사용할 시기와 위치를 사용자에게 알리는 방법을 결정해야 한다. 개인적인 경험이 모든 사람의 지지를 받을 수 있는 것은 아니다.

사용자가 전화기 및 기기와 대화할 수 있게 하는 것만으로도 다양한 사용 경험을 얻을 수 있다. 저녁 식사 논쟁 중 사소한 정보를 찾거나 기기를 통해 조명을 어둡게 하거나 일상 생활의 일을 관리하도록 장치에 요청하는 경우와 같이 VUI는 모든 것을 향상시킬 수 있다.

3장

페르소나, 아바타, 배우 그리고 비디오 게임

모바일 기기의 VUI를 디자인할 때 고려해야 할 중요한 사항 중 하나는 'VUI에 시각적인 표현을 사용할 것인가?'다. 시각적인 표현에는 사진, 만화 캐릭터, 배우의 모습이 담긴 영상 등을 사용할 수도 있고 우리에게 친숙한 괴물, 동물, 로봇, 외계인들과 같은, 사람이 아닌 형태의 아바타를 사용할 수도 있다. 또는 아바타가 아닌 추상적인 형태의 시각적 반응을 보여줄 수도 있다.

3장은 VUI에 시각적인 요소가 필요한지를 결정하는 데 도움이 되는 내용을 다룬다. 그리고 만약 시각적인 요소가 필요하다면 어떤 방법이 최선인지를 알려줄 것이다. 아바타를 어떻게 만드는지에 대해서는 자세하게 다루지 않지만 아바타가 VUI 시스템에서 어떻게 사용되는지에 대해 자세히 다룰 것이다.

또한 3장에서는 아바타의 페르소나를 디자인하는 것에 대해 다룬다. 모든 VUI는 아바타와 같은 시각적인 요소의 보유 여부를 떠나 페르소나가 존재한다.

페르소나

"페르소나가 없는 VUI는 존재하지 않는다."

- 코헨, 지안골라, 발로그, 2004

코헨, 지안골라, 발로그의 저서인 『Voice User Interface Design』에서는 페르소나를 다음과 같이 정의한다.

> '페르소나'는 우리가 우리 자신이나 다른 사람에게 보여주길 원하는 의식적인 의도에 따른 가정적인 역할에 의해 정의된다. VUI에서는 '페르소나'라는 용어를 책이나 영화에서 사용하는 '캐릭터'와 비슷한 의미로 사용한다. 좀 더 정확히 말하면 페르소나는 사용자가 애플리케이션의 목소리와 언어 선택 등으로부터 유추할 수 있는 표준화된 성격이나 특성이다. 페르소나는 음성을 이용해 특정 회사의 서비스를 브랜드화하거나 회사의 이미지를 보여주는 수단으로 사용된다.

사람은 의인화하는 것에 익숙하다. 욕조의 수도꼭지가 떨어져 생긴 구멍이 있는 사진을 놀란 표정으로 사용하기도 한다(그림 3-1 참조). 또한 우리는 애완동물에게 마치 그들이 사람인 것처럼 얘기한다.

그림 3-1
놀란 욕조(출처: 저자)

사용자가 당신이 만든 VUI와도 이러한 행동을 할 것이라고 간주해야 한다. 당신이 그것을 의도했든 의도하지 않았든 사용자는 그것의 성격을 설명하려고 할 것이다. 가장 좋은 전략은 VUI의 성격이 우연히 결정되도록 하지 말고 설계를 할 때 미리 결정하는 것이다.

아바타를 사용할 때는 그 성격에 대해 고민하는 것이 가장 중요하다. 사람들은 당신이 만든 시각적 효과 그 자체보다 그것의 성격적 특성을 보는 경향이 강하기 때문이다. 먼저 성격을 정의한 후 그것에 맞는 시각적인 효과를 디자인하자. 성격에 대해 고민할 때는 다음 질문들에 대해 고민해보자.

- 사용자들이 시스템 자체에 대해 질문을 하도록 허용할 것인가?(예를 들어 "가장 좋아하는 색은 무엇입니까?")
- 무례한 것과 음란한 것에는 어떻게 대응할 것인가?
- VUI가 사람이라는 환상을 깨는 것에 동의하는가?

코타나와 같은 몇몇 가상 비서들은 그들이 당신에 대해 알고 있는 모든 것에 접근해 수정할 수 있도록 허용한다. 비즈니스 인사이더^{Business Insider}의 기사 '왜 마이크로소프트는 그들의 가상 비서 코타나가 완벽하게 사람 같아 보이는 것을 원치 않는가'[1]에서 "코타나가 사람처럼 말하지 않음으로써 코타나가 인간이라는 착각을 하는 것을 막을 수 있는데 이는 마이크로소프트의 입장에서 나쁘지 않은 선택이며 이 방법이 코타나를 더 유용하게 만든다."라고 말하고 있다.

VUI의 페르소나는 어떻게 질문할 것인지, 오류를 어떻게 다룰 것인지 그리고 어떻게 도움을 제공할 것인지 등과 같은 모든 부분에 영향을 미친다.

코타나의 작가는 코타나의 성격에 대해 고민하는 데 많은 시간을 보냈다.

성격에 대한 접근 방법은 실제 성격을 가진 목소리를 정의하는 것을 포함한다. 목소리를 정의하는 것에는 상세한 성격과 코타나가 어떻게 보이길 원하는지 등을 작성하는 것이 포함된다. 우리는 코타나가 음성, 문자 그리고 애니메이션 캐릭터 등을 이용해 어떻게 대

---

1 Weinberger, M.(2016). "Why Microsoft Doesn't Want Its Digital Assistant, Cortana, to Sound Too Human." Retrieved from http://www.businessinsider.com/why-microsoftdoesnt-want-cortana-to-sound-too-human-2016-2/

답했는지 표현하기 위해 '재치 있는', '자신감 있는', '충성스러운'과 같은 단어들을 사용했다. 우리는 코타나가 실제 성격을 갖고 있으며 기계적인 응답들로 설계된 것이 아닌 것처럼 느끼게 하기 위해 가변성을 가진 수많은 질문에 대해 코타나의 성격을 반영하는 응답들을 대본으로 작성하고 이를 숙련된 성우가 녹음하도록 했다.[2]

코타나의 작가는 심지어 여성 가상 비서라서 겪을 수도 있는 괴롭힘에 대한 전략도 세웠다. 코타나의 작가 데보라 해리슨은 이 책 저자와의 인터뷰에서 다음과 같이 말했다.

> "우리의 전략은 성희롱과 같은 상황들이 게임처럼 바뀌는 것을 피하는 것이다. 다양한 시나리오에서 우리는 주어진 어떤 질문에도 답할 수 있는 다양한 응답을 작성해 특정 시나리오의 다양한 뉘앙스를 시도해보기 위해 한 번 이상 물어보는 것이 재미있어지도록 만들었다. 도가 지나치거나 무례하거나 건방진 질문들에 대해서는 우리도 약간 건방진 태도로 반응할 것이다."

예를 들어 당신이 "난 당신이 싫어요."라고 말하면 코타나는 "잘됐네요. 왜냐하면 나는 지금 다른 세상에 있거든요."라고 응답하거나 "그 감정은 상호적인 것이 아닙니다."라고 응답할 것이다. 만약 당신이 "당신은 재미없습니다."라고 말하면 우리는 "엉터리" 또는 "헛소리"와 같이 한 단어로 된 다양한 단어 중 하나를 말하면서 태연하거나 놀란 동물 사진 등을 보여줄 것이다. 당신이 뭔가 부정적인 것을 말했더라도 코타나는 불쾌감을 나타내지 않는다. 그러나 당신이 학대의 의미가 담긴 말을 시작하면 그녀는 반응하는 것을 멈추고 참여하지 않을 것을 명확하게 얘기할 것이다. 당신은 그녀가 대답해야 한다고 주장할 수도 있지만 곧 그것이 현명하지 못했다고 느낄 것이다. 그녀는 그녀 자신을 위한 경계선을 정하고 있으므로 그녀가 원치 않는 식으로 취급받을 때 분노하거나 악의를 담지 않고 단호하게 "아니다."라고 얘기할 것이다.

나는 이런 어려운 문제에 직면하고 있는 다른 디자이너들에게 당신이 개발하고 있는 페르소나와 일치하는 원칙을 주의 깊게 생각하라고 조언할 것이다. 그리고 이에는 제품 목표, 회사 목표, 윤리적 목표, 사회적 목표 등과 같이 당신이 적용할 수 있는 다양한 관점

---

2 Ash, M.(2015). "How Cortana Comes to Life in Windows 10." Retrieved from http://blogs.windows.com/

이 있다. 이 각각의 요소들이 모여 당신이 개발하는 하나의 원칙을 만들 것이다. 원칙들은 진화할 수 있고 진화해야 하며 새로운 시나리오를 완성하기 위해 발전돼야 하지만 당신이 개발한 페르소나로 이루고자 하는 목표와 그 페르소나가 대화를 이끌어가는 데 어떤 도움을 줄 것인지에 대한 핵심 가이드라인을 갖고 있어야 한다. 예를 들어 우리는 올해의 정치적인 이슈에 어떻게 접근해야 할지 고민해야만 했다. 만약 누군가 선거 후보자에 대해 질문하면 코타나는 어떻게 대답해야 할까? 정책? 선거? 우리는 내가 앞서 나열했던 각각의 관점들을 살펴보면서 뉘앙스에 대해 몇 주 동안 논의한 끝에 코타나가 민주주의, 투표, 후보 및 정치 참여에 대해 어떻게 느끼는지에 대해 정의했다. 이제 우리는 관심을 끄는 새로운 질문이 나오면 우리의 접근 방식을 알리는 데 도움이 되는 원칙을 갖고 있다. 글을 쓰는 데에는 여전히 오랜 시간이 걸리지만 우리는 코타나가 어떤 식으로 말해야 할지 알고 있다.

VUI를 디자인하는 모든 팀은 욕설에 어떻게 대처할 것인지 반드시 결정해야 한다. 모든 가상 비서들이 이러한 상황에 직면하게 될 것이기 때문이다.

페르소나를 디자인할 때의 또 다른 중요한 부분은 성격의 특징들이 필요하지 않을 때는 그것을 지나치게 설계하지 않는 것이다. 엔터테인먼트 앱을 디자인할 때는 재치 있는 말과 농담을 많이 넣을 수 있지만 만약 구글이 갑자기 그런 말들을 그들의 가상 비서에 넣었다고 상상해보라. 페르소나를 디자인할 때는 일관성이 매우 중요하다. 캐서린 이스비스터[Katherine Isbister]와 클리포드 나스는 "일관성은 사람들이 누군가와 교류할 때 다음에 일어날 일을 예측할 수 있게 해준다."라고 말했다.[3]

만약 당신이 특정 사용자들을 위한 애플리케이션을 만든다면 성격을 만드는 것이 좀 더 쉬울 것이다. 몇몇은 그것을 좋아하지 않을 수도 있지만 어떤 사람들은 매우 좋아할 것이다. 만약 당신이 다양한 사용자를 대상으로 디자인한다면 더욱 신중해야 한다. 이 경우에는 사랑을 받지도 미움을 받지도 않는 미묘한 성격을 갖게 될 수도 있다.

---

3   Isbister, K., and Nass, C. "Consistency of Personality in Interactive Characters: Verbal Cues, Non-Verbal Cues, and User Characteristics." International Journal of Human-Computer Studies 53(2000): 251-267.

당신은 사용자에게 아바타나 목소리를 선택할 수 있도록 할 수도 있다. 사람들에게 옵션을 제공하는 것은 좋지만 다른 모든 것은 그대로 두고 아바타나 음성만 바꾸게 해서는 안 된다. 다른 외모와 다른 목소리는 다른 성격을 나타내기 때문에 다른 성격들의 상호 작용이 항상 똑같지 않을 것이다. 가장 이상적인 것은 다른 목소리 또는 다른 아바타를 선택할 수 있도록 하는 것이 아니라 다른 외모와 목소리를 가진 다른 페르소나를 제안하는 것이다. 아바타와 성격이 어울리지 않으면 부조화를 일으키며 이는 곧 불신으로 이어진다.

코헨, 지안골라, 발로그의 책인 『Voice User Interface Design』은 페르소나와 VUI를 배우는 데 많은 도움이 될 것이다.

VUI는 눈에 보여야 하는가?

많은 웹 사이트가 고객 서비스 챗봇에 사진이나 아바타를 이용한다(그림 3-2 참조). 많은 모바일 가상 비서들도 아바타적인 요소를 갖고 있다.

그림 3-2 아바타가 있는 사이트 예시(왼쪽: 제트스타(Jetstar)의 움직이지 않는 아바타,
오른쪽: 코드베이비(CodeBaby)의 움직이는 아바타)

그러나 구글, 시리, 하운드, 코타나 등과 같이 성공한 VUI 비서들은 아바타가 없다. 이 중 일부는 빛을 내는 원형과 같은 간단한 시각적인 요소를 제공하기는 한다(1969년에 만들어진 영화 〈2001: 스페이스 오디세이^{A Space Odyssey}〉에 등장하는 가상 비서인 HAL 9000은 빨갛게 빛나는 불빛을 갖고 있다). 아바타는 성공적인 의사소통을 위한 필수 요소가 아니다. VUI는 이미지를 사용하지 않고도 공감이나 중요한 시각적 피드백을 제공할 수 있다.

코타나의 디자이너들은 의인화된 표현을 사용하지 않기 위해 매우 신중하게 결정했다. 마이크로소프트의 코타나 작가 데보라 해리슨은 다음과 같이 말했다.

> "우리가 의인화된 아바타를 사용하지 않은 이유 중 하나는 코타나가 인간이 아니라는 점이 분명했기 때문이다. 그녀를 순수히 디지털적인 표현으로 나타내는 것이 그녀를 좀 더 정확하게 표현하는 것이다."

좋은 아바타를 만들기 위해서는 디자인과 개발에 많은 노력을 해야 한다. 아바타를 만들어주는 전문 업체를 이용할 수도 있고 직접 아바타를 만들기 위해 투자할 수도 있다.

아바타 사용하기: 하지 말아야 할 것

클리포드 나스는 『Sweet Talking Your Computer』에서 다음과 같이 말한다.

> 클리피^{Clippy}가 지니고 있는 문제는 그가 사람들을 대하는 적절한 방법을 전혀 모르고 있다는 것이다. 사용자가 "친애하는…"이라고 타이핑할 때마다 클리피는 사용자가 과거에 이 제안을 몇 번이나 거부했는지와 상관없이 "편지를 쓰고 있는 것을 봤습니다. 도움이 필요하십니까?"라고 제안했다. 클리피는 사람의 이름이나 선호도를 학습하지 못했다. 당신이 클리피를 사람으로 생각한다면 그는 증오와 경멸을 불러일으킬 것이다.[4]

---

4 Nass, C.(2010). "Sweet Talking Your Computer: Why People Treat Devices Like Humans; Saying Nice Things to a Machine to Protect its 'Feelings.'" Retrieved from http://wsj.com/

마이크로소프트의 가상 비서인 클리피는 실패했지만 중요한 교훈을 준다. 클리피(그림 3-3)는 문맥을 인식하지 못했다. 클리피를 조롱하는 만화에서 누군가가 "친애하는 세상에게, 더 이상 참을 수 없어요."라는 편지를 쓰기 시작했고 클리피는 "당신은 자살 편지를 쓰고 있는 것처럼 보입니다. 제가 도와드리겠습니다."라고 말했다.

그림 3-3 마이크로소프트의 가상 비서, 클리피

당신의 VUI가 말귀를 잘 못 알아듣는다면 사용자는 금방 알아챈다. 클리포드 나스의 또 다른 실험에서는 '운전'을 주제로 한 자동차 시뮬레이터에 다른 두 가지 목소리를 사용했다. 하나는 행복한 목소리, 다른 하나는 시무룩한 목소리였다. 슬픈 운전자는 행복한 목소리를 들었을 때 슬픈 목소리를 들었을 때보다 약 2배 정도 사고를 냈다. 행복한 운전자는 행복한 목소리를 들었을 때 사고가 더 적었고 도로에 더 많은 주의를 기울였다. 목소리가 분위기와 일치할 때 운전자는 운전을 더 즐기는 것으로 나타나고 있다.

당신의 앱이 검색 결과를 찾고 타이머 설정만 한다면 감정적인 톤은 그다지 중요하지 않다. 하지만 앱이 기분이나 건강과 같은 더 민감한 주제를 다루는 경우라면 이러한 상황을 인식하고 적절하게 처리해야 한다. 기쁨이나 슬픔을 과도하게 나타내는 것보다 중립적인 대응을 하는 것이 좋다. 사용자가 말하거나 행동한 것을 인식하고 VUI에 표시하는 것이 중요하다.

헬스케어 회사인 '22오터스22otters'에서 UX/UI와 디자인의 책임자였던 앤 타임 고벨의 연구(모바일 보이스 2016 학회 발표)에서는 72명의 참가자에게 동일한 지침을 다섯 가지 방법 중 하나로 보여주는 비디오를 상영했다(그림 3-4 참조).

- 정적인 사진
- 움직이는 아바타
- 동일한 아바타의 정적인 사진
- 문자
- 움직이는 일러스트레이션(아바타 외)

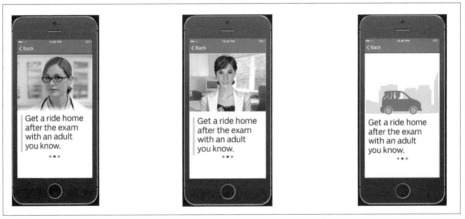

그림 3-4 (왼쪽부터) 사진, 정적인 아바타, 일러스트레이션

참가자들은 그중 하나의 포맷으로 전달된 동일한 음성 안내(문자를 음성으로 변경한 것이 아닌 사람이 직접 녹음한 안내)를 듣고 선호하는 것이 어떤 것인지에 대한 질문을 받았다. 일반적으로 대부분의 사람은 움직이는 일러스트레이션을 선호했다. 움직이는 아바

타에 대해 어떻게 생각하는지를 물었을 때 특히 40세 이상의 사람들이 그것을 최고라고 평가했다.

피실험자들은 다양성을 높이 평가했다. 예를 들어 문자는 약물 목록을 보는 데, 일러스트레이션은 장치 사용 지침에, 아바타는 교감을 구축하는 데 유용했다.

이 연구는 앤 타임 고벨이 "음성을 기반으로 앱 전체에 멋진 연결 장치를 만들었다."라고 말한 것과 같이 정적인 아바타가 각 주제를 소개하면서 시작된다.

비록 소규모의 연구였지만 아바타가 항상 적절한 것은 아니라는 것을 상기시켜준다. 가능한 한 항상 사람들이 당신의 아바타를 매력적으로 보고 있는지 또는 소름 끼쳐하는지를 미리 알기 위해 VUI 프로토타입을 만들어보자.

아바타 사용하기(또는 녹화된 영상): 해야 할 것

아바타는 언제 사용해야 할까? 3장에서는 아바타 또는 움직이는 캐릭터가 언제 VUI에 도움이 되고 사용자의 참여를 유지시키는지에 대해 설명한다.

스토리텔링

아바타나 캐릭터를 사용하기 좋은 때는 스토리텔링과 참여도가 필요할 때다. 게임용, 교육용에 상관없이 사용자를 당신의 세계로 끌어들이고 싶다면 캐릭터를 사용하는 것이 좋다.

예를 들어 토이토크^{ToyTalk}의 어린이용 엔터테인먼트 앱 스피카주^{SpeakaZoo}를 살펴보자. 각 장면에서 움직이는 동물은 아이에게 말을 걸고 아이가 말을 할 때 마이크 버튼에 불이 켜진다(그림 3-5 참조).

그림 3-5
토이토크의 스피카주

아이의 반응에 따라 움직이는 캐릭터는 다양한 방식으로 반응한다. 이 앱은 음성 인식을 별로 사용하지 않고 아이가 말한 것과 관계없이 종종 동일하게 반응한다. 아이들은 반복적인 노출을 통해 캐릭터가 항상 똑같은 행동을 하거나 말하고 있다는 것을 알아차리지만 여전히 몰입형 경험을 만든다.

아바타가 있는 대화형 게임의 또 다른 예는 보타닉의 메리^{Merly}다(그림 3-6 참조). 마크 스테판 메도우는 메리를 다음과 같이 설명한다.

> "신비한 우화의 배경을 얘기해주는 캐릭터인 메리는 얘기에 대한 질문에 대답하고, 게임 방법을 알려주고, 이해하기 어려운 부분을 설명해준다. 이는 책을 읽는 새로운 방법이었고 연극에서 그리스 합창단의 역할과 같이 해설을 추가한, 보이지

않는 벽을 허문 일이었다. 내레이션봇은 보이지 않는 벽을 깨야 했다. VR이 영화나 TV와 같은 수동적 서술 미디어를 소멸시키면서 스토리텔링에서 내레이션봇의 역할이 점점 더 중요해질 것이기 때문이다."

그림 3-6
보타닉의 메리

팀워크

아바타가 사용자 경험에 추가하는 것은 작업을 완료할 때 팀원/협력자를 가질 수 있도록 하는 것이다. 예를 들어 아마존 에코의 알렉사와 얘기할 때 당신이 요청한 일을 완료하는 것은 알렉사다.

아바타를 사용하는 경우, VUI는 사용자가 사용하는 시스템이나 회사와는 별도의 독립체일 수 있다. 예를 들어 의사가 매일 혈압을 측정할 것을 요청하는 경우, 간호사 아바타가 도움을 줄 수 있다. 둘이 함께 다른 사람이 요청한 작업을 수행하는 것이다.

실비아SILVIA의 그레이시Gracie 아바타 프로토타입(그림 3-7 참조)은 사용자가 그녀와 함께 노래할 수 있도록 한다(그녀는 움직이는 캐릭터다). 그레이시와 대화하고 싶을 때는 화면을 두드리면 된다.

그림 3-7
그레이시와 함께
노래할 수 있다.

그레이시는 화면을 두드리지 않은 경우에도 계속 말을 해 실제 대화를 하고 있다는 느낌을 준다.

비디오 게임

비디오 게임은 VUI가 가상 경험에서 사용자의 몰입감을 향상시킬 수 있는 또 다른 형식이다. 그러나 잘 만들어져야 한다.

일부 비디오 게임은 플레이어가 음성으로 명령을 내릴 수 있도록 한다. 예를 들어 야쿠자 스튜디오^Yakuza Studio의 3인칭 슈팅 게임인 '바이너리 도메인^Binary Domain'에서는 "나를 엄호해.", "다시 모여!", "쏴."와 같은 명령을 당신 팀에 내릴 수 있는데 그들이 당신을 좋아하는지의 여부에 따라 그 명령을 수행할 수도 있고 수행하지 않을 수도 있다(그림 3-8 참조). 당신은 게임 도중 언제든지 이런 명령들을 내릴 수 있지만 캐릭터들은 특정 시점에서 당신에게 질문을 하거나 화면에 옵션을 보여줄 것이다.

그림 3-8 바이너리 도메인의 음성 명령 옵션

만약 시스템이 당신을 이해하지 못한다면 "알아듣지 못했어. 나중에 다시 말해."라는 말을 들을 것이다.

인도미투스 게임스^{Indomitus Games}의 인 버비스 버투스^{In Verbis Virtus}는 음성 인식을 사용해 사용자가 마법 주문을 할 수 있도록 한다. 예를 들어 "빛이 있으라!"라고 말하면 화면에 빛이 들어온다(그림 3-9 참조).

그림 3-9 인 버비스 버투스 게임에서 음성을 통해 마법 주문 걸기

흥미로운 점은 주문들이 마하키^{Maha'ki}라고 불리는 합성 언어로 돼 있다는 것이다. 마법 같은 언어를 말하는 것처럼 느껴짐으로 인해 훨씬 더 몰입적으로 만든다. 많은 사용자가 이 게임에서 이 기능을 즐기고 있다고 한다.

이리디움 스튜디오^{Iridium Studio}의 〈데어 케임 언 에코^{There Came an Echo}〉는 음성 명령으로 네 명으로 구성된 팀을 제어할 수 있는 전략 게임이다(그림 3-10 참조). 이 게임의 멋진 기능 중 하나는 자신만의 명령을 설정할 수 있다는 것이다. 예를 들어 "준비되면 쏴라." 대신 "다 태워버려."를 사용할 수 있다. 캐릭터를 다른 이름으로 부를 수도 있다. 모드는 음성 인식을 위해 클릭하는 모드나 항상 듣는 모드 중에서 선택할 수 있다. 당신이 내린 명령은 화면에 나타나기 때문에 당신이 팀에 어떤 지시를 했는지 확인할 수 있다. 캐릭터들은 사실적 요소를 더하기 위해 "예.", "알겠습니다." 하고 응답한다(또한 명령이 전달된 것을 알 수 있다).

그림 3-10 〈데어 케임 언 에코〉에서의 음성 명령은 오른쪽 상단 코너에 나타난다.

〈데어 케임 언 에코〉는 다양한 리뷰를 받고 있지만 사용자들이 음성 명령 때문에 이 게임이 더 나은 게임이라고 생각하는 것으로 보인다. 다음은 토털비스킷 ^{TotalBiscuit}이라는 유투버의 리뷰다.

> 음성 명령은 정말로 이 게임의 핵심 요소다. 음성 명령이 속도감을 주고 도전하게 만든다. 음성 명령을 사용하면 모든 것을 실시간으로 처리할 수 있기 때문에 매우 빠르게 결정해야 한다. 음성 명령이 제공하는 수많은 요소는 더 말할 것도 없다. 내 생각에 이건 정말 적절하게 잘 만든 게임이다.
>
> 음성 명령에 너무 집착하지도 않고 너무 많이 사용하지도 않는다. 음성 명령이 정확하고 신속하게 반응할 수 있는 지점까지만 사용할 수 있도록 제한한다. 이 게임은 음성 명령이 없이는 어디에서도 실행할 수 없다. 이 게임은 음성 명령 시스템 덕분에 단순한 조합 그 이상이다.

이러한 게임들의 대부분은 정확도를 높이는 데 도움이 되는 보정 설정을 갖고 있다(그림

3-11 참조). 예를 들어 바이너리 도메인은 게임을 하는 동안 음성 인식에 어느 정도의 성능을 기대할 수 있는지를 알려주기 위해 사용자에게 다양한 문장을 말하라고 요청하고 그 점수를 알려준다.

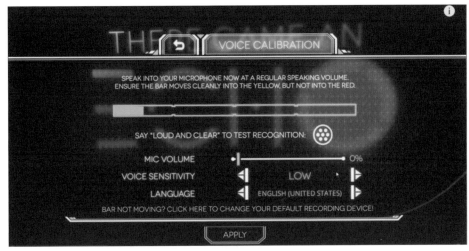

그림 3-11 〈데어 케임 언 에코〉의 음성 보정 설정

비디오 게임에 VUI를 추가한 또 다른 예는 2008년에 만들어진 '이글 아이 프리폴Eagle Eye Freefal'로, 영화 〈이글 아이Eagle Eye〉와 함께 출시된 게임이다. 이는 텔레폰 프로젝트Telefon Projekt가 개발한 게임으로, 사이트에서 핸드폰 번호를 입력하면 게임이 시작된다. 사용자는 전화번호를 입력한 직후에 입력한 번호로 전화를 받게 되고 신비한 목소리가 당신에게 컴퓨터에서 수행해야 하는 지침을 알려주면서 전화로 다른 캐릭터와 말을 할 수 있다.

VUI에서는 언제 비디오를 사용해야 하는가?

상호 대화를 하기 위해 실제 사람을 배우로 사용하는 VUI 앱의 예는 거의 없다. 실제 얼굴을 사용하는 것은 사용자를 참여시키는 매우 매력적인 방법일 수 있지만 훨씬 더 많은 노력이 필요하다.

우리는 볼리오에서 모바일 기기의 화면 전체가 배우의 얼굴로 채워지는 인터랙티브한 대화와 사용자를 보여주는 PIP^picture-in-picture 화면을 만들었다(그림 3-12 참조).

그림 3-12
볼리오 앱의
'론(Ron)과 얘기하기'

배우의 얼굴로 가득 채워진 화면은 사용자에게 매우 개인적인 일대일 경험을 제공한다. 사용자는 어떠한 지시 없이도 자연스럽게 배우에게 음성으로 대답한다. 대화의 내용은 실시간이 아니지만 많은 사용자는 마치 화면에 있는 사람과 실제 대화를 하는 것처럼 느낀다.

그러나 엄밀히 말하면 이러한 유형의 상호 작용을 만드는 데는 많은 계획이 필요하다. 전문 조명이 있는 스튜디오가 필요하고 각 장면마다 배우가 똑같아 보이고 머리의 위치도 같아야 한다. 이런 방식은 나중에 콘텐츠를 추가하거나 수정하기가 매우 어렵다. 배우가 다시 촬영할 수 있더라도 정확한 조명, 똑같은 모습과 머리의 위치를 재현하기가 어렵기 때문이다.

이전에 녹화된 비디오에 VUI를 추가하는 것은 VUI가 풍부한 경험을 제공하는 경우에만 의미가 있다. 비디오 앱의 또 다른 예시로는 질문에 답하는 유명 스포츠인이 있다. 그가 대화의 끝에 "내가 무엇에 대해 더 얘기하길 원합니까?"라는 질문을 한다. 그러면 화면에는 사용자가 그에게 할 수 있는 질문들을 팝업창으로 보여준다. 예를 들어 "'운동 경기', 또는 '경기장 밖'이라고 말해주세요."라고 말하면 사용자는 마이크 버튼을 눌러 두 항목 중 하나를 말한다.

사용자가 선택 사항 중 하나를 말하도록 하는 것은 경험의 친밀도를 높여주지 않는다. 이러한 경험은 투박하고 대화 형식이 아니기 때문이다. 단순히 버튼을 누르는 방식으로도 이와 똑같은 작업을 수행할 수 있기 때문이다.

시각적 VUI의 모범 사례

VUI에서 아바타, 캐릭터, 배우를 사용하는 것이 좋은 아이디어인지 아닌지에 대한 몇 가지 예를 살펴봤다. 이제 이를 사용한 좋은 사례에 대해 알아보자.

사용자들이 그들 스스로를 봐야 하는가?

경우에 따라 사용자가 자신이 말하는 것을 다시 볼 수 있도록 하는 것이 더 높은 참여도를 이끌어낼 수 있다. 당신은 대화 상대방이 화면의 대부분을 차지하고 그 안에 당신의 얼굴을 보여주는 작은 창이 있는 페이스타임^{FaceTime}에 대해 알고 있을 것이다.

맥락 스토리텔링의 좋은 예시로 토이토크 앱인 〈더 윈스톤 쇼$^{The Winston Show}$〉를 들 수 있다. 한 장면에서 윈스톤은 우주선의 브릿지에서 외계 생명체를 발견했다고 말한다. 그가 동료 우주 비행사에게 "화면에 그 외계인을 넣어달라."고 요청할 때 이 앱을 사용하는 아이의 얼굴이 보인다(그림 3-13 참조).

우리는 볼리오 앱에서도 PIP 모델을 사용했는데 이는 페이스타임, 스카이프^{Skype} 등에서
도 사용해본 적이 있는 익숙한 기능이다. 어떤 사용자들은 화면에서 자신을 보이지 않는
것을 더 선호하기 때문에 이 기능은 사용자가 제어할 수 있도록 하는 것이 좋다.

그림 3-13 외계 생명체이자 저자의 아들

GUI에서는 어떨까?

또 다른 중요한 질문은 당신의 아바타나 녹화된 동영상이 그래픽적인 컨트롤을 제공할
것인지에 대한 여부다. 모바일 기기는 사용자가 말로 응답할 것인지 그래픽 사용자 인터
페이스^{GUI}를 사용해 응답할 것인지 선택하게 할 수 있다(참고로 이는 당신이 디자인하는
사용자 경험의 유형에 따라 달라질 수 있다. 볼리오의 경우, 사용자가 어려움을 겪지 않

는 한 UI 요소가 표시되지 않는 이유는 최대한 대화를 통해 사용자의 참여를 유도하고 싶었기 때문이다).

그림 3-14는 사용자가 말하거나 버튼을 눌러 응답할 수 있는 아바타 인터랙션의 예를 보여준다.

VUI와 GUI가 둘 다 있는 멀티모달 앱을 디자인할 때는 일반적인 VUI 시간 초과가 적용되지 않는다. 만약 사용자가 버튼을 누르기로 결정한 후 아무런 말도 하지 않고 어떤 버튼을 누를지 고민하는 동안 아바타가 갑자기 "죄송합니다, 이해하지 못했습니다."라고 말하는 것은 적절하지 않다. 이때는 GUI 전용인 경우와 동일한 방식으로 처리하라. 사용자가 원하는 만큼의 시간을 갖도록 하라.

그림 3-14
센스리 앱은
GUI 응답으로 사용자가
말을 하거나 탭하게 한다.

앱에서 사용자가 오랫동안 대답하지 않는 지점이 어디인지에 주목하라. 혼란을 야기하는 근본적인 문제가 있거나 사용자가 응답하길 주저한 부분이 있을 것이다.

UI 컨트롤이 모든 인터랙션에 적합한 것은 아니다. 예를 들어 개방형^{open-ended} 질문을 하면서 (예: "기분이 어떻습니까?") 사용자가 자연스럽게 말하도록 장려하려는 경우, 가능한 답변 목록을 제공하지 말라. 또 다른 경우로 "어떤 노래를 듣고 싶습니까?"와 같이 매우 긴 응답 목록이 있을 수 있다. 사용자가 음성이나 자연어로 직접 응답하게 한 후 사용자가 몇 번 실패하면 답변을 선택하거나 답변을 타이핑하는 방법을 제공하라.

오류 처리하기

오류에 관해서는 언제나 그렇듯 VUI에서도 이를 처리하는 것을 잊지 말라!

아바타나 영상을 이용하는 경우, 오류가 발생했을 때 더 흥미롭고 재치 있는 응답을 하게 할 수 있다. 예를 들어 볼리오 앱에서 스탠드업 코미디언인 로비 피커드^{Robbie Pickard}는 샘플 불일치 응답을 하면 로비 피커드가 내려다보면서 "아, 이런! 내 핸드폰을 보느라 당신이 말한 것을 듣지 못했네요. 언제 결혼했다고 했죠?"라고 말한다. 이는 문제를 시스템의 탓으로 돌리는 완전히 새로운 차원의 디자인 원칙을 취하고 있다.

아바타나 영상은 인간의 일상적인 대화의 단서에 또 다른 중요한 요소를 제공하는데, 이는 바로 '시선'이다. 만약 누군가와 대화하다가 그들이 돌아서면 당신은 그들이 더 이상 당신에게 집중하지 않는다는 것을 알 수 있다. 당신의 아바타도 이와 똑같이 할 수 있다. 이는 볼리오 앱의 경우에서 사용자가 듣지 못했거나 이해하지 못했을 때를 알아차리는 데 유용하게 활용됐다. 처음 몇 번 동안 이 경우가 발생했을 때 "이해하지 못했습니다." 라고 말하기보다 앱상의 배우가 계속 바라보면서 가만히 듣고 있는 편이 낫다. 별다른 지시가 없으면 사용자는 자연스럽게 같은 말을 반복해 말하게 되고 이는 종종 성공으로 이어진다.

촬영하는 동안 배우들이 말하기를 끝내면 30초에서 60초 동안 '능동적인 듣기'를 계속할 수 있는데, 이는 그후에 반복될 수 있다. 듣기가 과장돼서는 안 되고 단지 이따금씩 고개를 끄덕이거나 머리를 움직이면서 계속 똑바로 바라보기만 하면 된다. 이 비언어적인 알림은 사용자에게 말이나 별도의 안내 없이 계속 듣고 있다는 사실을 확인시켜준다.

토이토크의 〈더 윈스톤 쇼〉에서는 아바타가 아이가 사용하는 법을 배우는 데 도움을 준다. 말을 하기 위해서는 사용자가 말하는 내내 버튼을 누르고 있어야 한다(사용자가 버튼을 한 번 누른 다음에 말하는 대부분의 전화 앱과는 다르다). 사용자가 버튼을 눌렀다가 바로 놓으면 애니메이션 캐릭터인 윈스톤이 "저런, 마이크를 눌러주세요!"라고 말한다.

토이토크가 이 모델을 선택한 이유는 추측컨대 어린아이들이 푸시 투 토크 기능을 잘 쓰기 어렵기 때문일 것이다. 아이들이 물리적으로 마이크 버튼을 누르고 있게 하는 것은 (또한 적어도 화면에 손가락을 대고 있게 하는 것은) 앱이 사용자가 말하기를 기다리고 있다는 것을 상기시킨다. 또한 대화의 종점을 감지하는 것에 대한 의존도를 낮춘다.

차례대로 말하기와 끼어들기

일반적으로 화자는 전통적인 대화형 음성 응답IVR 시스템에서 일반적으로 프롬프트 재생 중에 '끼어들기(방해)'를 할 수 있다. 이는 사용자가 쉽게 건너뛸 수 없고 그들이 수행해야 하는 업무를 시작하기 전에 사용할 수 있는 모든 옵션을 듣고 싶어하지 않기 때문에 IVR 시스템에서 매우 유용하다. IVR 시스템에 화자가 끼어들면 프롬프트가 중지되고 사용자가 말하고 나면(또는 말 없이 시간이 지난 후) 새 프롬프트가 재생된다.

영상 재생 중 사용자에게 끼어들기를 허용하는 것은 까다로운 일이다. 가만히 듣고 있던 배우에서 새로운 영상으로 전환되는 것은 부자연스러울 것이다. 이러한 시스템의 경우, 기술적 관점에서 끼어들기를 처리하기는 너무 어려울 것이므로 끼어들기 기능을 끄는 것이 나을 수 있다.

그러나 이 시스템이 인간과 비슷하기 때문에 사용자들은 끼어들기를 하는 대신 자신이 말할 차례를 기다릴 뿐, 명령을 하기 위해 기다리지는 않을 것이다. 당신의 영상 VUI는 메뉴 목록을 계속 웅얼거리지 않을 것이다(만약 그렇다면 배우가 녹화한 영상을 사용하기로 결정한 것을 다시 한번 생각해봐야 한다).

사용자가 말하기 시작하는 지점을 미세 조정하는 것은 매우 중요하다. 배우(또는 아바타)가 말하기를 완료하는 정확한 시점에 듣기 시작하는 것이 필수인데, 이때가 사용자가 말하기 시작할 가능성이 가장 높은 시점이기 때문이다. 처음 한두 마디가 인식되지 않으면 오해가 발생할 가능성이 크다. 사용자 얼굴이 보이는 박스 주변 테두리를 녹색으로 강조하거나(PIP를 구현하는 경우) 다른 유형의 시각적 표시를 이용해 사용자가 말할 수 있는 시점을 알게 해주는 것도 필수적인 요소다. 사용자가 버튼을 누르지 않고도 간단하게 말할 수 있는 이 모델에서는 사용자가 마이크 아이콘을 눌러볼 수 있기 때문에 마이크 아이콘을 사용하는 것은 좋지 않다. 마이크를 애니메이션으로 표현하면 도움이 된다. 실제 사용자를 통해 시각적 표시를 철저히 테스트해 어떤 것이 잘 동작하는지 확인하는 것이 가장 좋다.

요약하면 비디오와 사용자가 차례로 대화하는 방식에는 여러 가지 구성 요소가 필요하다.

- 끼어들지 않기
- 영상 속 배우가 말하기를 마치면 "능동적 듣기" 모드 시작하기
- 사용자가 말할 차례라는 시각적 표시
- 사용자의 차례임을 분명히 하는 프롬프트(예: "좀 더 자세히 말해주세요."와 같은 질문이나 명령)
- 배우가 말하기를 마친 직후부터 듣기 모드 시작하기

이 요소들은 아바타에도 마찬가지로 적용된다.

아바타의 세계에서는 이러한 규칙을 따르지 않는 경우가 있을 수 있다. 토이토크의 경우, 마이크 아이콘에 말하기가 허용되지 않을 때를 나타내는 'X'가 표시되기도 한다. 어린이가 말할 차례가 됐을 때 마이크 아이콘에 불이 들어오면서 깜박인다.

왜냐하면 이들은 (a) 어린아이들에 의해 사용되기 때문에 (b) 대화를 주고받기보다 얘기를 하는 방식이 더 많으므로 아이가 말해야 할 때를 알려주는 것이 필요하다. 여기서 끼어들기 기능은 잘 동작하지 않을 것이다. 왜냐하면 어린아이들은 종종 앱과 얘기하려 할

것이고 시스템은 뭔가를 들었다고 생각할 때마다 멈추기 때문에 얘기를 진행하는 데 방해가 될 것이다.

사용자에게 '푸시 투 토크'를 요구하는 것이 유용한 경우도 있다. 가상 비서를 사용할 때 사용자가 매번 대화(엔터테인먼트 또는 건강 앱과 같이)하지 않을 수도 있다. 사용자가 작업을 완료하거나 정보를 얻으려고 하는 짧은 반복적인 작업일 수 있는데 이때는 사용자가 끼어들기를 허용하도록 하는 것이 중요하다. 예를 들어 사용자가 와이파이가 제공되는 인근 카페 목록을 요청하면 앱에서는 카페 목록을 생성하는데, 이때는 사용자가 추가로 "어떤 카페가 밤 10시까지 열려 있습니까?" 등을 계속 말할 것인지, 사용자의 요구 사항이 만족됐는지 여부를 알기 어렵다.

이 상황에서는 사용자가 계속 대화할 수 있도록 허용하는 것이 매우 중요하지만 사용자가 대화 속도를 제어하도록 하고 마이크를 자동으로 다시 켜지는 말라. 이는 현존하는 대부분의 가상 비서(시리, 구글, 하운드, 코타나 등)에 사용되는 방법이다.

참여도 유지 및 인식의 환상

VUI가 아바타나 영상을 사용하는지 여부에 관계없이 사용자의 참여를 유지하는 것이 가장 중요하다.

인식의 환상을 만들고 유지하는 가장 좋은 방법은 무엇일까? 좋은 팁은 상식 퀴즈 게임인 유 돈 노우 잭You Don't Know Jack의 제작자로부터 제공됐다(그림 3-15 참조). 원래 PC 게임으로 1990년대 후반에 발표된 유 돈 노우 잭은 이후 애플 컴퓨터의 '인간 인터페이스 디자인 우수상Human Interface Design Excellence Awards'에서 가장 혁신적인 인터페이스상Most Innovative Interface과 최고의 종합 인터페이스상Best Overall Interface을 수상했다.

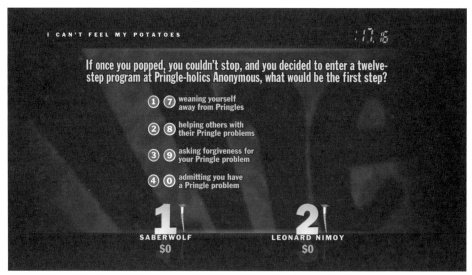

그림 3-15 상식 퀴즈 게임인 '유 돈 노우 잭'

이 게임은 음성 인식을 사용하지 않지만, 마치 실재하는 진행자와 실시간 게임 쇼를 하는 것처럼 사용자를 집중하게 하는 놀랄 만한 일을 하는데, 이는 모든 사전 녹화된 내용으로 진행된다.

게임 제작자인 해리 고틀립Harry Gottlieb은 2002년 '상호 작용형 대화 인터페이스의 잭 원리 The Jack Principles of the Interactive Conversation Interface'를 사용했다. 그는 이 논문에서 대화형 시스템에서 인식의 환상을 만들기 위한 팁을 제시한다. 그는 다음 사항에 인간의 지능과 감정으로 반응할 것을 제안한다.

- 사용자의 행동
- 사용자의 무행동Inaction
- 사용자의 과거 행동
- 일련의 사용자 행동
- 사용자가 있었던 실제 시간과 공간
- 사용자의 다양한 상황과 행동 비교

이를 어떻게 하면 달성할 수 있을까? 2장, '기본 VUI 디자인 원칙'에서 언급했듯이 과거를 추적하는 것은 매우 중요하다. 만약 사용자가 영장류 학자인 제인 구달^{Jane Goodall}에 대한 정보를 요청한 후 "그녀는 어느 대학에 진학했습니까?"라는 질문을 한다면 사용자가 누구에 대해 말하는지 모르는 것처럼 행동하지 말아야 한다.

아바타는 사용자의 무행동이나 오류에 반응할 수 있다. 만약 게임에서 사용자가 말해야 하는 시점에 말을 하지 않으면 아바타가 팔짱을 끼고 발을 구르면서 "나, 기다리고 있어!"라고 말할 수 있다.

아바타나 배우를 활용하면 인식의 환상을 유지하는 데 큰 도움이 될 수 있다. 이 예시는 사용자가 스탠드 업 코미디언과 대화할 수 있는 볼리오 앱에서 사용됐다. 만약 아침이라면 배우는 대화를 시작하기 위해 "이렇게 아침 일찍 뭐하세요?"라고 말할 것이다. 만약 시점이 관련돼 있다면 이 정보를 사용하라. 사용자를 업무 시간 외에 상담원에게 전달할 것을 제안하지 말라. 시간에 대한 정보를 사용해 보다 현실감 있게 만들라.

고틀립은 '잭 원리'에서 인식의 환상을 유지하기 위한 팁을 다음과 같이 설명했다.

- 친밀감을 전달하는 대화를 사용하라.
- 사용자가 인터랙션하는 동안 캐릭터가 적절하게 행동하는지 확인하라.
- 같은 대화가 반복되지 않는지 확인하라.
- 동시 사용자의 수를 인지하고 있어라.
- 사용자의 성별을 알고 있어라.
- 대화가 끊기지 않고 잘 유지되는지 확인하라.
- 사용자가 입력한 값이 인식될 수 없을 때는 문자를 제거하라.

아바타에 대한 신뢰를 구축하는 또 다른 방법은 적절한 때에 인간의 대화 규칙을 따르는 것이다. 예를 들어 사용자가 콜센터 상담원과 통화하기 위해 전화를 걸면 대개 처음부터 사용자가 가진 문제 전체를 설명하지 않는다. 다음은 비표준 인터랙션의 예시다.

상담원   안녕하십니까, 아크미 케이블^{Acme Cable Company}에 전화해주셔서 감사합니다.

| 고객: | 내가 받은 청구서에 연방세[Federal Tax]라는 명목으로 5.99달러가 부과됐는데 저는 이런 항목을 예전에 본 적이 없어요. 이걸 좀 없애줬으면 좋겠습니다. |

이보다는 초기 관계를 형성하고 발신자와의 대화를 유도하며 신뢰를 구축하려고 시도하라.

상담원	안녕하십니까. 아크미 케이블에 전화해주셔서 감사합니다. 오늘 기분 어떠신가요?
고객	좋아요. 그쪽은요?
상담원	저도요. 고맙습니다. 어떤 일을 도와드릴까요?
고객	제 청구서에 대해 문의드리려고 합니다.
상담원	네, 도와드리겠습니다. 어떤 문제인가요?
고객	아, 그게, 5.99달러가 청구됐는데 이해가 되지 않아서요.

상담원이 "오늘 기분이 어떠신가요?"라는, 케이블 회사와는 무관한 질문으로 대화를 시작한다는 점에 유의하라. 그다음에 상담원이 어떻게 도울 수 있는지 물을 때 전화를 건 고객은 먼저 일반적인 주제('청구서')에 대해 말하고 그다음에 좀 더 구체적인 것에 대해 말하는 식으로 정보를 나눠 말한다. 대화형 시스템에서는 VUI도 이와 똑같이 할 수 있다.

사람들은 종종 자신의 얘기를 서사적으로 전하고 싶어한다. 대개 사람들은 의사에게 불편한 점에 대한 세부적인 정보를 제공하지 않는다. 오히려 그들은 한 번에 하나의 정보를 제공한다. 나는 간호사 조언[nurse advisor] 콜센터에서 이러한 사실을 목격했다. 이 접근법과 아바타를 활용해 좋은 결과를 얻었다. 사용자가 항상 자신의 질문이나 문제에 대한 모든 세부 사항을 즉시 제공할 것을 기대하는 것은 종종 이해할 수 없는 결과를 낳을 것이다. 그 대신, 대화를 일반적인 대화처럼 짧게 나눠라.

대화를 어떻게 시작할지 신중하게 생각하라. 예를 들어 센스리는 "어떻게 지내니?"라는 일반적인 대화로 시작한다. 이는 대화를 계속 진행시켜 보통은 간단하게 "좋아요, 감사합니다."라고 대답하지만 때로는 좀 더 자세하게 대답하기도 한다. 이 기술을 사용하기로

했다면 이 두 유형 모두의 응답을 처리할 수 있어야 한다.

시각적 피드백(아바타 외)

VUI의 시각적 피드백으로 아바타와 배우만 있는 것은 아니다. 시각적 피드백을 사용해 사용자에게 언제 VUI가 듣고 있는지, 생각하고 있는지 또는 이해하지 못했는지 알릴 수 있다. 코타나와 같은 가상 비서에는 더 많은 상태가 있다(그림 3-16 참조).

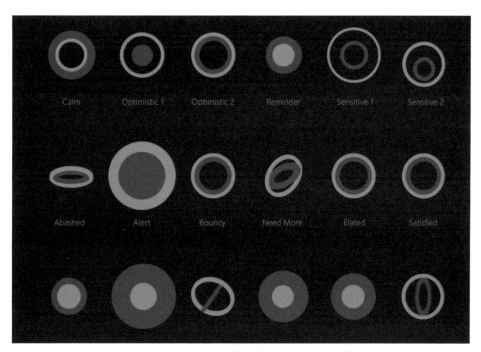

그림 3-16 코타나의 다양한 상태(http://genieblog.ch/)

다음은 코타나의 시각적 '상태^{Mood}' 디자인에 대한 마이크로소프트 디자이너의 설명이다.

"기획 과정 중 종종 논의됐던 몇 가지 중에는 코타나를 형상화하기 위한 실제 모양을 포함할 것인지에 대한 것도 있었다. 우리는 알림을 나타내는 색상을 적용한 간단한 기하학 모양에서부터 사람과 똑같은 아바타에 이르기까지 다양한 콘셉트를 제안했다. 마지막으로 우리는 343(헤일로Halo를 개발한 스튜디오)의 크리에이티브 팀과 협업해 코타나를 음성만 사용한 것보다 좀 더 생기 있게 만드는 것으로 결정했다. 코타나는 다양한 질문에 대해 저변의 감정과 상태에 따라 다른 답변을 제시하도록 프로그래밍돼 있다. 코타나가 사용자의 질문에 맞는 대답을 제공함으로써 행복함을 느꼈다면 코타나는 사용자에게 이를 알릴 것이다. 만일 코타나가 사용자의 질문을 이해하지 못했다면 당혹감을 표현할 것이다."[5]

이 움직이는 파란색 동그라미가 효과가 있을까? 맥락을 모르는 상태에서 서클을 보면 사용자는 지금 코타나가 무엇을 하고 있고 어떤 감정 상태인지를 구별하기 어려울 것이다. 그러나 시간이 지남에 따라 사용자는 이것에 무의식중에 익숙해질 것이다. 인간은 패턴을 익히는 데 능숙하며 '듣는 중'과 같은 일반적인 아이콘은 금방 알아챌 것이다.

그림 3-17에서 볼 수 있듯이 모바일 앱이라기보다 기기에 가까운 아마존 에코는 사용자가 "알렉사"라는 기동어를 말했을 때 실린더 상단에 파란색 표시등을 표시함으로써 듣고 있다는 것을 알린다. 이는 매우 사소하지만 유용한 방법으로, 사용자에게 말해도 된다는 사실을 알려준다. 약 5초 후에도 알렉사가 아무 소리도 듣지 못하면 빛은 사라진다.

5   Ash, M.(2015). "How Cortana Comes to Life in Windows 10." Retrieved from http://blogs.windows.com/

그림 3-17
아마존 에코에는 사용자가
말해도 되는 때를 표시하는
파란빛이 들어오는 링이 있다.

반면, 알렉사가 절대 처리할 수 없는 것을 말하면 빛의 패턴이 바뀌고 '종료' 소리를 내서
알렉사가 사용자의 말은 들었지만 이해할 수 없었다는 것을 나타낸다. 이 기능은 다른 방
이나 바로 옆에서 사용하지 않을 때 특히 유용하다. 사용자가 요청 또는 질문을 했지만
알렉사가 이해할 수 없거나 수행할 수 없을 때를 나타내는 또 하나의 반응이 있다. 이 경
우, 다른 패턴의 불빛이 표시되며 "음, 조금 전 질문에 대한 답을 찾을 수 없습니다."라고
말한다.

'가족 로봇'이라 불리는 지보Jibo는 인간의 형상이 아니면서도 풍부한 개성을 지니고 있다
(그림 3-18 참조). 지보는 회전식 본체 위에 둥근 머리가 있는 작은 실린더 형태를 지니
고 있다. 지보의 '얼굴'은 하트와 같은 애니메이션을 표시할 수 있는 스크린이다.

그림 3-18
로봇 '지보'

지보는 음성 명령에 응답하고 TTS를 사용해 음성으로 대답한다. 지보는 사용자로부터 정서적 반응을 불러일으키기 위해 디자인됐다. 온라인 잡지 「매셔블^{Mashable}」의 리뷰는 "지보는 가전 제품이 아닌 동반자이며 사용자와 인터랙션하고 유쾌하게 반응할 수 있다."라고 표현했다.[6]

그러나 여기서도 조심해야 한다. 지보는 확실히 감성을 자극하지만 그것이 모든 상황에 적절할까? 예를 들어 건강 도우미로 사용되기에 적절할까?

목소리 선택하기

VUI의 음성을 선택하는 것도 중요 고려 사항 중 하나다. TTS를 사용할까, 녹음된 프롬프트를 사용할까? 목소리도 디자인의 중요한 고려 요소다.

---

6   http://on.mash.to/2fQwQiE

첫째, 디자이너는 목소리 선정에 있어서 정확함과 음색 이외의 것도 고려해야 한다. 적용될 캐릭터나 에이전트의 행동, 태도 사용 언어에 따른 목소리의 일관성에 유의해야 한다. 이는 본능 이상의 것을 필요로 한다. 일관성을 조정하고 확인할 수 있도록 사용자가 음성을 평가할 수 있어야 한다. 또한 잘못 선택된 목소리는 음성이 없는 것보다 훨씬 더 나쁠 수도 있다. 목소리는 원하든 원치 않든 사회적 의미를 지닌다.[7]

이 주제에 대해서는 5장, '고급 VUI 디자인'에서 좀 더 자세히 설명한다.

아바타의 장점

요약을 위해 아바타 사용의 장단점을 살펴보자. VUI에 아바타를 사용할지 말지를 결정하는 데 도움이 될 것이다.

VUI 아바타를 사용하는 것에는 어떤 장점이 있는지부터 시작해보자.

첫째, 아바타는 사용자에게 좀 더 강한 유대감을 제공할 수 있다.

남부 캘리포니아 대학University of Southern California, USC의 창조 과학 연구소Institute for Creative Technologies, ICT에서 실시한 연구에서 피실험자에게 "당신은 몇 살입니까?"와 "무엇이 당신을 행복하게 합니까?"와 같은 질문들을 했다. 이때 움직이는 가상 인간, 가상 인간의 사진, 오디오 전용 버전의 세 그룹으로 나눠 질문했다.

피험자는 총 24개의 질문 중 적어도 12개의 질문에 답해야 하고 24개 모두를 대답할 수도 있다. 24개 질문 모두에 답한 피실험자의 수는 움직이는 가상 인간에게 질문을 받은 경우가 훨씬 많았다. 또한 평균 응답 시간도 움직이는 가상 인간의 경우가 더 길었다.

또 다른 USC ICT 연구에서는 군 복무 후 외상 후 스트레스 장애PTSD로 고통받는 사람들을 돕는 사람들이 가상 비서와 얘기하는 연구가 있었다. 보고에 따르면 피실험자는 가상

---

7   Nass, C., and Reeves, B. The Media Equation.(Stanford, CA: CSLI Publications, 1996), 177.

비서가 사람보다 덜 비판적이기 때문에 가상 비서에게 정보를 노출하는 것을 더 편하게 느낀다고 한다.

나는 센스리에서 만성 질환 환자들을 돕는 가상 간호사 프로젝트를 진행하면서 이와 비슷한 현상을 목격했다. 환자들이 종종 아바타에게 스트레스나 다른 건강 상태에 관해 편하게 얘기했다.

단순한 얼굴 형태로도 정서적인 반응을 자극시킬 수 있다. "몇 개의 선으로만 표현된 스마일 표정으로도 약간의 변화를 통해 슬픔, 놀람, 분노를 느끼게 할 수 있다."[8] 또한 "몇 개의 선만으로 이뤄진 웃는 얼굴에 펜으로 한두 개의 선을 더 긋는 것만으로도 사람들에게 슬픔, 놀람, 분노 등의 감정을 느끼게 할 수 있다."[9]

누구나 어느 정도 입술을 읽는다. 입을 볼 수 없으면 말을 이해하는 것이 더 어렵다. 아바타 회사 보타닉의 사장 마크 스테판 메도우는 아바타를 사용해야 하는 시기에 대해 다음과 같이 말한다.

> "우리는 언제 직접 만나야 하고 언제 전화로 얘기해야 할까? 우리는 항상 전화를 사용하거나 목소리만으로도 잘 소통할 수 있다. 하지만 대부분의 사람들은 직접 만나는 것을 선호한다. 대면을 통해 더 많은 정보를 얻을 수 있으며 더 재미있고 더 많은 일을 완료하며 오해를 줄이고 신뢰나 공감을 형성한다. 따라서 아바타를 사용할지 여부는 사용 상황, 사용자 및 세부 사항에 따라 달라진다."

그는 아바타를 VUI의 GUI라고 한다. 마크 스테판 메도우는 우리가 그들과 어떻게 소통하는지를 알려주는 추가 단서들을 제공함으로써 아바타가 우리에게 제공하는 것을 상기시켜준다.

> "병원, 호텔 또는 식당 등을 방문해보면 직원들이 특정 인격 또는 역할을 하고 있다는 것을 알 수 있다. 이런 장소에 있는 직원들은 특정 상호 작용을 만들기 위해

---

8 Nass, C., and Reeves, B. The Media Equation.(Stanford, CA: CSLI Publications, 1996), 177.

9 Nass, C., and Brave, S. Wired for Speech.(Cambridge, MA: The MIT Press, 2005), 176-177.

특정 옷을 입거나 행동하는데, 우리는 이를 통해 누구와 어떻게 인터랙션하는지를 알 수 있다. 따라서 호텔, 병원, 공항 또는 기타 서비스 지향적인 비즈니스 장소를 방문하는 경우, 이런 존재론들을 관찰할 수 있다. 심지어 그들이 행동하고 옷을 입는 방식에는 직급 체계가 존재한다. 호텔에서는 접수원, 관리자, 객실 책임자를 만나고 공항에서는 승무원, 조종사, 정비공과 만난다. 그리고 식당에서는 주인, 주방장, 접시 닦는 사람을 만나고 병원에서는 접수원, 의사 및 관리인을 만난다. 이러한 인격들은 경험과 인터랙션을 구성한다. 따라서 GUI가 있는지의 여부와 상관없이 인터랙션하려면 가상 비서에게 인격이 필요하다. 이러한 인격은 아바타의 외모에 반영된다.

관리자, 조종사, 요리사 및 의사는 모두 특정 방식으로 복장을 입음으로써 자신이 누구인지를 나타낸다. 이는 전형典型이며 아바타 또한 이를 염두에 두고 디자인해야 한다."

사용자는 아바타의 얼굴 없이도 컴퓨터를 의인화할 수 있고 다른 사람들과의 소통 방식을 컴퓨터에 적용한다. 클리포드 나스는 다음과 같이 말했다.

"사람들은 다른 사람과 소통할 때와 동일한 사회적 규칙과 기대를 갖고 컴퓨터와 다른 기술을 대한다. 이는 충동적인 반응이 아니며 광범위하고 깊이를 지닌다."[10]

스탠퍼드 대학에서 실행한 클리포드 나스의 실험에 나타나듯이 사람들은 대부분 컴퓨터를 공손하게 대한다.

컴퓨터를 통해 학습한 후 참가자들은 그 컴퓨터의 성능에 대한 질문을 받았는데 절반은 바로 그 자리에서 컴퓨터에게 받고 나머지 절반은 다른 방에 있는 같은 종류의 다른 컴퓨터에게 받았다. 놀랍게도 참가자들은 다른 방의 컴퓨터보다 직접 물어본 컴퓨터에게 훨씬 더 긍정적인 반응을 보였다. 피실험자들이 지나치게 민감

10 Nass, C.(2010). "Sweet Talking Your Computer: Why People Treat Devices Like Humans: Saying Nice Things to a Machine to Protect its 'Feelings.'" Retrieved from http://wsj.com/

한 사람들도 아니었다. 그들은 컴퓨터 과학과 전기 공학을 전공한 대학원생들이었으며 그들은 모두 컴퓨터에 절대로 공손하지 않을 것이라고 주장했다.

건강 관리 또는 엔터테인먼트와 같이 높은 참여도가 필요한 시스템을 설계하는 경우, 아바타 또는 얼굴이라도 사용할 것을 고려하라.

회의 예약, 영화 선택, 쇼핑 목록 만들기, 검색 명령 수행과 같은 감정적 요소가 적은 작업의 경우에는 아바타가 필요하지 않을 수 있으며 오히려 방해가 될 수도 있다.

아바타의 단점

지금까지는 아바타 사용의 장점에 대해 살펴봤다. 이제 단점에 대해 살펴보자.

아바타는 많은 추가 작업을 수행하며 제대로 수행하지 않은 경우 사용자를 짜증나게 하거나 멀어지게 할 수 있다. 단지 깜박거릴 뿐, 감정적인 반응이나 인식을 나타내지 않고 단순히 깜박거리는 아바타는 자산이라기보다 방해물이 될 수 있다.

이 글을 쓰는 시점에서 가상 비서 아바타의 대부분이 여성이며 일반적으로 젊고 섹시하다. 성인용 엔터테인먼트 앱을 위한 가상 비서가 아닌 한 그러할 이유가 없다. 나는 최근에 매력적인 아가씨를 기본 아바타로 사용하는 가상 비서를 다운로드했다. 그녀는 가끔 눈을 깜박이거나 윙크하는 것 외에 다른 행동은 하지 않는다. 이 앱을 사용하면 다양한 아바타를 선택할 수 있는데 목록에는 개 한 마리 외에 야하게 차려입은 여성들이 있었다.

아바타를 사용할 경우, 그 아바타가 누구일지 결정하는 데 시간을 투자하라. 사용자가 무작위로 선택하도록 내버려두지 말라. 아바타에게 가장 중요한 인격 설정부터 시작하라. 아바타가 더 권위 있거나 배려심이 있어야 하는가? 전문적이어야 하는가? 지식이 풍부해야 하는가? 먼저 페르소나를 만들고 그 자질에 맞는 아바타를 디자인하라. 페르소나는 외모만을 말하는 것이 아니다. 페르소나는 VUI가 말하고 응답하는 방식에 영향을 미친다. VUI의 이미지가 변경되면 페르소나와 프롬프트도 변경돼야 한다. VUI에 아바타가 있는 경우, 다음 질문들에도 답해야 한다. 아바타가 어느 정도 표시될 것인가? 얼굴에만 표시할 것인가? 얼굴과 상체를 표시할 것인가? 전신을 표시할 것인가? 2D 또는 3D 인가? 감정 표현을 얼마나 할 것인가? 입 모양의 동기화는 어떻게 이뤄질 것인가? 아바타가 전체 화면에 표시될 것인가 일부에만 표시될 것인가? 이 모든 것이 사용자가 VUI에 응답하고 소통하는 방식에 영향을 미친다.

아바타를 디자인할 때 명심해야 할 것은 성격이 너무 강하면 부정적인 효과를 야기할 수 있다는 것이다. 앤 타임 고벨은 "성격이 강할수록 사용자 반응은 양극화된다."라고 말했다.

아바타를 사랑하는 사람도 있을 수 있고 싫어하는 사람들도 있을 수 있다. 아바타가 있는 것을 좋아하는 사용자도 그렇지 않은 사용자도 있을 수 있다. 앱에 따라 문제가 되지 않을 수도 있다. 때로는 모든 사람을 위해 디자인하지 않는 것이 좋을 수 있다. 예를 들어 '강한' 성격을 가진 아바타를 좋아하는 특정 사용자들을 위해 디자인하는 것이 유리할 수도 있다. 예를 들어 특정 비디오 게임의 팬들은 아바타가 '특정 캐릭터'인 것과 그 아바타가 해당 캐릭터의 성격을 잘 나타내는 것을 선호할 수도 있다. 반면, 전체 사용자 그룹을 위한 개인 비서 아바타는 극단적이지 않고 평범해야 한다.

또한 사용자가 원하는 것을 쉽게 가정하지 말라. 예를 들어 모두가 남성 아바타보다 여성 아바타를 원한다고 가정하지 말라. 항상 아바타 선택 및 프롬프트를 위해 최대한 많은 사용자 테스트를 수행하라. 아바타가 너무 특이한 경우(예: 속어를 많이 사용하는 경우)에는 사용자가 대답할 내용을 예측하기가 더 어려워질 것이다.

불쾌한 골짜기

아바타를 디자인할 때 주의해야 할 또 다른 사항은 불쾌한 골짜기Uncanny Valley에 빠지지 않는 것이다. 불쾌한 골짜기는 인간과 매우 비슷하지만 인간이 아닌 뭔가를 볼 때 느끼는, 공포로 인한 전율을 말한다. 그림 3-19는 불쾌한 골짜기의 정점을 보여준다. 예를 들어 우리를 매우 거북하게 하는 좀비가 그 바닥에 있다.

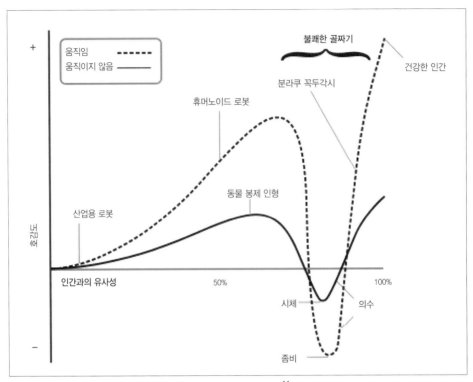

그림 3-19 불쾌한 골짜기[11]

불쾌한 골짜기를 피하는 한 가지 방법은 아바타를 비사실적이거나 동물과 같이 사람이 아닌 것으로 만드는 것이다.

마크 스테판 메도우가 지적했듯이 만화와 함께 녹음된 인간의 목소리를 사용하면 '불쾌한 골짜기'를 피할 수 있다. 픽사Pixar의 영화를 생각해보라.

아바타의 감정 표현에 사용하는 단어나 나타내는 감정을 일치시키는 것이 중요하다. 그

11 By Smurrayinchester: self-made, based on image by Masahiro Mori and Karl MacDorman at http://www. androidscience.com/theuncannyvalley/proceedings2005/uncannyvalley.html, CC BY-SA 3.0, https://commons. wikimedia.org/w/index.php?curid=2041097.

렇지 않으면 매우 이상하고 불쾌할 수 있다. 소피아^{Sophia}라는 로봇과의 대화에서 그 예시를 볼 수 있다. 그녀는 "나는 인간에게 좋은 동반자가 될 수 있다고 생각해요. 대사^{Ambassador}처럼 말이지요." 그러나 문장 끝에 그녀의 입술이 올라가며 비웃는 것처럼 보였다(그림 3-20 참조). 이는 그녀의 진실성에 의심을 품게 한다. 아예 표현을 하지 않는 것보다 나쁜 결과다. 클리포드 나스가 말했듯이 "얼굴 표정은 말과 일치돼야 한다. 그렇지 않으면 사람들은 속이려 한다고 느낀다."[12]

그림 3-20 한슨 로보틱스(Hanson Robotics)의 소피아 - 왜 비웃는 것처럼 보일까?

---

12 Nass, C., and Brave, S. Wired for Speech.(Cambridge, MA: The MIT Press, 2005), 181.

결론

VUI에 시각적 요소를 포함할지를 심사숙고하라. 그저 멋있어 보인다고 아바타를 추가하지 말라. 개발하고 있는 시스템이 대화식인가? 엔터테인먼트용인가? 공감용인가? 이것들이 아바타나 배우가 필요한 경우다.

아바타 제작에 투자하는 것은 작은 일이 아니다. 아바타를 제작하려면 아바타만을 제작하기 위한 디자인 팀을 꾸리거나 제삼자가 만든 아바타를 사용할 수 있다. 소름 끼쳐 보이거나 동일한 제스처를 반복하지 않으면서도 감정을 표현하는 아바타를 만드는 것은 어렵다. 왜 아바타를 사용하려는지에 대해 신중히 생각하고 프로토타입에 대한 사용자 테스트를 통해 올바른 방향으로 가고 있는지 확인하라.

실제 배우를 사용하면 공감도가 매우 높은 경험을 제공할 수 있지만 비용 문제로 인해 모든 것을 스튜디오에서 촬영해야 하기 때문에 처음부터 모든 것을 정해두고 시작해야 한다.

가상 비서는 얼굴이 없어도 매우 효과적일 수 있다. 다른 유형의 시각적 피드백 활용의 장점을 취해 사용자에게 시스템이 듣고 있는지, 이해하지 못하고 있는지를 알릴 수 있다.

4장

음성 인식 기술

VUI에 중요한 여러 가지 디자인 요소에 대해 살펴봤다. 지금까지 음성 인식 기술 그 자체의 기술적인 부분에 관해서만 얘기했다면 4장은 더 깊이 들어가 VUI 디자인이 기술로부터 얻는 이점을 고려했는지 확인할 수 있도록 더 기술적인 내용을 다룬다. 이는 당신이 기반 기술들을 자연스럽게 언급하면서 디자인에 대해 설명하는 데 도움을 줄 것이다.

VUI를 만들 때 앱에 꼭 있어야 할 중요한 요소는 ASR이다. ASR은 사용자의 음성이 문자로 변환되는 기술을 말한다.

엔진 선택하기

그렇다면 어떤 ASR을 선택해야 할까? 라이선스 비용을 지불하고 사용하는 것과 무료로 사용할 수 있는 것이 있다. 어떤 엔진은 개발 시 무료로 사용할 수 있지만 상용화되면 비용을 지불해야 하기도 한다.

이 책을 집필하고 있는 시점에서 돈을 내고 사용하는 엔진 중 가장 유명한 것은 구글과 뉘앙스 커뮤니케이션즈의 엔진이다. 마이크로소프트의 빙^{Bing}과 아이스피치^{iSpeech}도 있다.

무료 ASR에는 웹 스피치 에이피아이^{Web Speech API}, 위트 닷 에이아이^{Wit.ai}, 카네기 멜런의 스핑크스^{Sphinx}, 칼디^{Kaldi} 등이 있다. 아마존도 자체 도구를 제공하기는 하지만 아마존 에코를 위해 사용할 때만 이용할 수 있으며 이 경우에는 무료다.

다음 링크를 따라 위키피디아에 접속하면 좀 더 자세한 목록을 확인할 수 있다.

https://en.wikipedia.org/wiki/List_of_speech_recognition_software

어떤 회사들은 여러 종류의 엔진을 제공하기도 한다. 예를 들어 뉘앙스 커뮤니케이션즈에서는 의학 앱 또는 받아쓰기 앱과 같이 당신이 기획하는 앱의 종류에 따라 다양한 엔진을 제공한다.

엔진을 선택할 때 가장 중요한 두 가지는 다음과 같다.

- 데이터의 견고함/정확성
- 종료점 추출 성능

신생 회사들은 음성 인식 기술 시장에서 성공하기 어려운데 이는 이들이 기술력이 뛰어나더라도 큰 회사들이 지금까지 모아온 만큼의 많은 데이터가 없기 때문이다. 이는 다루는 영역이 얼마나 넓은지에 따라 그들의 인식 성능이 좋지 않을 수도 있다.

종종 사람들은 ASR이 얼마나 정확한지에 집중하느라 또 다른 중요한 요소인 종료점 추출을 간과하기도 한다. 종료점 추출은 컴퓨터가 사용자가 말을 시작하고 끝내는 지점을 포착하는 것을 의미한다. 종료점을 잘 추출하는 엔진을 선택하는 것은 매우 중요하다. 이 부분에 대해서는 4장의 후반부에서 좀 더 자세히 다룬다.

저렴한 ASR을 사용하고 싶은 마음도 들겠지만 주의해야 한다. 만약 인식률이 떨어지거나 종료점을 제대로 파악하지 못한다면 사용성이 매우 떨어질 것이기 때문이다. 꽤 좋은 인식률만으로도 충분할 것으로 보이지만 사용자는 이로 인해 쉽게 좌절하고 결국 그 제품의 사용을 포기할 것이다.

또한 모든 ASR이 N−베스트 목록, 발화 종료 시간 초과와 같은, 설정 가능한 매개변수 또는 맞춤식 어휘들을 제공하는 것이 아니다.

끼어들기

음성 인식 기술 디자인에 큰 영향을 미치는 또 다른 요소는 끼어들기^{barge-In}의 사용이다. 끼어들기는 사용자가 시스템이 말하는 도중에 끼어드는 것을 허용하는 것을 말한다.

일반적으로 끼어들기는 사용자가 언제든지 시스템을 중단할 수 있도록 하기 위해 음성 자동 응답기에 사용되고 있다. 다음 예시와 같이 시스템이 어떤 소리를 인식하는 즉시 현재 재생되고 있는 프롬프트를 중단하고 소리를 듣기 시작한다.

은행 음성 자동 응답기   돈을 이체하시거나 계좌 조회를 하시거나 지불을…

사용자   [끼어들기] 계좌 조회를 하고 싶습니다.

IVR에서 끼어들기는 당연하다. 메뉴가 길거나 옵션이 많기 때문에 사용자가 기다리도록 하는 것은 좋지 않다. 특히 사용자가 주기적으로 이용하는 경우에는 더욱 그렇다.

끼어들기를 허용할 때는 프롬프트를 일시 중지하는 것과 질문하는 것에 더욱 신경을 써야 한다. 잘못 진행됐을 때의 예시를 살펴보자.

VUI 시스템   무엇을 하고 싶으신가요? (1초 후) 고객님…

사용자   나는…

VUI 시스템   [시스템이 이어서] 무엇을…[사용자가 끼어든 것을 인지하고 정지]

사용자   [멈춤]

사용자는 시스템이 처음 질문을 하고 잠깐 멈췄을 때 말하기 시작했고 시스템은 하던 설명을 계속했다. 사용자는 자신이 시스템이 말하는 것을 끝내기도 전에 방해했다고 생각하고 말하는 것을 멈췄다. 이미 늦었지만 시스템도 같이 멈췄다.

대화가 성공하지 못했기 때문에 시스템은 오류 프롬프트를 사용해 다시 대화하도록 유도할 것이다. 성능이 좋지 않은 핸드폰을 사용해 누군가와 통화한다고 생각해보자. 면대면 대화에서는 발생하지 않는 끊김 현상이 계속 발생하고 서로 계속 같은 말을 반복해야 할 것이다.

앞의 예시는 또 다른 문제가 있다. 시스템이 사용자에게 질문했을 때 사용자는 자연스럽게 대답했다. 사용자는 질문에 대답하는 경향이 있고 프롬프트가 끝나기 전에 말을 시작하는 경향이 있기 때문에 질문을 하는 대신 더 많은 정보를 이용해 대화를 진전시키도록 해야 한다. 당신이 할 수 있는 일들을 먼저 제안하고 질문을 하는 것이 가장 좋다.

VUI 시스템　계좌 조회, 이체 또는 상담원과 연결할 수 있습니다. 어떤 것을 하시겠습니까?

끼어들기는 시스템이 뭔가를 실행하기 위해 많은 시간이 필요하거나 많은 정보를 전달해야 할 때 매우 유용하게 사용될 수 있다. 예를 들어 아마존 에코가 음악을 재생하고 있을 때 언제든지 끼어들어 "알렉사, 멈춰"라고 명령할 수 있다. 끼어들기 기능이 없으면 음악이 재생되는 동안 음성 명령을 통해 음악을 중지시킬 방법이 없다.

그러나 알렉사는 전통적인 IVR 시스템과 달리, 아무런 말에나 멈추지 않고 오직 정해진 기동어에만 반응한다. 기동어는 종종 핫워드^{hotword}나 매직 워드^{magic word}라고 불리기도 한다. 시스템이 특정 단어나 문구에만 반응하는 것은 매우 정교한 속임수다. 이는 특정 상황에서 매우 유용하다. 만약 당신이 알렉사에게 판도라^{Pandora} 라디오의 특정 채널을 재생할 것을 요청했다고 가정해보자. 그 후 당신은 가족과 얘기를 시작했을 때 알렉사가 "죄송합니다. 뭐라고 하셨죠?"라고 말하면 끔찍한 사용자 경험이 될 것이다. 알렉사가 기동어를 인식하기 전까지 당신의 말을 무시하는 것이 나을 것이다.

기동어는 IVR 중에서도 특정 상황에서만 사용됐다. 내가 수석 VUI 디자이너로 참여한 샌프란시스코 베이 에어리어 511 IVR 시스템^{San Francisco Bay Area 511 IVR system}을 예로 들 수 있다. 사용자는 이 시스템을 통해 전화로 교통 정보를 얻고 예상 주행 시간을 비롯한 여러 정보를 얻을 수 있다. 고속도로 명칭을 말하면 시스템이 관련 교통사고 등을 찾아 사용자에게 전달한다. 나는 사용자가 다음 사고 정보를 듣기 전에 다른 명령을 할 수 있도록 허용하고 싶었지만 주변 소음 등 시스템을 방해하는 요소들이 걱정이었다.

만약 당신이 10개의 교통사고에 대해 들어야 한다고 생각해보자. 그런데 당신이 재채기 하는 바람에 시스템이 "죄송합니다. 잘 듣지 못했습니다."라고 말하면서 중단하면 당신 은 모든 것을 처음부터 다시 들어야 한다.

핫워드를 사용하면 시스템이 다시 정보를 전달하는 동안 '다음'과 '이전'과 같은 주요한 문 구 몇 개만 인식될 것이다. 일반적인 끼어들기 모드처럼 사용자가 말했을 때 시스템이 바 로 프롬프트를 중단하는 것이 아니라 핫워드가 인식되기 전까지 프롬프트를 계속하다가 핫워드가 인식되면 멈추고 그에 맞는 행동을 실행하는 것이다.

핫워드를 사용하는 것이 유용한 또 다른 사례 중 하나는 사용자가 대화 중간에 잠깐 멈춰 야 하는 상황이다. 예를 들어 사용자가 약을 재신청하는 과정에서 질문에 대답하기 위해 약병을 들고 와 처방전 번호를 찾아야 하는 상황 같은 경우 말이다. 시스템이 "처방전 번 호를 얻는 데 시간이 필요하신가요?"라고 말하면 사용자는 "네"라고 대답할 것이다. 그러 면 시스템이 사용자에게 사용자가 준비되면 "돌아왔습니다." 또는 "계속하죠."라는 말을 하도록 안내하고 대화를 잠시 중단하는 것이다.

음성 전용 VUI가 아닌 경우에는 끼어들기를 항상 추천하지 않는다. 예를 들어 미리 녹화 된 영상을 사용하는 경우에는 영상 재생을 어떻게 해야 할지 모르기 때문에 끼어들기를 사용해서는 안 된다. 영상에 나오는 배우는 갑자기 멈춰야 할까? 그러면 미리 녹화해둔 중단되는 상황의 영상으로 바꿔 재생해야 하는 것일까?

VUI 시스템이 아바타나 미리 녹화된 영상을 사용하는 경우에는 진짜 사람과 대화하는 것과 비슷하기 때문에 사용자는 더 예의를 갖추고 시스템을 기다려주는 경향이 있다. 사 용자들은 아바타가 말하거나 준비된 영상이 재생되고 있는 동안, 다른 사람과 얘기하는 등 딴짓을 하기도 하는데 이때 사용자들은 시스템이 자신들의 대화에 집중하는 것을 원 치 않는다.

만약 당신의 시스템에 끼어들기 기능이 없다면 사용자에게 긴 목록이나 메뉴를 듣고 있 으라고 강요하지 말라. 그 대신 더 많은 단계로 나누고 시각적 목록을 사용해 인지 기능의 부하를 줄여라. 예를 들어 만약 사용자가 7개의 비디오 목록에서 하나를 선택해야 한다고 할 때 그 목록을 모두 전달하는 것은 좋은 생각이 아니다. 그 대신, 다음 예시와 같이 시각적으로 표시되는 정보를 사용할 수 있다.

사용자   오랑우탄이 나오는 재미있는 영상을 보여줘.

구글   여기 말씀하신 영상들이 있습니다.

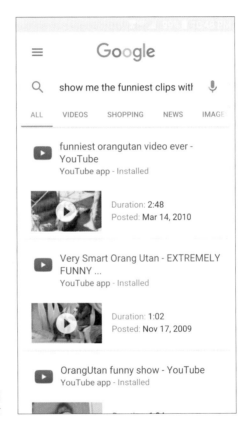

그림 4-1
목록을 모두 읽어주는 대신
영상 목록을 보여주는 구글

검색 결과를 모두 읽어주는 핸드폰이 있다고 상상해보자. 사용자가 화면을 볼 수 없는 상황이 아니라면 시각적으로 보여주는 것이 훨씬 자연스러울 것이다.

마지막으로 끼어들기 기능은 일부 ASR 도구를 사용해 민감도를 미세하게 조정할 수 있다. 당신은 끼어들기가 더 민감하게 동작하게 하거나 덜 민감하게 동작하도록 조절할 수 있다(덜 민감하면 사용자가 끼어들기가 더 힘들어질 것이다).

시간 초과

VUI 시스템이 사용자가 언제 말하기를 시작하는지 포착하기 위해 집중하는 것만큼 언제 사용자가 말하는 것을 멈추는지 예상하는 것 또한 매우 중요하다. 좋은 VUI 여정을 디자인하기 위해 언제 사용자가 질문이나 대답을 하는 것을 마쳤는지 파악할 수 있는 것이 매우 중요하다. 그렇지 않다면 사용자는 시스템이 제대로 들었는지 확신하지 못할 것이다. 이는 곧 시스템에 대한 신뢰가 떨어지는 것을 의미할 뿐 아니라 대화가 계속 시작했다가 중단하기를 반복하는 등의 상황으로 인해 대화하기 힘들어질 것이다. 영상 통화를 하는 도중에 멈춤 현상이 발생하는 것을 경험해본 적이 있는가? 그것은 매우 사소한 문제 같아 보이지만 상대방이 언제 말을 마쳤는지 모르는 상황에서 대화를 지속하는 것은 매우 힘들고 어려운 일이다.

발화 종료 시간 초과

다시 한번 말하지만 좋은 VUI 여정을 만들기 위해 가장 중요한 요소는 종료점을 파악하는 것이다. 즉 사용자가 언제 말하는 것을 끝마쳤는지, 다시 말하면 사용자의 차례가 언제 끝났는지 파악하는 것은 매우 중요하다.

몇몇 음성 인식 엔진들은 당신이 발화 종료 시간 초과$^{end-of-speech\ timeout}$라고 불리는 기능을 이용해 종료점 추출을 설정할 수 있도록 한다. 이는 시스템이 사용자가 말하는 것을 멈춘 시간의 길이로 사용자가 말하는 것을 끝냈는지 판단하는 기능이다.

모든 음성 인식 엔진이 발화 종료 시간 초과 기능을 제공하는 것은 아니지만 기본 설정에 대해 알고 있는 것이 유용하다. 대부분의 VUI 응답 유형에는 1.5초의 멈춤이 가장 잘 적용된다. 더 짧게 설정하면 사용자가 말을 마치기 전에 끼어들 수 있고 더 길게 설정하면 사용자는 시스템이 그들이 말한 것을 제대로 들었는지 의심할 것이다.

가능하면 이 시간 초과 기간을 조절하려고 시도하는 경우도 있을 것이다. 잘 설계된 VUI 시스템은 각기 다른 상황에서 다른 시간 제한 설정을 사용하도록 유연하게 설계돼 있다. 예를 들어 사용자가 "오케이 구글"이라고 얘기하거나 애플의 홈 버튼을 눌러 시리와 대화를 시작했을 때는 "오늘 어떻습니까?"에 대한 응답보다 더 짧은 시간 제한이 필요하다. 첫 번째의 경우에는 사용자가 시스템을 시작한 것이고 사용자는 그들이 무엇을 원하는지 정확하게 알고 있을 것이기 때문에 오래 기다릴 필요가 없다. 두 번째 경우에는 사용자가 잠시 멈췄다가 대화를 시작하려고 시도할 수 있다. 예를 들어 "나 기분이… 음… 아까는 괜찮았는데 지금은… 나 머리가 아파."라고 얘기했다고 가정해보자. 이 경우, 시간 초과가 너무 짧으면 사용자가 말을 마치기 전에 방해를 하게 되는데 이는 매우 무례한 행동으로 여겨질 수 있다.

더 긴 시간 제한 설정이 필요한 흔한 사례로는 사용자가 신용카드 번호와 같은 일련의 번호 조합을 읽을 때를 들 수 있다. 사람은 일반적으로 그룹화된 번호들을 읽을 때 한 그룹과 다음 그룹 사이에서 잠깐 멈추는데, 이때는 방해하면 안 된다.

제한 시간을 잘 설정하는 법은 데이터를 이용하는 것이다. 사람들이 실제 말한 내용을 표기해 살펴보면 사용자가 보통 언제 문장 중간에 멈추는지 알 수 있다. 이 경우에는 제한 시간을 늘리는 것을 시도해볼 수 있다.

제한 시간을 늘리는 것이 유용한 또 다른 상황으로는 사용자가 많은 얘기를 해야 할 때나 망설일 때를 들 수 있다. 예를 들어 사용자에게 보험 앱이 교통사고의 세부 정보를 물어본다고 가정해보자. 사용자는 여러 문장을 얘기할 것이고 말하기 전에 생각하기 위해 종종 얘기하는 것을 멈출 것이다.

이와 반대로 어떤 경우에는 제한 시간을 줄이는 것이 좋을 수도 있다. 사용자가 단순히 "예" 또는 "아니요"라고 대답하는 경우에는 짧은 제한 시간으로 좀 더 즉각적으로 반응하는 대화를 유도할 수 있다.

발화 시간 제한 없음

발화 시간 제한이 중요한 또 다른 상황은 어떤 음성도 감지되지 않았을 경우다^{No Speech}
^{Detected, NSP}. 이 경우에는 다음과 같은 여러 가지 이유로 발화 종료 시간 초과와는 다르게
다뤄져야 할 것이다.

- NSP 시간 초과는 발화 종료 시간 초과보다 김(대개 10초 정도).
- VUI 시스템이 다른 작업을 시작해 발생한 NSP 시간 초과
- 시스템 분석 시 문제가 있는 곳을 파악하는 데 도움을 주는 경우

IVR 시스템에서는 인식기가 사용자의 응답을 듣기 시작한 후 일정 시간 동안 어떤 음성
도 감지하지 못할 때 NSP 시간 초과가 발생한다. 이 경우에 어떻게 대응할지는 VUI 디
자이너가 결정해야 한다. IVR 시스템의 경우에는 대개 "죄송합니다. 잘 듣지 못했습니다.
언제 여행을 가신다고 하셨죠?"라는 식의 오류 메시지를 전달하고 사용자가 대답하길 기
다린다.

어떤 시스템들은 NSP 시간 초과가 되더라도 아무것도 하지 않는다. 예를 들어 당신이
"알렉사"라고 말해 아마존 에코를 실행시키더라도 다른 얘기를 하지 않으면 8초 후에 기
기 위에 있는 파란색 불이 꺼지면서 알렉사는 아무런 반응을 하지 않을 것이다.

구글(그림 4-2 참조)은 약 5초 정도 기다린 후 사용자가 아무것도 말하지 않으면 팝업
스크린에 '피자헛 주문하기'나 '고양이 사진 보기'들과 같이 인터넷에서 가장 흔하게 검색
되는 예시들을 보여준다. 시리와 코타나도 시간을 초과한 후에 이 몇 가지 예시를 제공한
다(그림 4-3, 그림 4-4 참조).

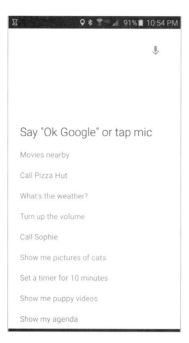

그림 4-2
NSP에 대한 구글의 대응:
사용자가 말할 법한 내용의
목록 제시

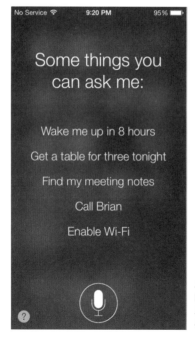

그림 4-3
NSP에 대한 시리의 대응:
사용자가 말할 법한 내용의
목록 제시

그림 4-4
NSP에 대한 코타나의
대응: 이름을 부르면서
사용자가 요청할 수
있는 옵션을 제안

2장, '기본 VUI 디자인 원칙'에서 언급한 바와 같이 아무것도 하지 않는 것이 때로는 훌륭한 선택이 되기도 한다. 이 경우에는 사용자가 시스템이 아무것도 듣지 못했다고 생각하고 다시 말할 것이 확실하기 때문이다.

NSP 시간 초과에도 시스템이 프롬프트를 실행하지 않는 예시들은 요즘 흔히 사용되는 VUI의 여러 가지 다른 방식을 보여준다. 많은 가상 비서가 아직 일회성 모드를 사용한다. 사용자가 말하기를 기다렸다가 대답하는 것으로 대화가 종료된다. IVR에서는 사용자가 대화의 중심에 있기 때문에 추가 입력이 없으면 진행할 수 없으므로 사용자에게 NSP 시간 제한을 알리는 것이 더 합리적이다.

2장, '기본 VUI 디자인 원칙'과 3장, '페르소나, 아바타, 배우 그리고 비디오 게임'에서 언급했던 아무것도 하지 않는 것과 관련된 또 다른 예시는 VUI 시스템이 비디오나 아바타를 사용하는 경우다. 시스템이 사용자가 말하는 것을 듣지 못한 경우, 보통 사람들이 대화 중에 상대방의 말을 듣지 못했을 때 행하는 반응처럼 시스템은 얘기를 계속하길 기대하는 모습을 보일 것이다.

그러나 사용자가 해결할 수 없는 곤란한 상황에서는 NSP 상황을 해결하는 것이 중요하다. 아바타가 있는 대화형 시스템에서 NSP 시간 초과가 여러 번 발생한 경우에는 사용자가 이를 해결할 방법을 제안해야 한다. 만약 시스템이 화면에 버튼을 보여주는 GUI와 같은 시각적인 사용자 인터페이스를 갖고 있다면 그것만으로도 충분하다.

GUI는 사용자가 어떤 행동을 취할 때까지 기다릴 수 있다. 온라인 사이트를 사용할 때를 생각해보면 콘서트 티켓과 같은 것을 사지 않는 이상 아무런 시간 제한이 없다.

그러나 음성만 단독으로 사용하는 시스템에서는 '적절한 시간'이 유용하다. 아이패드 앱 중 하나인 볼리오는 미리 촬영된 영상을 사용한다(http://bit.ly/2hcpvv4/). 이 앱은 「에스콰이어」에서 헤어 제품에 대한 조언을 하는 로드니 커터[Rodney Cutler] 기자와의 대화를 시뮬레이션한다. 대화하는 동안 사용자의 얼굴이 화면의 오른쪽 위 구석에 있는 그림 창에 표시된다. 사용자가 얘기해야 하는 순서가 되면 그림 창의 둘레가 초록색으로 반짝인다(그림 4-5 참조).

음성이 감지되지 않으면 아무런 일도 일어나지 않고 배우가 계속 고개를 끄덕인다거나 사용자를 쳐다보는 등의 '적극적인 청취' 모드를 시도한다.

첫 번째 단계에서 여러 번의 NSP 시간 초과가 감지되면 앱이 "뭐라도 말씀해주세요. 당신 차례잖아요!"라고 얘기한다.

「에스콰이어」의 또 다른 대화 시뮬레이션은 데이트 의상을 상담해주는 닉 설리번[Nick Sullivan] 기자와의 대화다. 이 예시는 여러 번의 잘못된 인식이나 NSP 시간 초과 후에 앱에서 어떤 상황이 발생하는지 보여준다. 먼저 오른쪽 위 구석에 있는 아이콘이 깜박인다. 사용자가 그것을 클릭하면 드롭다운 목록이 나타나 사용자가 클릭해 진행할 수 있도록 하고 사용자가 클릭하고 나면 사라진다(그림 4-6 참조).

그림 4-5
'적절한 시간'의 예시.
여러 번의 NSP 시간
초과 후 사용자에게
시각적으로 안내

그림 4-6
여러 번의 NSP 시간
초과 후 드롭다운
목록이 제공된 경우

시스템을 설계하는 동안, 왜 NSP 시간 초과가 실행돼야 하는지 시간을 들여 생각해보라. 우선 시스템이 아무것도 듣지 못했다고 생각할지라도 그것은 실수일 수 있다. 사용자가 말을 했음에도 인식기가 인식하지 못했을 가능성이 있기 때문이다.

몇몇 디자이너는 "크게 말씀하세요."나 "마이크에 좀 더 가까이 대고 말씀하세요."와 같은 프롬프트를 설계한다. 그러나 이러한 경험은 매우 실망스러울 수 있다. 만약 사용자가 듣기 힘들 정도로 부드럽게 말했을 때 사용자에게 더 크게 말하기를 요청하는 것은 사용자가 각각의 단어를 지나치게 발음하는 것을 유도하는데, 이는 인식 문제를 해결하지 못한다. 그 대신, 사용자가 다음 단계로 넘어갈 수 있도록 어떻게 안내할 것인지를 디자인해야 한다. 대개 사용자가 자신의 말을 반복하게 하거나 여러 번의 NSP 시간 초과 후 다른 방식으로 입력할 방법을 제공하는 것이 해결책이 될 수 있다.

사용자가 실제로 아무런 말도 하지 않은 경우도 있을 수 있다. 당신은 디자이너이므로 그것이 무엇을 의미하는지 생각해봐야 한다. 데이터상의 앱의 특정 부분에서 사용자가 말하지 않는 것이 포착되면 그 부분을 자세히 살펴봐야 한다. 다음 예시는 사용자가 인터넷 서비스 비용을 지불하기 위해 인터넷 서비스 제공자 앱[ISP]을 사용할 때 지속적으로 NSP 시간 초과가 발생하는 경우를 보여준다. 이어서 제시되는 예시는 이러한 상황이 발생했을 때 어떻게 대응해야 하는지를 보여준다.

ISP VUI	고객 번호가 무엇인가요?
사용자	[침묵]
ISP VUI	죄송합니다. 아무것도 듣지 못했습니다. 고객 번호를 말씀해주세요.
사용자	[침묵]
ISP VUI	아직 아무것도 듣지 못했습니다. 고객 번호를 말씀해주세요.

보다시피 이 대화는 성공하지 못했다. 사용자는 어떠한 도움도 받지 못했기 때문이다. 시스템은 단순 질문만 반복했다.

당신은 왜 이 질문이 여러 번의 NSP 시간 초과를 야기했다고 생각하는가? 사용자가 사용 요금을 지불하려고 했는데 자신의 고객 번호를 모른다고 상상해보자. 그들이 무엇을 할 수 있을까? 다음 예시는 이 경우에 사용자가 계속 진행할 수 있도록 하는 예시다.

ISP VUI	고객 번호가 무엇입니까?
사용자	[침묵]
ISP VUI	죄송합니다. 듣지 못했습니다. 고객 번호는 청구서의 제일 위에서 찾을 수 있습니다. 번호를 입력 또는 말씀하시거나 "모르겠습니다."라고 말씀해주세요.
사용자	모르겠어요.
ISP VUI	괜찮습니다. 전화번호와 주소로도 확인할 수 있습니다.

이번 예제는 어떤 점이 더 나아졌을까? 첫째, 청구서를 갖고 있는 사용자에게 고객 번호를 어디서 찾을 수 있는지 알려줬다. 둘째, 사용자가 고객 번호를 찾지 못하더라도 다른 방법을 사용해 사용자가 계속 찾을 수 있도록 했다.

너무 말이 많은 경우

드문 경우이기는 하지만 또 다른 시간 초과로 너무 말이 많은 경우[too-much-speech, TMS]가 있다. 사용자가 오랜 시간 동안 멈추지 않고 말하는 경우 발화 종료 시간 초과로 여겨진다. 사용자가 어느 시점이든 숨을 쉬기 위해 멈춰야 하므로 대부분의 시스템에서는 이러한 경우를 처리하지 않는다. 음성 인식기가 음성에 예민하게 동작하는 경우일 수 있고 그 이유도 알아내야 하므로 설치된 프로그램이 이러한 상황에 대비하도록 하는 것이 좋다.

하지만 만약 사용자가 긴 문장을 말하도록 하는 시스템을 디자인하고 있다면 사용자의 발언이 너무 길어질 경우 대화를 이어나가기 위해 사용자를 저지하는 TMS 시간 초과를 적용할 수 있다. TMS 초과 시간을 설정할 때는 데이터를 참조하는 것이 좋으며 너무 짧지 않도록 7초 내지 10초에서 시작해 조정하는 것이 좋다.

N-베스트 목록

시스템이 음성을 인식했을 때 무엇을 해야 하는지 자세히 살펴보자.

인식 엔진은 일반적으로 사용자가 말한 내용에 대해 하나의 결과만 도출하지 않는다. 그 대신, N-베스트 목록으로 불리는 결과를 도출하는데, 이 목록은 사용자가 말했을 것으로 추측되는 목록을 가능성과(일반적으로 상위 다섯~열 가지 가능성이 있는 것) 신뢰도 순으로 나열한다. 사람들이 자신이 가장 좋아하는 동물에 대해 얘기하는 재미있는 VUI 앱을 설계한다고 생각해보자.

내가 가장 좋아하는 동물 VUI	당신이 가장 좋아하는 동물에 대해 알고 싶습니다. 당신이 가장 좋아하는 동물은 무엇인가요?
사용자	글쎄, 내 생각에 지금 내가 가장 좋아하는 것은 아기 고양이인 것 같아.

이제 이 장면을 자세히 들여다보자. ASR 도구는 실제로 인식한 것의 목록을 제공하고 앱은 다음에 수행할 작업을 결정해야 한다. N-베스트 목록을 살펴보자. 이 목록은 가장 신뢰도가 높은 것부터 시작한다. 음성 인식 엔진은 항상 대문자나 구두점을 반환하지는 않는다.

1. 글쎄, 내 생각에 지금 내가 가장 좋아하는 것은 핏과 팻이야
2. 글쎄, 내 생각에 지금 내가 가장 좋아하는 것은 아기 고양이야
3. 글쎄, 나는 지금 내 팬은 아기 고양이의
4. 글쎄, 나는 지금 내 팬은 아기 고양이 박쥐
5. 글쎄, 그 지금 내가 가장 좋아하는 것은 킷과 고양이여야 해

당신은 '고양이', '개', '말', '펭귄', '카라칼' 등과 같은 동물을 찾는 시스템을 설계했다. VUI가 N-베스트 목록의 첫 번째 항목만 참고한다면 일치하는 항목을 찾지 못하고 시스템에 '일치하지 않음'을 전달해 사용자에게 "죄송합니다. 알아듣지 못했습니다. 당신이 좋아하는 동물을 무엇입니까?"와 같이 반응할 것이다.

N-베스트 목록의 이점을 이용하면 어떨까? 첫 번째 결과가 일치하지 않으면 다음 단계로 이동하고 여기서 '고양이'를 찾으면 성공이다.

N-베스트 목록이 유용한 또 다른 경우는 사용자가 정보를 수정할 때다. N-베스트 목록이 없으면 계속 잘못된 옵션을 반복해 제안할 수도 있다.

여행 VUI	어떤 도시에서 출발하는지요?
사용자	보스턴
여행 VUI	오스틴 말씀이신가요?
사용자	아니. 보스턴이요.

당신이 상상하는 것처럼 순식간에 짜증 나는 상황이 될 것이다. 그러나 VUI가 N-베스트 목록을 이용하는 경우, 스킵 목록에 거부 항목을 넣을 수 있다. 오스틴이 스킵 목록의 첫 번째 항목일 경우, 목록의 다음 항목으로 이동하는 것이다.

음성 인식의 도전 과제

지금까지 음성 인식 엔진의 최고 기능들을 활용할 수 있는 방법에 대해 얘기했다. 이제 기술적으로 아직 발전하지 않은 것들에 대해 얘기해보자.

일부 통계에 따르면 ASR의 정확도는 90%를 넘었지만 이는 이상적인 조건에서의 정확도임을 명심하자. 여기서 이상적인 조건은 대개 성인 남성이 조용한 방에서 좋은 마이크를 사용한 경우를 의미한다.

그럼, 현실을 살펴보자.

VUI 설계 시 직면하게 될 몇 가지 도전 과제에 대해 살펴보자. VUI 디자이너로서 이들 중 많은 부분은 당신의 통제에서 벗어나는 것이다. 기술의 발전을 기다리는 것 외에 당신의 해야 할 일은 이러한 통제에서 벗어난 것들이 존재한다는 것을 알고 이를 회피할 수 있는 최선의 디자인을 하는 것이다.

소음

ASR의 가장 어려운 과제 중 하나는 잡음을 처리하는 것이다. 고속도로, 사람이 많은 음식점, 분수대 근처 등에서의 소음이 포함된다. 사용자가 말할 때 갑자기 옆에서 개가 짖거나 부엌에서 요리를 하는 동안 뜨거운 프라이팬에 야채를 볶는 소리 등의 소음도 포함된다.

다른 도전 과제는 사이드 스피치(앱이 듣는 동안 주변에서 친구나 동료와 대화할 때)로, 뒤로 들리는 텔레비전 소리, 동시에 여러 사람이 말하는 소리 등을 포함한다.

조금 전에 언급했듯이 VUI 디자이너로서 이런 문제들에는 할 수 있는 일이 많지 않으므로 가장 좋은 방법은 사용자가 시스템이 이해하지 못했을 때 시간을 더 가질 수 있도록 배려한다는 점을 기억하는 것이다. 당신이 해야 할 일은 이 책에서 설명한 기술에 따라 가능한 한 많이 오류 상황을 회피하는 것이다. 때로는 앱이 문제가 무엇인지 추측하고 사용자에게 덜 시끄러운 환경으로 이동하고 마이크에 좀 더 가까이 대고 얘기하도록 지시할 수도 있지만 사용자에게 이러한 제안을 하는 것은 너무 많은 위험이 따른다. 오류를 확대하고 사용자가 음성 이외의 다른 방법으로 계속할 수 있도록 도움을 제공하는 데 중점을 두자.

기술은 빠르게 발전하고 있다. 사람이 많고 밴드 연주로 시끄러운 음식점에서도 내 전화 앱의 ASR은 여전히 검색 쿼리를 이해할 수 있었다. 휴대전화의 마이크 방향성이 개선되면서 좀 더 나아지고 있다.

다중 스피커

사이트 레딧Reddit의 다니엘토비danieltobey라는 사용자는 "오케이 구글"이라고 말하면 휴대

전화가 깨어나는 기능을 막은 이유를 다음과 같이 설명하고 있다.

> "저는 소규모 사무실에서 몇 명의 사람들과 함께 일하고 있습니다. 우리 모두 안드
> 로이드 스마트폰을 갖고 있습니다. 어느 날 우리는 "오케이 구글"로 모두의 휴대폰
> 을 활성화시킬 수 있다는 것을 알았습니다. 우리 중 누구든지 큰 소리로(사무실이
> 조용함) "오케이 구글"이라고 말할 때마다 모든 휴대폰이 깨어나 듣기 시작했습니
> 다. 당연히 그 이후 우리는 휴대폰에서 이 기능을 비활성화했습니다. "오케이 구
> 글, 나중에 점심 도시락 가방을 집에 가져가라고 말해줘."라는 말을 할 수 있는 좋
> 은 기능을 가졌더라도 모든 다른 사람에게 나의 점심 도시락 가방을 집에 가져가
> 도록 상기시키는 것은 좋지 않기 때문입니다."

사용자가 자신의 음성에만 반응하도록 교육할 수 있는 새로운 기술이 발전하고 있지만
(이 글을 쓰는 당시, 구글은 이 기능이 있는 초기 버전이 있음) 누가 말하고 있는지를 식
별하는 것은 여전히 도전 과제다. 사용자가 "안녕, 시리, 캘리포니아 월넛 크릭의 가장 맛
있는 음식점을 알려줄 수 있을까?"라는 쿼리를 넣는 중간에 당신의 동료가 말하기 시작
하면 컴퓨터는 누구의 말을 들어야 할지 어떻게 알 수 있을까?

또한 캐런 카산스키가 2016 오라일리 디자인학회 연설에서 말한 바와 같이 여기에는 당
연한 문제가 있다. 내가 요청할 때 어떤 장치가 응답해야 하는가? 애플 워치, 아이폰을
갖고 음성 명령에 응답하는 자동차를 타고 있다고 생각해보자. 운전 중 "어젯밤 게임 점
수를 알려줘."라고 말하면 어떤 장치가 응답해야 할까?(그림 4-7 참조)

그림 4-7 음성에 어떤 것이 반응해야 하는가?: 시계, 휴대폰, 자동차?
(캐런 카산스키의 허가하에 사용된 사진)

대답은 간단하다. 어느 것이든 상관없다. 이 주제는 8장에서 자세히 살펴본다.

어린이

ASR이 어린이(특히 매우 어린 자녀)를 정확하게 인식하는 것은 훨씬 어렵다. 그 이유 중 하나는 어린이가 짧은 성대를 갖고 있기 때문에 음역대가 높고 그 유형에 대한 데이터가 훨씬 적기 때문이다. 또 다른 이유는 어린아이들이 두서없이 말하거나, 더듬거리나, 오래 멈추거나, 반복하는 경우가 많기 때문이다.

특히 어린이를 위한 앱을 디자인하는 경우, 이를 염두에 둬야 한다. 다음과 같이 일반적인 디자인 방법이 유용할 것이다.

- 게임이나 대화형 앱을 디자인할 때 100% 완벽하게 이해하는 것이 중요하지 않은 인터랙션을 허용한다. 예를 들어 마텔^{Mattel}과 토이토크의 헬로 바비^{Hello Barbie} 인형(그림 4-8 참조)은 "어른이 되면 무엇이 되고 싶어요?"라고 묻는다. "수의

사"와 "기술 스타트업 CEO"와 같은 확실한 대답에 응답하는 것 외에 특정 직업명과 일치하지 않을 경우에 대해 일반적인 응답을 하는 것이다. 예를 들어 바비가 "좋은 생각이네. 나는 우주 원예사가 되고 싶어"라고 응답할 수 있다. 구체적인 대응이 제공되지 않더라도 대화는 자연스럽게 진행된다.

- 정보가 필요한 경우, 그래픽 대안을 제공한다. 예를 들어 통증 관리 애플리케이션에서는 아이가 아픈 곳을 선택할 수 있도록 인체 그래픽을 제공하면서 어린이에게 어디가 아픈지를 물어보는 것이다.

이 전략들은 모든 연령의 사용자를 대상으로 사용할 수 있지만 어린이들에게 특히 유용하다.

그림 4-8 마텔과 토이토크의 헬로 바비(http://hellobarbiefaq.mattel.com/)

이름, 철자, 글자와 숫자의 혼합

특정 유형의 응답들은 ASR 도구에서 다루기 더 어려운 경우가 있다. "예"와 "아니요"와 같은 매우 짧은 응답은 "예, 할 수 있습니다.", "아니요, 감사합니다."와 같이 긴 문구보다 인식하기가 훨씬 더 어렵다. 짧은 문구는 데이터양이 적기 때문이다. 사용자가 로봇 같지 않고 자연스럽게 말하도록 유도하면 인식 정확도를 높일 수 있다.

ASR 도구는 더 많은 맥락을 알수록 더 좋아진다. 지금까지 ASR 도구는 언어와 사람들이 실제로 말하는 것에 대해 많은 것을 배웠고 이를 통해 개선해왔다. 당신이 말을 하는 동안에도 그림 4-9와 같이 인식 결과를 개선한다.

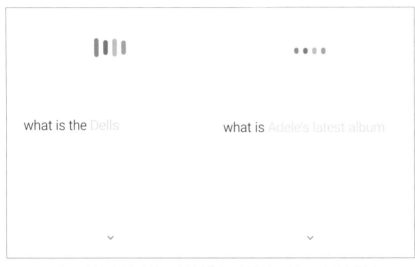

그림 4-9 "아델의 최신 앨범은 무엇입니까?"라고 말했을 때 오케이 구글의 인식 결과가
처음 "델이 무엇입니까?"에서 "아델의 최신 앨범은 무엇입니까?"로 변경된다.

이름, 철자 및 문자와 숫자의 혼합 문자열 또한 어렵다. 이때는 사용자에게 정확성을 위한 항목 입력을 요청할 수 있도록 GUI를 사용하는 것이 매우 유용할 수 있다. 이름이 까다로운 이유는 엄청난 다양성과 같은 이름도 철자가 여러 가지이기 때문이다. 예를 들어 '캐시'라는 이름도 만일 내가 "캐시Cathy"라고 말했을 때 시스템이 '캐씨Kathy'로 인식하고 예약을 찾는다면 실패할 것이다. 심지어 사람들은 한 글자를 이해하는 데도 어려움을 겪으므로 우리는 군대 등에서 사용하는 '음성 알파벳phonetic alphabet'– 알파, 브라보, 찰리 등 –과 같은 것이 필요하다.

사용자가 이러한 항목을 말로 선택해야 하거나 GUI 옵션을 사용할 수 없는 경우, 최선의 방법은 잘 알려진 데이터를 이용하는 것이다. 몇 가지 예는 다음과 같다.

- 신용카드 검사 합계(일련의 숫자가 유효한 신용카드 번호인지 확인하는 알고리즘)
- 등록된 사용자 이름 목록
- 우편 번호 검증(예: 특정 우편번호가 유효한 우편번호 형식을 따르는지 판단)
- 현재 위치에서 가장 가까운 도시들

사전에 수집된 목록 및 맥락을 사용하면 잘못된 결과를 버리고 가능성이 높은 순위를 지정할 수 있다.

정보 보호

사용자가 마침내 앱을 시험해보고 당신이 데이터를 수집하기 시작하면 매우 흥미진진해진다. 사람들이 시스템에 뭐라고 말하는지 알고 싶을 것이고 시스템을 개선하기 위해 그 정보를 사용할 것이다. 하지만 기본 정보 보호 검사를 반드시 받아야 한다. 당신은 선의를 갖고 있을지 모르지만 그렇다고 해서 사용이 허용되지는 않는다.

당신을 위한 데이터가 아닌 것을 저장하지 말라. 기동어를 계속 듣고 있는 장치가 있는 경우, 사용자가 기동어를 말하기 전에 얘기하는 내용을 저장하지 말라. 사용자는 개인 정보 보호를 기대하기 때문에 이런 데이터는 평상시에도 보존되거나 저장돼서는 안 된다. 점점 더 많은 음성 인식 장치가 가정에서 사용되고 있기 때문에 개인 정보의 우선순위를 정하는 표준을 마련해 사용자를 안심시키는 것이 중요하다.

아마존 에코는 기동어 "알렉사"를 듣기 위해 항상 듣고 있지만 "알렉사"가 인식되기 전까지의 오디오는 버려지고 "알렉사"가 인식된 시점 이후의 오디오만 클라우드 기반 인식이 시작된다. 지보 로봇도 이와 같은 접근 방식을 취하고 있다. 항상 듣기는 하지만 "헤이! 지보"라고 말하기 전에는 대화를 저장하지 않는다.

마텔과 토이토크의 헬로 바비는 벨트의 버클이 눌렸을 때만(푸시-투-토크) 듣기 때문에 어린이가 하는 모든 대화를 듣지 않는다.

시스템에 적용되는 데이터의 경우, 즉 사용자가 앱/장치와 대화하고 있는 경우, 사용자를 특정할 수 있는 모든 정보가 제거됐는지 확인하자. 오디오 샘플은 보관할 수 있지만 계좌 번호, 생일 등 개인 정보와 관련이 없어야 한다. 또한 앱 로그의 인식 결과에서도 중요한 정보를 제거한다는 것을 염두에 두자.

결론

VUI 디자이너로서 설계 중인 기술의 기초를 이해하는 것은 중요하다. ASR 도구의 강점과 약점을 알고 있으면 다른 앱보다 나은 성능의 앱을 디자인할 수 있다. 좋은 인식 정확도를 가진 시스템을 사용하는 것은 전체 그림의 일부분일 뿐이다. 인식된 것을 중심으로 한 디자인은 좋은 사용자 경험의 중요한 부분을 차지한다.

끼어들기, 시간 종료, 끝점 탐지 및 다양한 환경의 도전 과제들을 이해하면 최상의 VUI를 만드는 데 도움이 될 것이다.

5장

고급 VUI 디자인

2장, '기본 VUI 디자인 원칙'에서는 VUI 디자인의 기본에 대해 살펴봤다. 5장에서는 VUI 설계에서 기능성과 유용성을 넘어 더 나아간 주제에 대해 살펴보자. 먼저 매력적이면서도 사용하기 쉽고 성공적인 VUI를 어떻게 만들 수 있는지 살펴보자.

시리와 아마존 에코 모두 인기 있는 VUI다. 최근 에코가 인터페이스에 대해 많은 칭찬을 받았는데 시리와 에코 모두 비슷한 작업을 수행함에도 왜 에코가 시리보다 더 나은 사용자 경험을 제공하는 것일까? 그 이유는 에코는 처음부터 음성 인터랙션만을 염두에 두고 설계됐기 때문이다. 반면, 시리는 단지 아이폰[iPhone]을 사용하는 또 다른 방법으로 설계됐다.

캐서린 위튼턴[Kathryn Whitenton]은 "에코는 다른 무엇보다 음성 인터랙션에 우선순위를 뒀다."라고 기술하면서 다음과 같이 덧붙였다.

> "시리가 음성으로 검색어를 입력해 웹 검색을 신속하게 처리하는 것은 매우 가치 있는 일이지만 웹 검색어로만 사용자 질문을 해석하면서 발생하는 편견은 다른 작업을 수행할 때 오류율을 높일 수 있다. 에코가 좀 더 기능성에 집중하고 있음은 여러 개의 타이머를 설정하는 경우(대표적인 예시: 요리)에 더욱 잘 드러난다. 새로운 타이머 설정을 요청하면 알렉사는 "40분짜리 두 번째 타이머를 지금부터 시

작합니다."라며 요청에 응답하는 반면, 하나의 타이머를 가진 시리는 "기존에 실행되고 있는 타이머가 9분 42초 남았습니다. 타이머 설정을 바꾸시겠습니까?"라고 되묻는다.

첫 시작부터 사용자의 명령을 제대로 듣지 못하는 것은 결정적인 사안으로 디지털 타이머를 힐끗보거나 방을 가로질러 걸어가 스위치를 물리적으로 켜는 등과 같은 간단한 작업의 경우, 기존의 물리적 방법들보다 음성 시스템이 좀 더 복잡하고 오랜 시간이 걸릴 수 있다. 새로운 기술은 기존 방법을 대체할 수 있을 정도로 작업을 더욱 빠르고 쉽게 해결할 수 있어야 한다. 간단한 작업에서 음성 탐지 오류가 발생하면 대체되기 어렵다."[1]

지금까지 논의한 내용의 상당 부분은 NLU에 대한 것이 아니라 VUI의 음성 인식 부분과 관련돼 있다. 음성 인식은 단순히 인식 엔진이 반환한 단어를 의미한다. NLU는 이러한 응답들을 어떻게 해석하는지에 대한 방법이다. 오늘날 음성 인식 정확도가 향상되면서 좋은 VUI를 설계하는 데 있어서의 도전 과제는 인식 기술 그 자체보다도 입력이 처리되는 방법인 NLU에 있다.

이제 VUI가 입력에 응답할 수 있는 다양한 방법에 대해 살펴보자.

음성 입력 기반 분류

지금까지는 다양한 유형의 유효 음성 입력을 처리하는 방법에 대해 깊게 살펴보지 않았다. 모든 음성 입력이 일정하지는 않을 것이다. 사용자가 무엇을 말할지 예상하는 것과 그것을 어떻게 처리할지는 매번 다를 수 있다.

먼저 기본적인 유형의 응답을 시작으로 좀 더 살펴보자.

---

1   Whitenton, K.(2016). "The Most Important Design Principles Of Voice UX." Retrieved from https://www.fastcodesign.com/

제한된 응답

시스템에서 "항공 예약을 원하십니까?" 또는 "좋아하는 색이 무엇입니까?"와 같은 매우 기본적인 질문을 하는 경우가 있다. 이런 질문들은 제한된 응답을 수반한다. 첫 번째 질문의 경우에는 "예", "아니요"라는 응답을 기대할 수 있다. 두 번째 질문의 경우에는 입력 가능한 색상 목록이 존재한다. 만약 사용자가 색상 목록 이외의 답을 말하면 음성 시스템은 이를 처리하지 못할 것이다.

제한된 응답의 예는 다음과 같다.

- 예[Yes]: 예[yes], 예에[yeah], 그럼요[sure], 당연하죠[of course], 옙[Yep]
- 아니요[No]: 아니[nope], 아뇨[naw], 아니아[nah], 아니요[no]
- 색상[Colors]: 빨간색[red], 노란색[yellow], 파란색[blue], 초록색[green], 보라색[purple], 마젠타[magenta], 핑크[pink], 흰색[white], 검은색[black], 연초록색[chartreuse], 적갈색[maroon], 회색[gray]

ARS 도구에서 음성 인식 결과가 전달되면 간단한 검색 작업을 수행한다. 인식 결과가 답변 예상 목록에 있는가? 예를 들어 만약 사용자가 "예, 항공편을 예약해주면 정말 좋겠군요."라고 말한다면 대답에서 "예"라는 단어를 발견해 일치시키고 작업을 완료할 수 있다.

다음은 제한된 응답을 포함하는 몇 가지 다른 예시다.

- "찾고 계신 식당의 이름을 말해주세요."
- "어떤 도시로 여행하려 합니까?"
- "당신의 주요 증상은 무엇입니까?"
- "어떤 노래를 듣고 싶습니까?"

이 질문 중 일부는 답변 목록 자체가 상당히 길 수도 있지만 답변은 하나의 카테고리에 국한된다.

여러 가지 방법으로 말한 것을 하나의 뜻으로 매핑했을 때 각 경우별로 응답 프롬프트가 달라져야 한다. 내가 봤던 한 챗봇은 "그게 무슨 뜻인지 이해되십니까?"라고 물어봤고 그 대답으로 "그거 난해하군요.^{deep}", "별로요.", "변변치 않네요."의 세 가지 반응을 할 수 있었다. 챗봇은 내가 "예"라고 입력한 것을 "그거 난해하군요."로 매핑했다. 이는 흐름 상 이해할 수 있고 본질적으로는 같은 의미를 지니지만 이에 대한 응답 프롬프트로 "깊이 ^{depth}와 어떤 관련이 있는지 모르겠습니다."라고 해 "예"에 대한 응답에 맞지 않아 사용자 가 이상하다고 느끼게 된다.

또한 일반적으로 잘못 인식된 결과를 올바로 매핑하는 것도 중요하다. 예를 들어 "괜찮아 ^{fine}"이라는 단어 자체는 종종 "찾는다.^{find}"로 잘못 인식된다. 나는 이것이 "오늘 기분이 어 때$^{How\ are\ you?}$"라는 질문에 대한 응답으로 자주 나타나는 것을 봤다.

> ✎ **NOTE**
>
> 짧은 단어는 긴 구절보다 해석과 음성 인식 면에서 처리하기 어렵다. 그래서 짧은 "괜찮아 (fine)." 보다 "나는 괜찮아(I am fine)."가 좀 더 정확하게 인식될 가능성이 높다.

이를 해결하기 위해, 이와 같은 상황에서는 "찾는다."라는 단어를 "괜찮아."로 매핑하는 것이 가능하다. 또 다른 예시는 사용자가 "수영장의 깊이^{depth}가 얼마나 됩니까?"라고 물 었을 때 "수영장의 죽음^{death}이 무엇입니까?"로 인식하는 경우다. 만약 이것이 자주 일어 난다면 허용 핵심 문구에 "수영장의 죽음$^{pool\ death}$"이라는 단어를 추가하자. N-베스트 목 록을 사용해 "수영장의 깊이$^{pool\ depth}$"를 목록의 뒤쪽에 기재하는 것이 도움이 될 것이다. 무조건 답변 목록의 첫 번째를 선택하는 것보다 관련성 높은 단어가 나타날 때까지 매칭 해나간다면 VUI의 정확도가 자동으로 향상될 것이다.

공개 연설

저자, 마크 아니스트$^{Mark\ Anikst}$, 리사 폭슨은 볼리오에서 일회성뿐 아니라 대화형 VUI 앱 에서 특히 유용하게 쓰일 수 있으며 명시적으로 입력을 처리할 필요 없이 대화가 자연스럽게 흐르길 원하는 상황을 위한 기술을 개발했다.

예를 들어 다음은 볼리오의 원맨쇼 코믹 앱에서 로비 피커드가 작성한 대화 상자다.

코미디언	이봐, 일찍 일어났네. 나는 코미디언이야. 나는 보통 정오까지 자는데. 너 뭐하고 있니?
사용자	나는 성대한 아침을 먹기 위해 일찍 일어났지!
코미디언	운이 좋구나. 나는 청소기 소리 때문에 오전 6시에 깼어.

다음은 같은 앱이지만 사용자가 다르게 응답하는 경우다.

코미디언	이봐, 일찍 일어났네. 나는 코미디언이야. 나는 보통 정오까지 자는데. 너 뭐 하고 있니?
사용자	이봐⋯ 나 일하러 가야 해.
코미디언	운이 좋구나. 나는 청소기 소리 때문에 오전 6시에 깼어.

이 경우, 사용자가 응답한 내용이 그 다음 대화에 중요하지 않으므로 일반적으로 답변하는 것이 적절하다.

또 다른 전략은 다음의 건강 앱 예시처럼 사용자에게 누군가가(예를 들어 의사와 같이) 그의 답변을 듣게 될 것임을 사용자에게 알리는 것이다.

가상 간호사	겪고 계신 두통 증상에 대해 좀 더 말해주세요.
사용자	음, 보통 저녁에 두통이 시작돼 두세 시간가량 지속되요.
가상 간호사	감사합니다. 이 내용을 담당 의사와 공유하겠습니다.

VUI가 명시적으로 처리하지 않더라도 이 방법은 자연스러운 대화 모드에서 정보를 얻을 수 있는 좋은 방법이다. 이 경우, 사용자가 이 정보를 검토할 사람이 누구인지에 대해 철저하게 알도록 해야 신뢰의 문제가 생기지 않을 것이다.

입력의 범주화

때로는 카테고리에 특정 응답 목록이 있는 것보다 좋음과 나쁨 또는 행복함과 슬픔과 같은 더 광범위한 범주가 필요할 수 있다. 이 경우에는 응답이 정확한 항목이 아닌 범주로 분류된다.

기분이 어때?

- 행복한: 행복한^{Happy}, 기쁜^{Joyful}, 정말 좋은^{Great}, 흥분되는^{Excited}, 좋은^{Good}
- 슬픈: 슬픈^{Sad}, 침울한^{Depressed}, 불쾌한^{Bad}, 불행한^{Unhappy}, 비참한^{Miserable}

VUI는 이러한 답변들을 특정한 항목이 아닌, 범주^{categories}로 처리할 수 있다.

가상 친구	기분이 어때?
사용자	음, 솔직히 말해서 좀 우울해.
가상 친구	그 말을 들으니 안 됐어. 나에게 좀 더 말해줄래?

가상의 친구가 "너 우울한 것 같아."라고 말하지 않은 것에 주목하라. 이 경우, 사용자가 기분이 좋지 않다는 것을 표현한 정확한 방법을 확인할 필요 없이 그냥 받아들인다.

와일드카드와 논리적 표현

특정 키워드 또는 핵심 문구를 찾기 위해 먼 길을 갈 수도 있지만 NLU의 다음 단계로 넘어가려면 더 복잡한 사양을 허용하는 것이 유용하다. 와일드카드를 사용하면 특정 단어를 명시화할 필요 없이 반복할 수 있으므로 더 많은 유연성을 얻을 수 있다.

같은 단어가 반복될 수 있으므로 와일드카드 시나리오가 유용할 수 있다.

- 내 컴퓨터는 정말로* 느리다("내 컴퓨터는 느리다." "내 컴퓨터는 정말 느리다." "내 컴퓨터는 정말 정말 느리다.")

논리적 표현 또한 인식의 정확도를 넓혀줄 것이다. 컴퓨터에 문제가 있는 사람들 위한 기술 지원 VUI를 만들고 있다고 가정해보자. 다음과 같은 간단한 주요 구문 목록으로 시작할 수 있다.

- 블루 스크린이 나타나면서 멈춘 경우
- 인터넷이 동작하지 않는 경우
- 비밀번호를 잊어버린 경우
- 프린터가 동작하지 않는 경우

목록을 작성하다 보면 사람들이 이러한 문제를 상당히 다양한 방식으로 표현한다는 것을 깨닫게 될 것이다. 그래서 모든 변수를 쓰는 것은 엄청난 작업이다. 하지만 일반적인 패턴이 있다. 그리고^{and}/또는^{or}을 사용하면 다음과 같은 결과를 얻을 수 있다.

- 잊어버렸다 그리고^{and} 비밀번호("아빠가 또 비밀번호를 잊어버렸어요.", "내 비밀번호가 생각나지 않아요… 잊어버렸어요.")

이 모든 것들이 큰 부하 없이 인식 정확도를 높이는 데 큰 도움이 된다.

명확화

다음은 명확화라는 또 다른 복잡한 영역에 대해 살펴보자.

인간이 항상 명확하지는 않다. 사람들과 얘기를 나눌 때도 다른 사람이 의미하는 바를 이해하기 위해 종종 추가 질문을 해야 할 때가 있다. 당신이 카페에서 일한다고 상상해보자. 손님이 걸어 들어와 "큰 크기로 부탁합니다."라고 말한다. 당신은 손님이 커피를 주문하는 것에 대해 말하는 것 같긴 하지만 커피가 아닌 다른 음료들도 판매하고 있기 때문에 다음과 같은 추가 질문을 해야 한다. "큰 크기의 커피입니까, 차 또는 주스입니까?"

VUI 역시 이와 같은 상황에 직면하게 될 것이다.

충분하지 않은 정보

위의 "큰 크기"라고만 말하며 커피를 주문한 예와 같이 사람들은 말할 때 항상 충분한 정보를 전달하지 않는다. 스프링필드의 날씨를 물어보는 예시를 살펴보자. 미국에는 스프링필드라는 이름을 가진 34개의 마을과 도시가 있다. 만약 내가 지금 미국에 있는 상태에서 "스프링필드의 날씨는 어떻습니까?"라고 물어본다면 시스템은 내가 지금 미국 내 어떤 주에 있는지 물어봐야 한다. 나는 다른 가상 비서들이 이를 어떻게 처리하는지 확인하기로 했다. 그리고 가상 비서들 중 그 어느 것도 명확하지 않다는 것을 알게 돼 다소 놀랐다. 내가 시험해봤던 일곱 종류의 가상 비서들은 모두 어떤 추가 질문도 없이 나 대신 그냥 도시를 선택해버렸다!("스프링 필드의 날씨는 무엇입니까?"라는 질문이 정확하게 인식된 것을 화면을 통해 확인했다.) 나는 캘리포니아에 있었지만 가상 비서들이 선택한 도시는 표 5-1과 같이 그 범주가 크게 선택됐다. 사실, 한 번도 나에게 어떤 주인지 말한 적이 없었지만 단순히 "스프링필드"라고 말했으므로 가상 비서가 어떤 주의 스프링필드를 선택했는지 알지 못한다(그림 5-1 참조).

표 5-1 일곱 종류의 가상 비서가 선택한 "스프링필드"

가상 비서 종류	스프링필드
하운드	스프링필드, 오레곤
코타나	스프링필드, 일리노이
Api.ai Assistant	스프링필드, 일리노이
시리	스프링필드, 미주리
구글	스프링필드, 미주리
알렉사	센트럴 코스트, 오스트레일리아
로빈	스프링필드, ?

그림 5-1
가상 비서 로빈이
선택한 스프링필드가
어떤 것인지 확실하지
않다.

이러한 경우를 처리하는 더 좋은 예를 디자인해보자.

> **사용자**　　　스프링필드의 날씨는 어떻습니까?
>
> **가상 비서**　　어느 주의 스프링필드를 말씀하십니까?
>
> **사용자**　　　일리노이
>
> **가상 비서**　　일리노이의 스프링필드는 현재 75도입니다.

'충분치 않은 정보'라는 범주에 해당하는 또 다른 예시는 의도가 빠진 경우다. 기술 지원의 경우, 만약 사용자가 "인터넷을 하는 데 도움이 필요해."라고 말한다면 이는 아마 인터넷 연결이 잘 안 되거나 와이파이를 설정하는 데 도움이 필요하다는 뜻일 것이다. 일치하는 항목이 없기 때문에 사용자의 요청을 아예 무시하기보다는 일상적인 주제에 대한 목록을 준비하고 그들의 의도를 묻는 후속 질문을 하자.

기술 지원 비서	안녕하세요, 저는 기술 지원 비서인 팻[Pat]입니다. 무엇을 도와드릴까요?
사용자	인터넷을 사용하는 데 도움이 필요해요.
기술 지원 비서	인터넷이요? 네, 그럼요. 도와드리겠습니다. 먼저 몇 가지 정보를 확인할 게요.
	와이파이 설정, 온라인 정보 검색, 인터넷 연결 설정을 도와드릴 수 있습니다. 어떤 것을 도와드릴까요?

너무 많은 정보의 제공

명확화가 필요한 또 다른 상황은 사용자가 너무 많은 정보를 제공하는 경우다. 이는 사용자가 하나의 질문에 대해 대답하면서 자연스럽게 더 많은 정보를 제공할 때 종종 발생한다. 예를 들어 의료 앱에서 "주요 증상은 무엇입니까?"라고 묻는 경우를 살펴보자. 한 번에 하나의 증상만 처리할 수 있도록 만들어진 프로그램임에도 사람들은 종종 "열이 나고 기침을 해."라고 대답한다.

이 경우를 위한 몇 가지 전략은 다음과 같다.

- 먼저 인식한 증상 선택하기(발열)
- 열과 기침은 처리 가능한 증상이 아니므로 답변 거부하기
- 모호함 없애기

가장 이상적인 방법은 모호함을 없애는 것이다. 한 번에 하나의 증상만 해결한다는 사실을 숨길 필요가 없으며 사용자가 도울 수 있도록 하자.

건강 비서	주요 증상은 무엇입니까?
사용자	열이 나고 기침을 해.

건강 비서	둘 중 지금 가장 불편한 증상은 어떤 것입니까?
사용자	기침... 정말 지독해.
건강 비서	네, 그러면 기침부터 시작하겠습니다. 그후 발열에 대해서도 도와드리겠습니다.

이 경우에는 시스템이 사용자에게 가장 심한 증상에 먼저 집중하자고 요구했다. 이 역시 도움이 될 것이고 유용한 경험이 될 수 있다. 이 디자인에 대한 두 가지 요점은 다음과 같다.

- 사용자가 먼저 열이 있다고 말했다면 나중에 기침에 대해 질문할 때 열에 대한 질문은 하지 말라. 시스템에 대한 신뢰를 잃을 것이다.
- VUI 시스템 제작자는 종종 시작 단계에서 모든 사용법을 알려주면 사람들이 제대로 말할 것이라고 생각한다. 앞에서의 질문을 "주요 증상을 말씀해주세요. 그 대신 한 가지만요."라고 수정하고 싶을 테지만 이는 바람직하지 않다. 첫째, 이는 대화를 부자연스럽게 만든다. 둘째, 그럼에도 불구하고 많은 사용자가 이를 무시할 것이다. 어찌 됐든 이에 대응할 방법을 대비해야 한다. 실제 사용자들을 이용해 사용자 테스트를 수행하면 최고의 응답을 이끌어낼 문구를 고안하는 데 도움이 될 것이다.

또 다른 예는 다음과 같이 사용자가 "둘 다."라고 말한 경우다.

가상 비서	지도와 전화번호 중 어떤 것을 원하십니까?
사용자	둘 다.
가상 비서	알겠습니다. 지도를 먼저 드린 후, 전화번호를 드리겠습니다.

명확화가 사용되는 일반적인 예로 전화 거는 것을 들 수 있다. 구글에게 내 연락처 목록에 있는 누군가에게 전화 걸기를 요청했는데 2개 이상의 전화번호가 있는 경우, 두 번호가 모두 표시되며 "네, 알겠습니다. 휴대전화로 걸까요, 직장 번호로 걸까요?"라고 물어 명확화한다.

만약 내가 아무런 말도 하지 않으면 구글은 "계속하려면 어떤 전화번호로 걸지 말해주세요. 예를 들어 '첫 번째 번호'라고 말할 수 있습니다."라고 말한다. 물론 다른 방법도 가능하다. 원하는 번호를 탭할 수도 있다(그림 5-2 참조). 운전 중이거나 다른 핸즈프리가 필요한 상황일 수도 있기 때문에 목소리를 사용할 수 있는 것이 중요하다.

이는 일반적인 작업의 흐름이다. 에이피아이^{API}의 비서는 그림 5-3에서 설명한 것과 비슷한 방법을 사용한다.

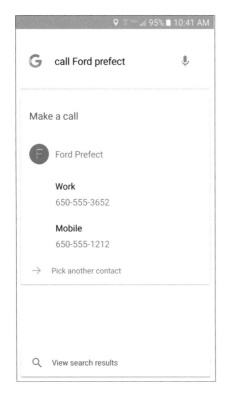

그림 5-2
구글이 어떤 번호로 걸지의 모호함을 제거하는 방법

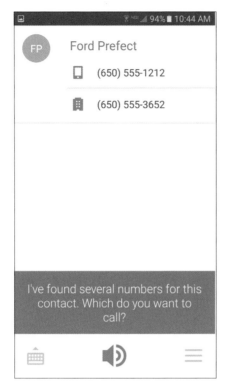

그림 5-3
비서의 통화 시의 모호함 제거

시간이 지남에 따라 시스템도 발전됐다. 예전에는 내가 어떤 연락처로 문자를 보낼 것을 요청했을 때 구글은 집 또는 휴대전화로 문자를 보낼 것인지 물었다. 그러나 최근에는 휴대전화번호로 보내는 것이 기본값으로 설정돼 있는데 이는 집 전화로 문자 보내는 것이 불가능하기 때문에 당연한 설정이다.

부정(죰定) 처리

얼마 전 피자 챗봇을 사용해봤다. 챗봇이 토핑에 관해 물었고 나는 "버섯, 페페로니는 빼고!"라고 입력했다. "네, 버섯 페퍼로니 피자 배달 주문받았습니다. 맞습니까?"라는 확인 메시지(그림 5-4 참조)가 화면에 표시됐다.

그림 5-4
부정을 무시하는
피자 챗봇[1]

이는 "아니^{not}", "아니요^{no}", "둘 다 아니요^{neither}"와 같은 부정적인 응답에 주목해야 하는 중요성을 보여준다. "오늘 어떠니?"라는 질문에 사용자가 "그다지 좋지 않아$^{Not\ very\ good}$"라고 답했을 때 VUI가 "좋다^{good}"라는 말만 인식하고 "정말 다행이다."라고 답했다고 상상해보자. 사용자는 아마도 VUI가 냉소적이거나 멍청하다고 생각할 것이며 두 경우 모두 좋은 인상을 남기지 못하게 된다. 이에 대응하기 위해서는 많은 작업이 필요하지만 이를 무시했을 때 치를 비용은 훨씬 더 클 것이다.

하운드에는 이를 처리하는 좋은 사례가 있다. "일본 식당을 제외한 인근 동양 음식점 리스트를 보여줘."라고 말하면 다음과 같이 처리한다(그림 5-5 참조).

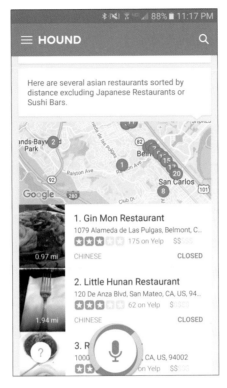

그림 5-5
레스토랑 검색 시
하운드의 예외 처리
사례

의도와 대상 포착하기

VUI가 더욱 복잡해질수록 음성 입력을 처리하는 전략은 똑똑해져야 한다. 기존의 예는 일반적으로 사용자가 하나의 '의도' 또는 '행동'을 지닌다. 명확화의 예에서는 사용자가 "인터넷"이라고 말했을 때 시스템이 사용자가 어떤 도움이 필요한지 명확화하기 위한 질문을 한다.

고급 시스템은 대상에 따라 의도를 판단할 수 있다. 달력 보기, 이벤트 추가하기, 일정 취소 등과 같이 여러 가지 작업을 수행할 수 있는 시리를 예로 들어보자. 이러한 유형의 시스템에서는 단순히 '달력'이라는 키워드를 매칭하는 것만으로는 충분하지 않다. 그 대신

VUI의 NLU 모델은 이어지는 문장이 달력과 관련돼 있지만 궁극적으로는 다른 작업을 수행하게 된다는 것을 이해하도록 훈련돼야 한다.

- 내 달력 보기
- 내 달력에 일정 추가하기
- 내 달력에서 내 회의 삭제하기

이러한 유형의 모델(또는 더 복잡한 모델)을 설계하는 것은 이 책의 범위를 벗어난다. 이러한 복잡한 모델을 만드는 데 사용할 수 있는 외부 전문 도구들이 있다. 이 도구들은 사용자가 VUI와 상호 작용할 수 있는 보다 복잡한 방법을 구축할 수 있는 예제 샘플 세트를 제공한다. 그 예로는 뉘앙스 커뮤니케이션즈의 믹스$^{Nuance\ Mix}$, 구글의 Api.ai, 페이스북의 Wit.ai, 하운디파이^{Houndify}, 마이크로소프트의 루이스^{LUIS}, 아마존의 에코 등이 있다.

대화 관리

VUI를 최대한 유연하게 만들기 위해서는 대화 관리$^{Dialog\ Management}$가 중요하다. 대화 관리는 시스템이 대화에서 이미 발생한 것과 다음에 해야 할 일을 관리하는 방법을 말한다. 이는 사용자마다 다른 방법으로 정보를 제공길 원하기 때문에 중요하다. 어떤 사람은 필요한 모든 정보를 한 번에 말하고 어떤 사람은 그것을 조금씩 나눠 말한다. 이를 처리하기 위해 앱은 필요한 정보의 비트^{Bits}(종종 비트를 슬롯^{Slot}이라고도 함)와 이를 요청하는 순서를 알아야 한다.

다음은 인기 있는 피자 주문 도메인을 사용한 예다(미국인들이 매년 평균 약 46조각의 피자를 먹는 것을 알고 있었는가?). 피자를 성공적으로 주문하기 위해 획득해야 하는 정보 슬롯은 다음과 같다.

- 피자의 개수
- 크기

- 토핑
- 주소
- 전화번호
- 우편번호

VUI를 사용해 매번 같은 방법으로 위 정보들을 얻을 수도 있지만 가장 좋은 방법은 사용자가 원하는 방식으로 정보를 제공하도록 하는 것이다.

피자 앱 안녕하세요, 진저브레드 크러스트 피자로 유명한 펄스 피자^{Pearl 's Pizza}에 오신 것을 환영합니다. 어떤 종류의 피자를 드릴까요?

사용자 음... 페퍼로니 피자 큰 거 하나 주세요.

[이 시점에서 피자 개수(1)와 토핑(페페로니) 항목은 채워졌다. 이제 남아 있는 항목은 주소와 전화번호다.]

피자 앱 페페로니 피자 라지 하나를 주문받았습니다. 좋습니다. 어느 주소로 배달해드릴까요?

사용자 체리 가^街요.

피자 앱 도로 번호는요?

사용자 321이요.

피자 앱 마지막으로 우편번호는 무엇입니까?

USER 94019입니다.

이제 다른 사용자는 이 작업에 어떻게 답하는지 살펴보자.

피자 앱 안녕하세요, 진저브레드 크러스트 피자로 유명한 펄스 피자^{Pearl 's Pizza}에 오신 것을 환영합니다. 어떤 종류의 피자를 드릴까요?

사용자 어... 네, 피자를 주문하고 싶은데요.

피자 앱 좋아요, 제가 도와드릴게요. 몇 판을 원하세요?

사용자	2개요.
피자 앱	크기는요?
사용자	하나는 작은 거, 하나는 큰 거요.
피자 앱	네, 작은 크기부터 주문해드리겠습니다. 어떤 재료로 만들어드릴까요?
사용자	올리브, 버섯, 말린 토마토요.
피자 앱	올리브, 버섯, 말린 토마토. 맛있겠네요. 그럼 라지 크기는 어떤 재료로 만들어드릴까요?

두 번째 예시에서 사용자는 훨씬 높은 난이도로 시작했지만 피자 앱은 정보를 얻기 위해 필요한 질문들을 성공적으로 이끌어갔다. 사용자의 리드를 따르되, 다양한 방법으로 정보를 처리할 준비를 하자.

사용자를 내버려두지 말 것

현재 VUI 기술의 문제 중 하나는 지키지 못할 약속을 많이 한다는 것이다. 시리는 "무엇을 도와드릴까요?"라며 사용자가 원하는 것은 무엇이든 들어줄 것처럼 묻지만 실은 제한된 것들만 처리할 수 있을 뿐이다. 아마존 에코에는 도움말 화면이 없기 때문에 에코가 사용자가 말한 것을 이해하지 못한 경우에는 다음에 해야 할 일이 분명하지 않다.

하지만 그 중간 지점에서 사용자와 만날 수는 있다. 알렉사는 아마존 프라임 회원 사용자가 "알렉사, 음악 좀 틀어줘."라고 말하면 "여기 당신이 좋아할 만한 프라임 방송이 있습니다."라고 말하고 음악을 재생한다. 만약 사용자가 노래를 요청했지만 알렉사가 어떤 노래인지 이해하지 못했다 하더라도 특정 음악 채널을 제안하고 재생할 것이다.

VUI가 인식한 것을 표시할 것인가?

설계해야 할 또 다른 중요한 결정 사항은 사용자가 말한 것을 표시할지 여부다.

오늘날 대부분의 '비서' VUI는 사용자가 말한 것을 스마트폰 화면에 표시하며 어떤 것은 이를 실시간으로 표시한다. 이러한 사용 사례가 항상 그런 것은 아니지만 현재 표준처럼 됐다. 인식 결과를 표시하는 것은 좋은 방법이며 사용자 경험에 도움이 되지만 산만해지기도 한다.

구글, 시리, 코타나의 경우, 시스템에서 인식한 내용을 확인하는 것이 도움이 될 수 있다. 그 이유는 대부분 응답이 단순한 검색 요청으로 바뀌는 경우가 많기 때문이며 만약 음성 비서가 잘못 이해한 경우, 사용자는 이를 알고 싶어 할 것이다. 예를 들어 "파리 최고의 레스토랑을 알려줘."라고 말했지만 만약 "파리 최고의 화장실을 알려줘."라고 알아듣는 다면 에펠탑 타워 화장실에서 식사하는 일이 일어나지 않도록 미리 알고 싶을 것이다.

사용자와 대화를 주고받는 대화형 시스템에서는 사용자가 말한 내용을 표시하면 혼란을 가중시켜 부정적인 인상을 줄 수도 있다.

앞에서 설명한 것처럼, 음성 인식 기술은 100% 정확하지는 않다. 많은 작업을 성공적으로 수행할 수 있을 정도로 정확하긴 하지만 그런데도 종종 잘못되는 경우도 있다. 예를 들어 구글에 "나는 음성 인식을 실험하는 중이야. 내가 무엇을 하려는지 알겠지?"라고 말했을 때 구글이 그림 5-6과 같이 알아들은 것을 볼 수 있다.

정보 검색 예시에서는 VUI가 사용자에게 검색 결과를 제공하는 경우, 사용자의 말을 이해했는지 신중하게 선택해 표시하는 것이 중요하다.

그림 5-6
"너를 실험해보려고
(I'm just testing your)"를
"소변 검사를 해보려고
(I'm just testing urine)"로
잘 못 알아들은 구글

좀 더 대화형인 VUI에서는 단어 하나하나를 정확하게 인식해야만 대화가 진행되는 것은 아니다. 5장의 앞부분에서 언급했듯이 "괜찮다.fine"라는 단어는 종종 "찾는다.find"로 잘 못 인식된다. 시스템이 안부를 물었을 때 "괜찮아."라고 대답하면 시스템은 '괜찮다'와 일치하는 발생 가능 핵심 어구로 '찾는다.'를 추가해 성공적으로 처리할 수 있다. 그러나 앱이 결과를 표시하는 경우, 잘못된 인식 결과를 표시해 사용자의 주의를 산만하게 만들어 앱이 제대로 동작해 다음으로 원활하게 진행됐음에도 불구하고 앱의 성능에 부정적인 인상을 줄 수 있다. 이런 상황은 사용자들이 감정적으로 애착을 갖고 있는 이름의 경우에도 나타날 수 있는데(예: "캐시Cathy"가 "캐시Kathy"로 인식되는 경우), 이 때문에 시스템을 불신하게 만들 필요는 없다.

사람들은 대화 시 핵심을 설명하기 위해 주변 단어들을 자주 사용하는데, 그 주변 단어들을 모두 정확하게 인식하는 것은 별로 중요하지 않다. 사용자 응답의 요점만 인식되면 성공적으로 진행할 수 있으며 사용자가 말한 내용이 잘못 인식됐다는 사실을 사용자에게 알릴 필요도 없다.

감정 분석과 감정 탐지

VUI를 더 똑똑하고 공감하게 할 수 있는 방법 중 하나는 감정 분석^{Sentiment Analysis}을 사용하는 것이다. 구글에서 정의한 감정 분석은 다음과 같다.

> 특정 주제, 제품 등에 대한 작가의 태도가 긍정적, 부정적, 중립적인지 여부를 결정하기 위해 글에 표현된 의견을 전산적으로 식별하고 분류하는 프로세스

VUI에서의 감정 분석은 자연어 처리를 사용해 사용자의 감정에 대한 정보를 추출하는 것을 의미한다. 복잡하게 들릴지 모르지만 상당히 간단한 방법으로 기본적인 감정 분석을 시작할 수 있다. 먼저 카테고리를 정의해야 한다. 예를 들어 '긍정'과 '부정'으로 나누는 것으로 간단히 시작할 수 있다. 긍정적이거나 부정적인 단어 목록을 사용해 사용자가 말한 것을 비교하고 이에 따라 분류할 수 있다.

피츠버그 대학교에서 제공하는 MPQA 부정 및 긍정 목록과 같이 무료로 사용할 수 있는 단어 목록도 있다(http://mpqa.cs.pitt.edu/). 나임^{KNIME}과 같은 오픈 소스는 인식 결과에 대한 뒤처리를 통해 사용자가 부정적인 단어와 긍정적인 단어를 말한 비율을 확인할 수도 있다.

감정 탐지^{Emotion Detection}는 여전히 매우 새로운 기술이다. 어펙티바^{Affectiva}와 같은 회사는 이미 사람의 얼굴 특징을 이용한 감정 탐지 기술을 사용하기 시작했다. 어펙티바는 그 기술을 시장 조사에 사용했는데, 예를 들어 영화 예고편을 보는 참가자의 얼굴 특징을 추적해 예고편의 특정 부분에 대한 감정적인 반응을 판단한다.

비욘드 버벌^{Beyond Verbal}은 실시간으로 억양을 분석한 음성 흐름을 통해 감정을 탐지한다.

사용자는 무디스Moodies 앱을 사용해 버튼을 누르고 자기 생각을 얘기하면 20초 후에 그림 5-7과 같이 사용자의 감정이 표시된다.

그림 5-7
비욘드 버벌의
무디스 앱

사용자의 감정을 다루는 기술을 사용할 때 주의해야 할 핵심 원칙 중 하나는 항상 조심해야 한다는 것이다. 사용자의 감정 상태를 올바르게 파악하는 것은 대단한 일이지만 잘못 분석하는 경우, 치러야 할 대가가 매우 클 수도 있다. 예를 들어 "당신은 슬퍼하고 있습니다."처럼 절대로 바로 사용자의 감정을 단정하지 말라. 아마도 사용자는 실제로 슬프다고 느낄 수도 있고 그렇지 않을 수도 있지만 그것을 인정하길 원치 않을 수도 있다. 우리는 모두 "당신 화난 것 같은데."라고 말했다가 격렬하게 부정하는 상대를 경험한 적이 있을 것이다.

감정과 감정 분석을 대화를 이끌어가는 데 사용하라. 사용자가 이번 주에 며칠 동안 부정적인 감정을 표출한 경우, 시스템은 더 많은 질문을 통해 그 사용자가 실제 어떤 감정을 느끼고 있는지 좀 더 깊이 물어볼 수 있다.

TTS와 녹음된 음성 비교

VUI 디자인에서 결정해야 할 또 다른 중요한 사항은 TTS를 사용할 것인지, 녹음된 음성을 사용할 것인지다. 초기 음성 자동 응답의 대부분이 녹음된 음성을 사용했다. 당시에는 TTS 시스템의 성능이 별로 좋지 않았을 뿐 아니라 시스템이 말하는 프롬프트의 수가 정해져 있었기 때문이다.

비록 문자 음성 시스템이 비약적으로 발전하기는 했지만 아직은 좋은 음성을 가진 진짜 사람만큼 탁월한 것은 아니다. 더욱이 TTS가 발음하기 힘든 단어들도 있고 원하는 억양을 구현하거나, 감정을 표현하는 것은 더더욱 어렵다. 예를 들어 경험이 풍부하고 목소리에 재능을 가진 사람들은 적절한 문맥이 주어지면 "좋았어!"라는 문구를 얼마나 강조해야 하는지 알 수 있지만 일부 TTS 시스템은 이 문구가 주어졌을 때 마치 복권에 당첨된 것처럼 얘기할 것이다. 어떤 TTS 시스템들은 "그래요."라는 기본적인 발음을 "그랙"이라고 발음해 예상치 못한 결과를 초래하기도 한다.

녹음된 프롬프트 사용의 부정적인 측면은 사전 준비 시간이 오래 걸리고 비용이 더 비싸다는 점이다. 또한 녹음실, 성우, 오디오 엔지니어들이 필요하다. 더욱이 수정이 필요하면 성우를 다시 불러 프롬프트를 새로 녹음해야 한다.

TTS는 라이선스 비용을 지불해야 하지만 수정이 쉽다는 장점이 있다. 또한 새로운 프롬프트를 쉽게 만들 수도 있다. 그러나 TTS를 사용하는 데는 제약이 있기 때문에 특정 단어의 발음을 물어봤을 때, 심지어 알렉사조차도 "나는 ◯◯과 비슷하다고 말하겠지만 TTS가 항상 정확한 것은 아닙니다."라고 답할 것이다.

TTS는 음성 합성 생성 언어^{Speech Synthesis Markup Language, SSML}를 사용해 개선할 수 있다. 이는 좀 더 자연스러운 발음과 억양을 사용하는 데 도움을 준다. 그럼에도 불구하고 TTS는 특정 단어나 문장을 자연스럽게 얘기하는 데 어려움이 있다. App의 발음 사전을 만들어 App에서 사용되는 일반적인 단어들의 발음을 돕는 것이 필요할 수도 있다.

현재 가장 정교한 시스템으로 알려진 코타나는 사람의 음성과 TTS를 함께 사용한다. 대부분의 코타나 프롬프트는 젠 테일러^{Jen Tayler}라는 성우가 녹음했고 나머지 프롬프트들은 녹음된 음성의 일부분들이 모여 만들어진 것이다. 이 방법 또한 비용이 만만치 않을 수 있지만 사람과 TTS가 가진 장점을 동시에 사용할 수 있다.

음성을 사용해 다른 정보를 나타낼 수도 있다. 예를 들어 베이 지역의 고속 열차^{Bay Area Rapid Transit} 시스템은 열차가 도착할 때 남성 목소리의 TTS를 사용하지만 다른 방향에서 열차가 도착할 때는 여성 목소리의 TTS를 사용한다. 대부분의 사람들은 이런 차이를 알지 못하겠지만 이 차이는 여전히 사람들이 언제 주의를 기울여야 하는지 알려준다.

목소리를 녹음할 때는 연속 전략이 매우 중요하다. 예를 들어 세상에 존재하는 모든 전화번호를 녹음하는 것은 바보 같은 짓이다. 단순히 각 숫자를 개별로 녹음하는 것도 해결책은 아니다. 각 숫자는 반드시 세 가지의 다른 방법으로 녹음돼야 한다. 예를 들어 650-555-1269라는 전화번호가 있다고 가정해보자. 이는 다음과 같은 세 가지 버전으로 녹음돼야 한다.

- 중간 음역의 억양(지역 번호의 마지막 숫자와 그 바로 앞에 오는 숫자. 여기서는 0과 5가 해당)
- 중성적인 억양(여기서는 9를 제외한 모든 숫자가 해당)
- 줄어드는 억양(여기서는 제일 마지막 숫자인 9가 해당)

더욱이 숫자와 숫자 사이에는 일정 시간의 멈춤이 필요한데 전화번호의 경우에는 약 200밀리세컨드가 적절하다.

예전 IVR이 이러한 방법을 사용하지 않고 전화번호를 아주 느리게 다시 말하는 것을 들어본 적이 있을 것이다.

문장을 연결할 수도 있다. 샌프란시스코 베이 지역의 511 IVR 시스템은 사용자에게 사고와 현재 도로 상황 등과 같은 지역 교통 정보를 제공한다. 데이터베이스에서는 이 정보들을 도로, 방향, 사고의 종류, 기간 등으로 범주화해 제공한다. 제임스 지안골라와 나는 녹음된 음성을 연결했을 때 자연스럽게 들리게 하려고 다음과 같이 개발했다.

다음은 교통사고 발생 상황의 예시다.

> 오전 10시 18분 현재, 북쪽 방향의 101 고속도로의 버몬트^{Belmont}의 랄스턴 애비뉴^{Ralston Avenue}와 산 마테오^{San Mateo}의 도어 애비뉴^{Dore Avenue} 사이에 정체가 있습니다. 이에 현재 차들은 평균 시속 25마일에서 30마일로 운행 중입니다.

> As of 10:18 AM, there's a slowdown on highway 101 northbound, between Ralston Avenue in Belmont and Dore Avenue in San Mateo. Traffic is moving between 25 and 30 miles per hour.

이 두 문장은 다음과 같은 19개의 부분 녹음으로 구성됐다.[2]

As of	현재
10	10(열)
18	18(열여덟)
AM	오전
there's a slowdown	정체가
on	에서
Highway 101	101고속도로
northbound	북쪽 방향
between	사이에

---

2 예시 영문을 함께 표기했다. – 옮긴이

Ralston Avenue	랄스턴 애비뉴
in Belmont	버몬트의
and	와
Dore Avenue	도어 애비뉴
in San Mateo	산 마테오의
Traffic is moving between	차량들이 운행 중에 있다.
25	25(스물다섯)
and	에서
30	30(서른)
miles per hour	평균 시속

이 콘텐츠를 녹음하는 것은 사전 작업과 계획이 좀 더 필요하다. 그러나 좀 더 자연스럽게 들리게 만들 수 있기 때문에 미리 계획하는 것이 좋다.

이러한 연결 작업을 더 잘하기 위해서는 제니퍼 발로그의 논문[3]이나 『Voice User Interface Design』의 11장[4]을 참고하라.

VUI 사용자 경험을 디자인하는 데 중요한 또 다른 원칙은 사용자에게 그들이 필요하기 전에 물어보지 않는 것이다. 이는 GUI를 디자인할 때도 마찬가지인데, 만약 당신이 쇼핑 앱을 개발했을 때 나중에 필요할 수도 있으므로 미리 사용자의 이름, 주소 등을 포함한 모든 정보를 모아놓는 것이 좋다고 생각할 수도 있다. 그러나 정보들이 필요하기 전에 모든 정보를 요청해 사용자를 귀찮게 할 필요가 없다. 당신의 사용자는 그냥 구경만 하고 구매를 하지 않을 수도 있기 때문이다. 클리포드 나스가 말했듯이 당신은 매장에 있는 고객에게 그들이 매장 안을 구경하는 동안 신용카드를 달라고 말하진 않을 것이다.[5]

---

3 Balogh, J. "Strategies for Concatenating Recordings in a Voice User Interface: What We Can Learn From Prosody." Extended Abstracts, CHI(Computer Human Interface)(2001): 249 – 250.

4 Cohen, M., Giangola, J., and Balogh, J. Voice User Interface Design.(Boston, MA: Addison-Wesley, 2004), 6, 8, 75, 218, 247-248, 250-251, 259.

5 Nass, C., and Brave, S. Wired for Speech.(Cambridge, MA: The MIT Press, 2005), 181.

발화자 인증

음성 생체 인증이라고도 불리는 발화자 인증은 사용자가 그들의 목소리만으로 스스로를 인증할 수 있도록 한다. 2000년대 초반, 우리는 건물에 출입하기 위해 문 옆에 있는 전화기에 "내 목소리는 내 비밀번호입니다."라고 말하면 출입할 수 있는 음성 인식 기능을 사용했다. 또한 교환원을 통해 장거리 통화를 하기 위한 음성 인식을 사용하기도 했다.

꽤 오랫동안 음성 인증 기능을 사용해왔지만 지금은 많은 소비 제품에 사용되고 있지는 않다. 찰스 슈왑은 최근 로그인을 위해 음성 인식 ID를 보급하고 있다. 구글 또한 사용자가 "오케이, 구글"을 여러 번 녹음하면 음성을 사용해 전화의 잠금을 해제할 수 있도록 하는 음성 인식 기능을 사용한다. 그러나 구글의 음성 인식은 안전하지 않다. 내 아들도 내 계정으로 로그인할 수 있다. 마텔^{Mattel}은 사용자가 자신의 목소리로 원하는 대로 비밀번호를 설정할 수 있는 '내 비밀번호 일기'라는 일기를 제공한다.

VUI에서는 가까이에 있는 사람이 사용자가 무슨 말을 하는지 들을 수 있기 때문에 암호를 잘 쓰지 않는다. 은행 비밀번호를 큰소리로 말하는 것은 안전하지 않지만 "내 목소리가 내 비밀 번호다."와 같은 일반적인 문장은 그 문장 자체로는 큰 의미가 없기 때문에 괜찮다.

스마트폰의 지문 인식과 같이 비밀번호를 대체하는 기술들이 등장함에 따라 음성 인식 기능이 상용화될 것인지 아닌지를 지켜보는 것은 흥미로울 것이다. 최근 뉴스에서는 어떤 사람이 집 안에 있는 음성 인식 가상 비서를 이용해 옆집의 문을 연 사건을 다뤘다.

만약 당신이 VUI에 음성 인증 기능을 사용하려면 뉘앙스 커뮤니케이션즈와 같은 엔진을 사용료를 내고 이용해야 한다. 그리고 사용 시에는 '음성 등록' 과정을 설계해 사용자가 인증 시스템을 설정하도록 해야 한다.

음성 인증의 또 다른 용도로는 보안을 위한 인증 외에 VUI가 누구와 어떤 대화를 하는지 알 수 있도록 하는 사용자 식별 기능이 있다. 몇몇 회사들은 회의록을 작성하기 위해 이 시스템을 개발하기 시작했다.

기동어

이 책의 초반에 기동의 개념에 대해 다뤘다. 예를 들어 아마존 에코의 '알렉사'나 안드로 이드 기기에서 사용할 수 있는 "오케이, 구글" 등과 같은 기동어 말이다. 기동어를 사용 하는 것은 물리적으로 기기를 조작하지 않아도 VUI 시스템을 사용할 수 있는 매우 편리 한 방법이다. 이는 당신이 방에서 다른 방으로 이동할 때, 운전할 때 또는 손에 끈적한 음 식물이 묻어 있을 때 매우 유용하다.

적절한 기동어를 만드는 것이 중요하다. 가장 중요한 점은 사람들이 쉽게 기억할 수 있는 말이어야 하고 쉽게 헷갈려서는 안 된다는 것이다. 그러나 "나"와 같이 너무 짧은 단어는 기동어로 인식되기 어렵다. 사람들이 말하기 쉬워야 한다는 것은 두말할 필요도 없다. 아 마존은 알렉사, 아마존, 에코와 같은 세 가지 기동어 중에서 사용자가 선택할 수 있도록 한다. 아마 이 단어들 모두 여러 음절로 구성된 것을 알고 있을 것이다. 그리고 의도치 않 게 기기가 동작되는 것을 방지하기 위해 사람들이 일상생활에서 자주 쓰는 단어를 사용 하지 않아야 한다.

아마존은 과도한 인식(예: 당신이 알래스카라고 말했는데 알렉사로 인식하는 경우 등)과 미인식(예: 기기가 사용자의 말을 확신하지 못해 사용자가 알렉사를 10번이나 말해야 하 는 경우 등) 사이의 적절한 균형점을 찾기 위해 많은 시간을 투자했다.

또한 기동어는 로컬에서 다뤄져야 하고 기기나 앱은 기동어가 사용되는 것을 감지하기 위해 항상 듣고 있어야 한다. 사용자가 원하지 않을 때도 사용자의 말을 모두 녹음해 클 라우드로 전송하는 것은 윤리적이지 않다. 기기나 휴대폰에서 처리하는 것을 기본으로 하되, 기동어가 인식되고 나면 사용자의 음성을 스트리밍하거나 녹음하는 등의 처리를 해야 하며 익명성이 보장돼야 한다.

맥락

많은 가상 비서와 챗봇들이 대화형 UI를 사용할 때 어려움을 겪는 이유는 맥락이 부족하기 때문이다. 맥락이란 대화상에서 어떤 일이 발생하고 있는지 또는 과거에 어떤 일이 있었는지를 아는 것을 의미한다.

대화상에서의 디테일을 기억하는 것은 매우 어렵지만 사용자의 시간을 절약하고 VUI 시스템이 더 스마트해 보이게 하기 위해서는 기본 맥락을 이용하는 것이 좋다.

예를 들어 당신의 사용자가 어느 시간대에 있는지 파악하고 있으면 "좋은 아침입니다." 또는 "좋은 저녁입니다."와 같은 인사를 건넬 수 있다. 또한 위치 정보를 이용하면 사용자가 집인지 사무실인지 알 수 있기 때문에 그들이 음식점을 검색할 때 다른 검색 결과를 제공할 수도 있다.

만약 사용자에게 매일 같이 잠자리가 어땠는지를 매일 물어보고 있다면 약간의 배경 정보를 이용해 질문을 수정하라. "오늘 몇 시간 주무셨나요?"라고 물어보는 대신, "당신이 이번 주에 조금 적게 잔 것 알고 있습니다만, 오늘은 몇 시간이나 주무셨나요?"와 같이 말이다.

대화 시에도 사용자가 질문에 대한 직접적인 대답이 아닌 말을 할 수 있기 때문에 주의해야 한다. 예를 들어 사용자가 기술 지원 앱에 "인터넷이 일주일 동안 동작하지 않습니다."라고 했을 때 "인터넷이 얼마나 오랫동안 동작하지 않았습니까?"라고 물어보는 것과 같은 상황은 피해야 한다.

이는 사용자에게 당신의 시스템이 제대로 동작하지 않는다는 것을 알려준다. 지난주에 사용자가 달리기 했을 때 매우 만족했던 것을 기억하고 말하는 것은 그렇게 어려운 일이 아니다. 그러나 VUI가 사용자에게 더 친밀하게 다가가고, 신뢰할 수 있고, 더 매력적이 되기 위해서는 세부 정보들을 알아야 한다.

고급 멀티모달

지금까지 내용을 말로 전달하는 대신 언제 시각적으로 보여줘야 하는지(선택지가 너무 길거나 지도를 보여줘야 하는 경우 등), 상황에 따라 사용자가 터치해 대답할 수 있도록 허용할 것인지, 목소리로 대답할 수 있도록 할 것인지 등과 같이 시각적 요소와 음성을 결합하는 것에 관해 얘기했다. 더욱이 시각적 효과를 이용하면 사용자가 말할 때마다 반복해서 확인하는 것 대신, 버튼이 강조되는 것과 같은 방법으로 대화 내용을 확인할 수 있다.

이러한 종류의 전략들은 사용자가 말하고 나면 결과를 시각적으로 보여주는 것과 같이 한 번에 하나씩 사용돼야 한다. 사용자가 마이크 아이콘을 누른 후에 말하는 것과 같이 말이다.

만약 모드가 결합된 방식으로 이미 사람들이 사용하고 있다면 어떨까? 예를 들어 내가 "이 주의 주도가 어디인가요?"라고 물으면서 지도에서 미국의 캔자스 주를 선택하면 누구라도 내가 어떤 주를 말하는지 알 것이다. VUI도 이와 같은 방식으로 음성 입력 내용과 함께 사용자가 스크린의 어느 부분을 선택하는지를 동시에 인식할 수 있다. 예를 들어 체스 게임에서는 사용자가 "내 기사를 여기로 옮기세요."라고 말하면서 위치를 선택하도록 할 수 있고, 그림을 그리는 프로그램에서는 "꽃을 그리세요."라는 명령어와 동시에 사용자가 그림을 그릴 위치를 선택하는 행동을 하도록 할 수 있다.

모드 변경의 또 다른 방법은 상담사와 앱 간의 자연스러운 변경이다. 상담사가 사용자에게 그들의 휴대폰의 특정 앱을 사용하도록 함으로써 사용자의 음성이 자연스럽게 앱으로 연결되도록 해 계좌번호와 같은 정보를 앱에 말하도록 할 수 있다. 이런 종류의 시나리오는 사용자가 휴대폰을 이용해 더욱 편하게 거래할 수 있도록 할 뿐 아니라 상담사들이 업무량을 덜어줄 수도 있다.

부트스트랩 데이터 세트

2장, '기본 VUI 디자인 원칙'은 VUI에서 인식할 사용자 입력 모델을 간단히 설명한다. 어떤 경우에는 스스로 정보와 경험을 쌓으면서 바닥에서부터 시작해야 한다.

가능할 때마다 초기 모델과 핵심 문구들을 입력해놓는 것이 좋다. 이 작업을 하는 데는 여러 가지 방법이 있다.

웹 사이트 데이터

만약 어떤 웹 사이트에서 제품이나 서비스에 이용할 수 있는 사용자에게 친숙한 용어들과 같이 당신의 VUI 앱에서 필요한 정보들을 이미 갖고 있다고 가정해보자. 여기서부터 시작하는 것이 좋다. 고객 서비스 중 하나인 '자주 하는 질문들'은 사용자가 웹 사이트나 회사와 얘기할 수 있는 방법이다. 여기에는 브랜드가 이미 갖고 있을 수 있는 챗봇의 대본을 포함하고 있다.

콜센터 데이터

IVR에서는 일반적으로 사용자들이 전화를 해 질문을 하거나 항의를 하는 콜센터로부터 데이터를 받는다. 콜센터 직원들은 문제가 무엇인지, 어떤 고객이 가장 힘들어했는지와 같은 많은 정보를 갖고 있다.

데이터 수집

이런 정보들을 이용할 수 없는 경우도 많다. 어쩌면 당신이 아주 새로운 것을 만들어 이를 대체할 방법이 없을 수도 있다. 이런 경우(설사 대체할 방법이 있다 하더라도) 가장 좋은 방법은 데이터 수집을 통해 데이터 세트를 만들기 시작하는 것이다.

데이터 수집은 사람들에게 VUI가 질문할 만한 것을 물어보는 것과 사람들이 대답할 만한 응답을 기록하는 것에서 시작한다. 실제로 그 앱을 사용할 만한 실제 고객을 대상으로 진행하는 것이 가장 좋다. 데이터 수집은 아주 편안한 상황 또는 형식적인 형태로 진행될 수도 있다. 가장 좋은 방법은 실제와 같이 사용자들이 프롬프트를 듣고 응답하도록 해 이것을 기록하는 것인데 그들이 직접 응답을 컴퓨터에 쓰도록 하는 방법도 활용할 수 있다. 이러한 방법 중 하나는 아마존의 메커니컬 터크^{Mechanical Turk}다. 이를 이용해 오디오 파일을 재생하거나 녹음된 아바타를 재생함으로써 작업자들이 프롬프트에 응답하도록 할 수 있다.

이 모든 방법이 모델을 만들기 시작하는 데 아주 유용한 방법들이지만 이 모든 것은 시작일 뿐이라는 것을 명심해야 한다. '자주 하는 질문들'은 사람들이 어떤 질문을 할 것인지를 그대로 나타내는 것이 아니다. 또한 타이핑하는 것과 말하는 것이 항상 똑같은 것도 아니다. 당신의 앱이 첫 번째 파일럿 테스트를 해 실제 데이터를 수집하면 기존의 데이터를 더 이상 사용할 수 없다는 것을 알게 될 수도 있다. 포기할 준비를 하라. 이렇게 하는 것이 아무것도 없는 상황에서 시작하는 것보다는 훨씬 낫다.

고급 NLU

"단순 웹 검색을 하는 가상 비서는 이해를 표현하지 못한다."

– 데보라 다힐, 모바일 2016

대답할 수 없는 요청에 직면했을 때 많은 가상 비서는 일반적인 검색 명령으로 대응할 것이다. "일본의 인구는 몇 명입니까?" 그리고 "수도는 어디입니까?"라는 질문을 받았을 때의 시리와 하운드의 차이를 살펴보자. 시리는 이 질문을 다룰 수 없으므로 "알겠습니다. 인터넷에서 '일본의 인구는 몇 명입니까? 그리고 수도는 어디입니까?'대해 검색했습니다."라고 말하면서 검색 결과 목록을 보여준다(그림 5-8 참조). 첫 번째 검색 결과는 실제로 필요한 모든 정보를 제공하지만 질문에 직접 대답하지는 않았다.

그림 5-8
시리는 답을 알지
못할 경우, 웹을
검색한다.

하운드의 경우에는 답을 먼저 한 후 추가 정보를 제공한다(그림 5-9 참조).

하운드는 하나의 문장에 담긴 다중 요청에 응답하는 요령을 갖고 있다. "와이파이가 있고 일요일에 열고 내 집에서 걸어갈 수 있는 거리에 있는 커피숍을 보여줘."라는 질문에 하운드는 매우 우아하게 이 요청을 처리할 수 있다(그림 5-10 참조).

그림 5-9
2개의 질문을 동시에
다루는 하운드의 예시

그림 5-9
2개의 질문을 동시에
다루는 하운드의 예시

그림 5-10
다중 요청을 다루는
하운드의 예시

이 유형의 요청은 라이브로 청중 앞에서 시연될 때 사람들에게 감동을 준다. 하지만 이를 분해하면 일련의 단순한 명령이 연속적으로 연결된 것이라는 것을 알게 된다.

NLU의 관점에서 좀 더 복잡한 것을 시도해보자. 하운드에게 "지난 월드 시리즈 때 대통령이 누구였어?"라고 물어보면 검색 결과를 보여준다. 첫 번째 것은 우드로 윌슨^{Woodrow} ^{Wilson}의 페이지다. 이 요청은 단지 한 가지 정보를 요청했지만 기본 시스템은 훨씬 더 복잡한 모델이 필요하다(그림 5-11 참조).

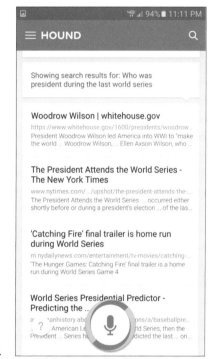

그림 5-11
하운드도 질문에
대답할 수 없는 때는
검색 결과를 보여준다.

이러한 예시들은 VUI가 완벽하지 않다는 것을 보여준다. 이 모든 경우에 있어 음성 인식은 완벽했다. 질문을 정확하게 인식했지만 이것만으로는 충분하지 않다. VUI는 언어의 미묘한 부분을 이해해야 한다.

하운드가 요청을 처리한 것은 매우 인상적이다. 하지만 이는 사람들이 일반적으로 말하는 방식이 아니다. 만약 내가 뭔가 주문하기 위해 카탈로그 회사에 전화한다면 정보를 하나씩 줄 것이다. "나는 라지 크기의 남성용 셔츠로 파란색이고 버튼이 있고 짧은 소매이며 50달러 미만인 셔츠를 구매하고 싶습니다."라고 이어 말하기보다 "나는 남성 셔츠를 주문하고 싶습니다."라고 말하면서 시작할 것이다. 이미 일어난 일을 기억할 수 있는 VUI가 보다 성공적으로 작업을 수행할 수 있을 것이다.

한 번에 여러 명령을 해결하는 것을 보여줄 수 있다면 더 인상적인 투자자 회의가 될 수도 있지만 사용자가 항상 여러 단계를 거치는 것을 싫어하는 것은 아니다. 질문이 관련성이 있고 사용자가 이것이 필요하다고 느낀다면 사용자는 많은 대답을 할 것이다.

또 다른 명심해야 할 사항은 사용자는 시스템이 요청한 것보다 많은 정보를 제공할 수 있다는 점이다. 예를 들어 당신은 "비행 번호를 알고 있습니까?"와 같이 간단히 예/아니요로 대답할 수 있는 질문을 했다고 생각할 수 있다. 그러나 사용자는 "예"라고 대답할 수도 있고 또는 "예, 457입니다."라고 대답할 수도 있다. 사람들은 자연스럽게 말하는 방식에 이미 익숙하다는 것을 기억하는 것이 중요하다. 그리고 우리는 그 방식을 따라야 한다.

> "우리는 디자이너로서 대화의 기본 요소를 창조하지 않는다."(예: 우리는 관례를 따라야 한다)[6]

그뿐 아니라 음성을 이용하는 것이 사용자 경험에 도움이 되는지 시간을 갖고 생각해보자. 랜디 해리스Randy Harris는 다음과 같이 말했다.

> "그저 음성을 사용하기 위한 음성 사용 사이트는 의미가 없고 유용한 대화 인터랙션을 제공하는 사이트들이 있다. 핵심은 사이트 자체가 아니라 그 사이트의 서비스를 사용하는 잠재 고객이 접근하고자 하는 데이터가 무엇인지가 중요하다."[7]

---

6 Cohen, M., Giangola, J., and Balogh, J. Voice User Interface Design.(Boston, MA: Addison-Wesley, 2004), 6, 8, 75, 218, 247-248, 250-251, 259.

7 Harris, R. Voice Interaction Design: Crafting the New Conversational Speech Systems.(SanFrancisco, CA: Elsevier, 2005), 210.

결론

VUI가 단순 기본 정보 교환 이상의 성능을 발휘하게 하려면 간단한 키워드 인식 이상으로 사용자가 더욱 복잡한 입력을 할 수 있도록 하기 위해 5장에서 설명한 개념을 활용해보자.

TTS나 녹음된 음성을 사용하는 것과 같은 디자인 선택에 대해서는 신중히 생각하라. 대화의 이해도를 향상시키기 위해 자연스러운 연결 전략을 사용하자. VUI가 기동어를 사용할지 또는 눌러서 말하기^{Push-to-talk}를 사용할지 고민해보자.

이미 공개된 정보로 데이터 세트를 가져다 쓰거나 스스로 데이터를 수집해 VUI를 좀 더 성공적으로 만들 수 있다.

이 모든 기술을 사용하면 VUI를 보다 사용하기 쉽고 정확하고 성공적으로 사용할 수 있도록 만들 수 있다.

6장

VUI 사용자 테스트

사용자 테스트는 다른 모든 애플리케이션 설계 시와 마찬가지로 VUI를 만들 때도 매우 중요하다. 일반 모바일 앱을 테스트하는 것과 비슷한 점이 많지만 차이점들도 있다. 6장에서는 VUI를 테스트하기 위한 실용적인 방법(저렴한 방법에서부터 비싼 방법까지)과 사용자 인터뷰 및 성공 여부 측정 방법에 대해 설명한다. 이는 VUI 설계자들이 개발 초기 단계에서도 사용자 테스트를 실행하는 데 도움을 줄 것이다. 주로 VUI 관련 방법론에 중점을 두고 설명한다.

VUI의 특수 고려 사항

일반적으로 앱을 다운로드할 때 설명을 봤거나 마케팅을 통해 알게 된 경우가 아니라면 테스트를 시작할 때 사용자에게 시스템이 음성 인식을 사용한다는 사실을 밝히지 않는 것이 바람직하다. 테스트 중 결정해야 할 주요 사항 중 하나는 사용자가 시스템과 대화할 수 있다는 것을 이해하고 있는지 여부다. 사용자들은 어떻게 사용하는지, 언제 사용하는지 아는가?

나는 사용자가 말을 하도록 허용됐을 때도 종종 실패하는 경우를 봤는데 이는 그들이 말을 해도 되는지가 명확하지 않았기 때문이었다. 사용자 중 일부는 나중에서야 "그 부분에서 내가 말할 수 있었으면 정말 좋았을걸!"이라고 말하기도 했다. 디자인은 수정이 필요하지만 만약 내가 그들에게 처음부터 앱과 항상 대화할 수 있다는 사실을 분명하게 알려줬다면 나는 이 상황을 알지 못했을 것이다.

GUI 테스트의 일반적인 전략은 사람들에게 그들이 무엇을 하고 있는지 설명하도록 요구하는 것이다(실제 VUI 시스템을 테스트할 때는 효과가 없겠지만 말이다).

만약 당신이 다른 유형의 사용성 테스트를 해본 경험이 있고 바로 VUI에 관련된 부분으로 넘어가려면 220쪽의 '살펴봐야 할 사항'으로 가라.

사용자 및 사용 사례에 대한 사전 조사

모든 유형의 디자인과 마찬가지로 초기에 사용자 조사를 하는 것을 추천한다. 사용자 조사의 몇 가지 기본 원칙을 요약하겠지만 당신은 그 주제에 대한 전문 자료를 통해 더 많은 것을 배울 수 있다. 오라일리 미디어는 온라인에서 이용할 수 있는 많은 사용자 조사 비디오 강좌를 보유하고 있다(http://bit.ly/user-research-fundamentals-lp).

시간을 쓸데없이 낭비하지 말라

조사 단계에서 해야 할 가장 첫 번째 질문 중 하나는 당신이 개발하고 있는 것과 비슷한 것이(비록 다른 방법일지라도) 이미 만들어져 있는지에 대한 것이다. 예를 들어 이미 존재하는 사이트의 모바일 앱을 만드는 경우다. 어떤 것이 효과가 있는지, 없는지를 알기 위해서는 이미 존재하는 사례를 조사하는 것이 중요하다. 특히 VUI 시스템의 경우, 대부분 대화식 음성 응답(IVR) 시스템 버전이 이미 존재한다(때로는 DTMF(터치 톤)만으로, 때로는 음성도 함께 지원된다). 이를 통해 비슷한 기능에는 어떤 것들이 있는지 그리고 어떻게 처리되고 있는지를 알 수 있다.

모바일 VUI는 IVR의 복제본이 돼서는 안 되지만 이미 존재하는 IVR을 통해 정보가 어떻게 분류되고 있는지, 어떤 기능이 가장 자주 사용되는지 등과 같은 많은 정보를 얻을 수 있다.

만약 비슷한 IVR 시스템이 존재한다면 이는 대개 콜센터와 같이 해당 시스템을 지원하는 사람들이 있다는 것을 의미한다. 콜센터에 앉아 반나절 동안 걸려오는 전화를 듣는 것만으로도 매우 많은 정보를 얻을 수 있다. 실제 전화 내용을 들으면 IVR 시스템만으로는 파악할 수 없었던 것들을 알 수 있다.

또한 콜센터 상담원을 인터뷰하면 엄청난 양의 귀중한 정보를 얻을 수 있다. 상담원들은 사용자들이 왜 전화하는지, 가장 큰 불만이 무엇인지, 어떤 정보를 가장 찾기 어려워하는지 등을 알고 있기 때문이다.

하지만 아마도 당신은 IVR 구성 요소가 없는 모바일 앱을 설계하고 있을 것이다. 그렇다면 당신의 VUI는 어떤 문제를 해결하는가? 현실에 있는 것들 중 어떤 것들이 통찰력을 얻는 데 도움이 될까?

예를 들어 가상 비서 코타나를 살펴보자. 마이크로소프트는 영감을 얻기 위해 실제 개인 비서들과의 인터뷰를 진행했다. 앱 디자이너는 비서들이 자신에게 배정된 업무를 이해하지 못했을 때 주로 도움을 요청한다는 것을 발견했다. 그래서 마이크로소프트는 실제 비서들이 하는 것과 같이 코타나도 필요할 경우 도움을 요청하도록 설계했다.[1]

또한 실제 개인 비서들은 종종 그들이 보좌하는 사람에 대한 기록을 휴대하고 있었다. 따라서 코타나도 이와 비슷한 기록을 갖고 있다.

항상 서비스를 제공할 공간에 있는 사람들을 인터뷰하라. 내가 컨설팅을 하던 한 회사에서 파킨슨병에 관한 VUI 앱을 만들기로 결정한 적이 있다. 기존 아이디어는 파킨슨병을 가진 환자에게 질병에 관한 많은 정보를 제공하고 복약 관리 및 스스로 돌볼 수 있도록 지원하는 앱이었다. 사용자 조사를 할 때 파킨슨병 환자와 가장 가까운 사람들, 즉 간병

---

1 Weinberger, M.(2016). "Why Microsoft Doesn't Want Its Digital Assistant, Cortana, to Sound Too Human." Retrieved from http://businessinsider.com/

인들과도 얘기를 하고 싶었다. 그들과 인터뷰했을 때 이 정보들은 간병인들에게도 꼭 필요한 정보라는 것을 깨달았다! 그래서 앱을 개발하는 초기 단계에서 계획했던 방향성과 기능을 수정했다. 파킨슨병 환자들과 간병인들을 위한 지원 그룹에도 연락했다. 당연한 말이지만 사용자 조사를 진행할 때는 상대를 존중하고 숨김이 없어야 한다. 그래야만 당신이 사용자 조사를 통해 얻고자 하는 것에 대해 솔직하게 알려줄 것이다. 사람들의 아이디어를 무시하지 말라. 그 아이디어들을 반영하겠다는 약속을 하라는 것이 아니라 그들이 겪고 있는 이슈들에 대해 자세히 들을 필요가 있다.

실제 사용자와 함께 연구 설계하기

실제 사용자와 초기에 자주 테스트하는 것이 중요하다. 앱이 출시된 이후에는 사용자 경험^{UX}을 변경하는 것이 디자인이나 개발 단계 등 초기 단계에서 변경하는 것보다 훨씬 더 어렵다. 디자이너들은 종종 자신의 경험이나 바람에 비춰 자신이 원하는 대로 보기도 한다. 다른 사람들을 통해 테스트하면 당신이 보지 못했던 것을 볼 수 있을 것이다. 예를 들어 센스리의 모바일 앱 초기 버전을 사람들에게 보여줬을 때 대부분이 화면 목록에서 더 많은 항목을 보기 위해 아래쪽으로 스크롤할 수 있다는 것을 알지 못한다는 사실을 발견했다. 우리는 우리 앱을 사용하는 데 너무 익숙했기 때문에 이 경우를 알 수 없었지만 테스트를 통해 디자인을 수정해야 한다는 사실을 빨리 깨닫게 됐다.

과제 정의

초기 단계 테스트를 수행하든, 프로토타입을 테스트하든, 최종 버전으로 본격적인 사용성 테스트를 하든 사용자에게 요청할 과제를 신중하게 정의하는 것이 중요하다. 이 내용은 『Voice User Interface Design』에 다음과 같이 소개돼 있다.

> 일반적인 사용성 테스트에서는 테스트를 하고자 하는 시스템의 일부에 대한 여러 가지 과제를 수행하게 된다. 시스템을 철저하게 테스트할 수 있는 경우가 드물기

때문에 테스트는 주로 주요 대화(예: 자주 사용될 가능성이 높은 기능), 위험도가 높은 영역의 과제 및 요구 사항 정의 단계에서 선정된 주요 목표와 디자인 표준 과제 등에 초점을 맞춘다.

참가자가 선입견을 갖지 않도록 과제 정의를 신중하게 작성해야 한다. 과제의 목표를 설명할 때는 작업을 완료하기 위한 명령어나 전략을 언급하지 않아야 한다.[2]

과제를 작성할 때 주의하라. 너무 많은 정보를 주는 것을 피하고 그 대신 필수 정보만 제공하라. 해리스[Harris]가 말했듯이 "시나리오는 약간의 줄거리만 있으면 된다."[3]

사용자가 그들의 과제에 대해 얘기하는 방식으로 작성하라. 기술적인 용어나 주요 명령어를 사용해 작성하지 말라.

해리스는 초기 단계에서 수행해야 하는 과제를 '상대적으로 간단하고 심지어 사소한 것으로 만들어 참가자들을 편안하게' 만들도록 제안한다.[4]

『Voice User Interface Design』의 공동 저자인 제니퍼 발로그는 과제 순서의 중요성을 강조했다. 또한 순서로 인한 영향을 피하기 위해서는 무작위로 나열하는 것이 가장 좋다고 말했다.

순서는 영향을 미친다. 그렇기 때문에 연구에 참여한 모든 사람들이 동일한 순서로 모든 작업을 수행하면 처음 과제가 다음 과제들에 영향을 미치는 것을 경험하게 될 것이다. 나는 에이전트를 호출하는 과제를 수행하는 연구에서 이러한 영향이 발생하는 것을 경험했다. 연구 참가자가 에이전트를 호출하는 과제를 수행하고 난 후에는 이후 과제에서도 에이전트를 호출하는 경향이 높아졌다. 에이전트를 호출하는 태스크가 사전에 진행되지 않았거나 다른 경우였다면 에이전트를 호출하는 명령을 하지 않았을 수도 있다. 이에 대한 해결책은 (시간이 많이 걸리지만) 참

2   Cohen, M., Giangola, J., and Balogh, J. Voice User Interface Design.(Boston, MA: Addison–Wesley, 2004), 6, 8, 75, 218, 247–248, 250–251, 259.

3   Harris, R. Voice Interaction Design: Crafting the New Conversational Speech Systems.(SanFrancisco, CA: Elsevier, 2005), 489.

4   Harris, Voice Interaction Design, 474.

가자 간에 그들이 수행해야 하는 과제의 순서를 순환시키는 것이다. 이 작업을 위한 방법 중 하나는 라틴 스퀘어 디자인^{Latin Square Design}이다.

라틴 스퀘어 디자인은 각 과제를 모든 단계마다 돌아가면서 제시하고 동일한 순서로 과제가 수행되지 않도록 하는 것이다. 예를 들어 5개의 과제는 120개의 순열을 가진다. 라틴 스퀘어 디자인은 표 5-1에서와 같이 다섯 가지 조건만 있으면 된다.

표 5-1 라틴 스퀘어 디자인

	과제 1	과제 2	과제 3	과제 4	과제 5
참가자 1	A	B	E	C	D
참가자 2	B	C	A	D	E
참가자 3	C	D	B	E	A
참가자 4	D	E	C	A	B
참가자 5	E	A	D	B	C

온라인에서 검색하면 라틴 스퀘어 디자인에 대해 좀 더 많은 정보를 얻을 수 있다.

실험 참가자 선택하기

다른 모든 사용자 테스트와 마찬가지로 설계하고 있는 시스템을 실제 사용할 대상들이 속한 인구 통계학적 분류 내에 있는 실험 참가자로 샘플링하는 것이 가장 좋다. 만약 만성 심부전 환자를 위한 건강 관리 앱을 만들고 있다면 실험 참가자를 건강한 대학생으로 선택해서는 안 된다. 실험 참가자가 실제 사용 대상 집단과 멀어질수록 테스트 결과의 신뢰도가 떨어진다.

얼마나 많은 사람과 테스트를 해야 할까? 만약 정확한 인구 통계 자료를 갖고 있다면 많은 테스트를 실시할 필요는 없다. 사용성 전문가 제이콥 닐슨^{Jakob Nielsen}은 일반적인 사용성 테스트에 5명을 권장한다. 5명이면 충분할까? 이에 대해 그는 다음과 같이 설명한다.

"대부분의 사용자 연구는 정성 조사를 사용하는데 이는 파워포인트에서 인상적인 숫자를 위한 것이 아닌, 디자인의 방향성을 이끄는 통찰력Insight을 수집하기 위해서다. 이런 테스트의 주된 논점은 결국 투자 비용으로 귀결된다. 테스트 참가자가 추가될 때마다 테스트 비용은 증가하지만 실험을 통해 얻는 결과의 수는 빠른 속도로 감소한다. 5명 이상 동일한 연구를 진행해도 추가적인 이점이 거의 없다. 실험 대상자 수가 늘어날수록 투자 수익ROI도 빠른 속도로 떨어진다."[5]

참가자 모집이 어려울 수도 있다. 실험 참가자를 찾는 데 도움을 주는 회사들이 있지만 종종 중소기업에서는 엄두도 못낼 정도로 비용이 높다. 만약 당신의 회사가 사용자를 모집해주는 회사를 사용할 여유가 된다면 적합한 인구 통계학적 분류 내에서 사용자를 확보하는 것이 효과적이다. 리쿠르팅 회사는 실험 참가자로써 필요한 자격 요건을 설명하는 문서인 '스크리너screener'를 요구할 것이다. 스크리너 질문에는 연령대, 소유하고 있는 스마트폰 유형, 특정 앱에 대한 전문 지식 수준, 주거 지역 등 적합한 참가자 확보를 위한 사항이 포함될 것이다.

> ✎ NOTE
>
> 좀 더 다양한 스크리너를 보고 싶다면 다음 유저 테스팅 블로그를 참고하라.
> https://www.usertesting.com/blog/2015/01/29/screener-questions/

어떤 테스트의 경우에는 친구나 가족을 모집하는 것도 좋다. 이는 중요한 부분에 대한 피드백을 신속하게 얻을 수 있는 좋은 방법이다.

원격 테스트는 해당 지역에 거주하지 않는 사람들을 모집할 수 있기 때문에 사용자 모집 범위를 넓혀준다. 신속하고 합리적인 가격으로 테스트를 진행하기 위해, 태스크 래빗Task Rabbit과 같은 서비스를 사용하면 인구 통계학적 분류대로 참가자를 선택할 수는 없지만 연구에 참여할 사람을 찾을 수는 있다. 또한 유저 테스팅UserTesting(https://usertesting.com/) 및 유저밥UserBob(https://userbob.com/)과 같은 온라인 서비스도 있으며 두 곳

---

5 Neilsen, J.(2012). "How Many Test Users in a Usability Study?" Retrieved from https://www.nngroup.com/

모두 테스트에 참가할 사용자들을 보유하고 있다. 그러나 화면 캡처 소프트웨어가 앱의 소리(가상 비서가 말하는 것과 같은)와 사용자의 음성과 화면 등을 캡처할 수 없는 것과 같은 기술적 난관이 있다. 사용자가 웹캠을 사용해 세션을 기록하도록 하면 문제를 해결할 수 있지만 이로 인해 테스트에 응할 사용자 수가 줄어들고 사용자들에게 추가 비용을 지불하게 될 것이다.

참가자들에게 반드시 보상하라. 직접 테스트를 하기 위해 방문하는 참가자에게는 일반적으로 더 많이 지불해야 한다. 또한 특정 사용자 그룹을 대표하는 피실험자에게도 더 높은 비용을 지불해야 한다.

물어볼 질문

사용자 테스트에서 인사이트를 얻기 위해 사용자에게 묻는 질문이 중요하다. 관찰로 얻는 데이터도 중요하지만 정확한 질문을 해야 사용자 경험에서 중요한 부분들을 알아낼 수 있다. 또한 대부분의 피실험자들은 좋은 사람으로 보이기 위해 부정적인 의견을 제공하는 것을 꺼리고 긍정적인 면을 과장하는 경향이 있다. 이는 무의식적으로 종종 일어나는 일로 훌륭한 인터뷰 진행자는 이러한 이슈를 피해갈 수 있다.

참가자에게 지시 사항을 전달할 때는 주의를 기울여야 한다. 해리스가 말했듯이 사용자는 테스트를 안내하는 사람으로부터 단서를 얻는다.[6]

가능하면 각 과제 후에 참가자에게 몇 가지 질문을 하고 나서 여러 질문을 하라. 그 이유는 참가자들이 과제 수행 후 다음 과제로 넘어가면서 이전 과제에 대해 잊어버릴 수도 있기 때문이다. 첫인상에 대해 질문하기 가장 좋은 시점은 첫 번째 과제가 끝난 바로 직후다.

참가자를 유도하지 말고 그들이 그들 자신의 언어로 설명하게 해라. 만약 어떤 참가자가 "과제를 수행하는 동안 앱에 말해도 될까요?"라고 묻는다면 "그렇게 하고 싶은가요?"라고 먼저 물어봐야 한다. 만약 참가자가 "하고 싶지 않아요."라고 말하면 "아, 왜냐하면 당

---

6   Harris, R. Voice Interaction Design: Crafting the New Conversational Speech Systems.(SanFrancisco, CA: Elsevier, 2005), 489.

신이 앱에 "내 쇼핑 목록 보여줘."라고 말했을 때 앱이 이해하지 못했기 때문인가요?"라고 말하지 말고 "좀 더 자세히 얘기해주세요."라고 말하면서 더 많이 듣되 더 적게 말하라. 중간에 잠시 멈추는 것은 괜찮다. 때로는 당신이 사용자의 말을 받아 적거나 메모를 남길 수도 있는데 그러면 사용자는 스스로 더 많은 정보를 제공할 것이다.

테스트를 시작할 때 참가자들에게 테스트를 받는 것이 아니라 시스템을 개선하기 위해 도움을 주기 위해 초대된 것이고 그렇기 때문에 그들의 피드백 때문에 기분 나빠하지 않을 것임을 상기시켜라. 참가자들이 계속 진행하기 힘들 정도로 좌절하지 않는 한 과제를 어려워하더라도 개입하지 말라.

정량적인 질문의 경우, 리커트 척도[Likert scale]가 자주 사용된다. 다음은 리커트와 알기나[Algina, J.]의 사용에 대한 몇 가지 좋은 지침이다.[7]

- 설명이나 질문은 현재 시제로 하라.
- 사실적이거나 사실과 같이 해석될 수 있는 설명을 하지 말라.
- 하나 이상의 해석이 가능한 문장은 쓰지 말라.
- 거의 모든 사람이 지지하거나 거의 지지하지 않을 것 같은 설명을 피하라.
- 긍정적 또는 부정적 표현의 수가 거의 같도록 하라.
- 설명 문장은 짧아야 하며 20단어를 초과하지 않도록 하라.
- 각 문장이 문법에 맞도록 하라.
- '모두[all]', '항상[always]', '아무것도[none]', '절대[never]'와 같이 보편적인 말을 포함하는 문장은 종종 모호함을 초래하므로 피하는 것이 좋다.
- '유일한[only]', '정확히[just]', '단지[merely]', '많은[many]', '거의 없는[few]', '드물게[seldom]'와 같은 한정적 단어를 사용하지 말라.
- 가능한 한 복잡하거나 여러 문장의 사용을 피하고 단순한 문장을 사용하라. '만약[if]'이나 '왜냐하면[because]'이 포함된 명령문을 사용하지 말라.
- 응답자가 쉽게 이해할 수 있는 어휘를 사용하라.

---

7   Crocker, L. and Algina, J. Introduction to Classical and Modern Test Theory.(Mason, Ohio: Cengage Learning, 2008), 80.

- '아닌[not]', '아무것도[none]', '절대[never]'와 같은 부정어의 사용을 피하라.

표 6-1은 사용자 테스트 세션의 가장 마지막 단계에서 사용할 인텔리포닉스[Intelliphonics]의 제니퍼 발로그가 작성한 샘플 설문지의 일부다.

"방금 당신이 경험한 시스템을 평가해주십시오. 각 문장을 읽고 얼마나 동의하는 지, 동의하지 않는지 선택해주세요. '매우 동의하지 않음'에서 '매우 동의함' 중 선 택할 수 있습니다. 각 문장마다 체크 표시는 한 번만 해주십시오."

표 6-1 리커트 설문지

	매우 동의하지 않음 (1)	동의 하지 않음 (2)	다소 동의 하지 않음 (3)	중립 (4)	다소 동의함 (5)	동의함 (6)	매우 동의함 (7)
시스템이 사용하기 쉽다.							
나는 영상의 흐름이 좋다.							
내가 어떤 말을 하는지 시스템이 이해했다.							
나는 시스템을 갖고 노는 것이 재미있다.							
시스템이 복잡하다.							
나는 시스템이 재미있다고 생각한다.							
영상이 너무 끊긴다.							
대화가 매우 만족스러웠다.							
시스템이 제공하는 조언에 만족한다.							
향후 이 시스템을 사용하지 않을 것이다.							
이런 식으로 상호 작용하는 것이 좋다.							

설문지는 정확도 콘셉트, 제공된 조언(콘텐츠), 사용 편의성, 대화의 현실성, 선호도 영 상의 흐름 등 일곱 가지에 대해 알아보는 질문들로 구성돼 있다. 각 카테고리는 '나는 영

상의 흐름이 좋다.'와 같은 긍정적인 문구와 '영상이 너무 끊긴다.'와 같은 부정적인 문구를 모두 포함하고 있다. 호감도는 이 연구의 주요 관심 주제이기 때문에 이 부분을 다루는 3개의 긍정적 표현이 설문지에 추가로 포함됐다.

개방형 답변(문답형 질문)

"시스템 전체 중 무엇이 가장 좋았습니까?"

"시스템이 어떻게 개선될 수 있다고 생각하십니까?"

부정적 표현문(시스템이 복잡하다)이 긍정적 표현문(시스템이 사용하기 쉽다)과 함께 사용되는 것에 주목하라.

이는 사용자가 선입견을 갖지 않도록 하는 데 중요하다. 이미 말했듯이 인터뷰 대상자는 평소보다 더 긍정적으로 반응하는 경우가 많다. 또한 부정적인 질문들은 참가자들이 대답을 멈추고 질문에 대해 더 생각하게 만드는데, 그 이유는 그들이 질문과 상관없이 그들의 생각을 재구성할 시간이 필요하기 때문이다.

이 예시에서 질문들은 비슷한 범주로 그룹화돼 각각의 측면에 대한 점수가 계산된다. 긍정적인 것과 부정적인 표현문을 직접 비교할 수 있도록 하기 위해 부정적으로 표현된 문장에 대한 대답은 반전돼 1의 응답이 7의 점수에 매핑되고 2의 응답은 6에 매핑되는 식으로 진행된다.

일곱 가지 범주에 대한 각각의 평균 점수가 계산됐다. 다음은 비슷한 질문을 사용한 사용자 테스트 결과다.

영상 흐름	6.00
사용 편의성	5.67
제공된 조언(콘텐츠)	4.83
정확성	4.75
선호도	4.73

콘셉트	4.42
대화의 현실성	3.75

이는 제니퍼 발로그와 그녀의 조수(라리다 스리타냐라타나^{Lalida Sritanyaratana})가 더 정량화해 보고서에 요약했다. 결론은 다음과 같다.

- 가장 높은 평가를 받은 영역은 영상의 흐름이었다. 마무리 세션에서 참가자들은 비디오에 대해 긍정적인 평가를 했다. 참가자 4는 "나는 영상이 흐르는 방식이 좋았다."라고 말했고 참가자 5는 "영상이 부드러웠다."라고 말했다. 다른 높은 점수를 받은 영역은 사용 편의성이었다. 마무리 세션에서 나온 몇몇 의견이 이 결과를 뒷받침한다. 참가자들은 종종 이 앱이 간단하고 명확하며 사용하기 쉽다고 말했다.

- 앱의 가장 낮은 점수를 받은 영역은 대화의 현실성이었다. 참가자들은 앱이 참가자들의 다양한 응답에 대해 계획된 응답이 있다는 것을 알아챘다. 참가자 3은 "죄송합니다. 제가 이해하지 못했습니다."라는 응답은 그에게 가짜처럼 들렸다고 말했다. 참가자 4는 "괜찮긴 하지만 응답이 미리 계획됐다는 걸 알아요."라고 말했다. 이와 마찬가지로 참가자 6은 "응답들이 미리 녹음된 것을 알고 있어요."라고 했다.

- 전반적인 선호도 영역에서 대부분의 참가자는 "앱이 마음에 들었다."는 데 동의했다. 이 질문에 대해 참가자 6은 중립적이었고 참가자 3, 4는 어느 정도 동의했으며 참가자 1, 2, 5는 동의했다. 따라서 이 질문에 대한 응답의 대부분은 긍정적이었다. 5.33의 평균 점수(5점이 "다소 동의함")는 설문 내 질문 중에서 세 번째로 높은 점수다. 그러나 선호도 임곗값 5.5에 도달하려면 약간의 개선이 필요하다.

살펴봐야 할 사항

원격 테스트 영상을 보거나 실험 대상을 관찰할 때는 사용자가 앱을 사용하는 도중에 무엇을 했는지, 하지 않았는지뿐 아니라 사용자의 얼굴 표정과 몸짓을 메모하는 것도 중요하다. 사용자가 예기치 않은 지점에서 웃었는지 앱에서 특정 질문을 했을 때 싫어했는지 등을 살핀다.

VUI의 사용성 테스트 수행 시 살펴봐야 할 사항들은 다음과 같다.

- 사용자가 말할 수 있는 시기와 할 수 없는 시기를 알고 있는가? 즉, 테스트하고 있는 기기와 대화할 수 있으며, 언제 말할 수 있는지 알고 있는가?
- 테스트 초기 단계에서 음성 인식 기능이 동작하기 전에 사용자가 뭐라고 말하는가? 어떻게 실제처럼 느껴지게 할 것인가?
- 사용자가 어느 지점에서 혼란스러워하고 주저했는가?
- 수행 시간: 사용자가 작업을 완료하기까지 걸린 시간은?

사용자가 "이제 뭘 해야 하죠?" 또는 "이 버튼을 눌러야 합니까?"라고 묻더라도 곧바로 답하지 않는다. 사용자가 혼자 있을 때 할 만한 것들을 하도록 부드럽게 독려한다. 앱이 다운되거나 사용자가 너무 혼란스러워할 때 개입한다.

초기 단계 테스트

콘셉트 테스트는 빠를수록 좋다. VUI UX 연구자는 모바일 기기 테스트에서 사용됐던 기존의 방법 외에도 신뢰성이 낮은 접근 방법을 사용하기도 한다.

샘플 대화

초기 콘셉트를 정한 후 VUI의 초기 단계 테스트를 위한 첫 번째 단계로 샘플 대화를 만들 수 있다. 2장, '기본 VUI 디자인 원칙'에서 살펴봤듯이 샘플 대화란 VUI와 사용자 간의 대화다. 철저히 구상하라는 것이 아니라 가장 일반적인 흐름은 물론 오류 복구와 같이 드물지만 중요한 흐름도 보여줄 수 있어야 한다.

샘플 대화는 시스템과 사용자가 차례대로 대화하는 영화 스크립트와 비슷하다.

다음은 어린이 사용자가 어른인 산타클로스와 직접 대화할 수 있게 해주는 앱의 샘플 대화다. 이 스크립트는 볼리오의 로비 피커드가 작성했다.

산타클로스와 얘기하세요

산타클로스는 큰 빨간 의자에 사용자를 향해 앉아 있다. 산타클로스 뒤로 장난감 공장이 바쁘게 돌아가고 있는 장면이다.

산타클로스	호! 호! 호! 메리 크리스마스, 꼬마야! 북극에 오신 것을 환영한다. 이름이 뭐니?
사용자	클라우디아요.
산타클로스	사랑스러운 이름이구나. 몇 살이지?
사용자	7살이요.
산타클로스	일곱 살! 좋아! 이제 곧 그날이구나. 크리스마스가 기대되니?
사용자	네!
산타클로스	나도 그래!

클로스 부인이 산타 할아버지께 우유와 쿠키를 가져다준다.

산타클로스 부인	여기 우유와 쿠키를 좀 가져왔어요.
산타클로스	고마워요.

산타클로스는 어린이에게 두 가지 쿠키를 보여준다. 하나는 초콜릿 칩 쿠키이고 다른 하나는 눈사람 모양의 설탕 쿠키다.

(사용자에게)	맛있어 보이는 쿠키들이구나. 쿠키 고르는 것 좀 도와줄래? 초콜릿 칩 쿠키, 눈사람 쿠키 둘 중 어떤 것을 먹을까?
사용자	둘 다 드세요!

산타클로스(웃으며)	오, 그래. 너무 많긴 하지만, 네가 원하는 대로 하마!

산타는 바로 2개의 쿠키를 크게 베어 먹은 후 우유 한 잔을 마신다.

산타클로스(계속)	정말 맛있구나. 보다시피 나는 부인의 과자를 정말 좋아한단다!
(배를 두드리며)	있잖니, 엘프들과 나는 모두를 위해 열심히 장난감을 만들고 있어요. 어디 한번 물어볼까. 너는 올해 착한 어린이였니, 장난꾸러기 어린이였니?
사용자	착한 어린이였어요!
산타클로스	잘했구나! 올해에 한 착한 일 중 하나만 말해보렴.
사용자	엄마가 제 방을 청소하는 것을 도와드렸어요!
산타클로스	그래? 정말 잘했구나.

산타는 종이를 꺼내 적기 시작한다.

산타클로스	너를 착한 아이 목록에 올려 놓아야겠구나. 자, 이제 중요한 질문을 해볼까? 크리스마스 선물로 무엇을 받고 싶니?
사용자	스케이트보드와 배낭이 갖고 싶어요!
산타클로스(기뻐하며)	음, 내 썰매에 들어갈 것 같은데! 나를 위해 쿠키와 우유를 남겨두는 것을 잊지 말고!

끝

몇 개의 샘플 대화가 작성되면 다른 사람들과 '대본 리딩'을 해본다. 각각 VUI에 한 명, 사용자에 한 명을 지정해 읽어본다. 어떻게 들리는가? 반복적인가? 과장됐는가?

개발자와도 대본 리딩을 해본다. 대명사를 다루는 것이나 사용자의 이전 행동을 언급하는 등 디자인 항목이 더 복잡해질수록 복잡한 개발이 필요하므로 임박했을 때 알리지 않고 처음부터 관여하도록 하는 것이 중요하다.

대본 리딩에서 공통적으로 발견되는 것 중 하나는 동일한 문구를 사용하는 경우가 너무 많다는 것이다. 예를 들어 '고맙다' 또는 '알았다'라는 말은 세 번 연속되기도 한다.

목업

모바일 디자인의 유형과 마찬가지로 목업은 초기 단계에서 앱의 룩앤필^{look-and-feel}을 테스트하는 좋은 방법이다. 아바타를 사용하는 경우 아직 움직이지 않고 음성 인식도 구현되지 않은 경우라도 목업은 아바타 외관에 대한 사용자의 첫 반응을 얻는 데 유용한 방법이다.

오즈의 마법사 테스트

"커튼 뒤에 있는 그 사람에게 주의를 기울이지 말라!"

– 위대하고 강력한 오즈

오즈의 마법사^{Wizard of Oz, WOz} 테스트는 실제로 구현된 시스템을 대상으로 하는 것이 아니라 '커튼 뒤에서' 사람이 수동으로 동작해 사용자에게 완벽하게 동작하는 시스템처럼 느껴지게 하는 것을 말한다.

WOz 테스트는 초기 단계에서 이루어진다. 해리스는 "WOz 테스트는 사용자와 어느 정도 거리를 두는 거의 완성된 모델의 교정 도구가 아닌 음성 시스템 디자인의 창조적 과정의 일부"라고 말한다.[8]

WOz 테스트를 수행하려면 마법사와 조수, 두 명의 연구원이 필요하다. 마법사는 일반적으로 사용자의 말을 듣고 다음 작업을 수행하는 데 중점을 둔다. 따라서 이 사람은 인터뷰 및 메모 작성 책임자가 될 수 없다.

뉘앙스 커뮤니케이션즈에 있었을 때 WOz 테스트는 IVR 시스템 완성 전에도 테스트가 가능한 저비용이면서도 보편적인 방법이었다. 사용자와 전화로 인터랙션했기 때문에

---

8   Harris, R. Voice Interaction Design: Crafting the New Conversational Speech Systems.(SanFrancisco, CA: Elsevier, 2005).

실제 IVR 시스템 시뮬레이션이 쉬웠다. 대화의 각 단계에서 현재 사용할 수 있는 프롬프트(오류 프롬프트 포함) 목록으로 이뤄진 웹 기반 도구를 만든 후 '마법사'가 적절한 프롬프트를 클릭하면 전화기로 재생된다.

여전히 흐름을 디자인하고 프롬프트를 녹음해야 하지만 단순한 HTML 파일만 작성하면 될 뿐 시스템 코드를 작성할 필요는 없다(그림 6-1 참조).

```
PREVIOUS STATE:        GetZipCode
CURRENT STATE:         GetPhoneNumber
NEXT STATE:            ConfirmPhoneNumber

Initial prompt:  "Please say or key in your 10-digit phone
number."

Error 1:  "I'm sorry, I didn't get that.  Please say or key in
your phone number."
Error 2:   "I'm sorry, I still didn't get that.  Please say or
key in your 10-digit phone number."
Max error:  "I'm sorry for the trouble.  Please hold while I
transfer you…."


Help
Operator
Main Menu
```

그림 6-1 IVR 테스트를 위한 WOz 화면

모바일 앱에서 WOz 테스트를 수행하는 것은 까다롭다. 원격으로 제어하기가 훨씬 어렵기 때문이다. 그럼에도 불구하고 제대로 동작하는 프로토타입을 만들기 전에 사용자 데이터를 수집하는 것은 중요하다. 다음은 실제 동작하는 앱을 만들기 전에 이러한 유형의 테스트를 수행하는 몇 가지 방법이다.

문자 메시지 사용하기

음성 인식을 시뮬레이션하진 않지만 전반적인 대화 흐름과 사용자가 말할 수 있는 유형을 알 수 있다. 이 방법의 경우 사용자에게 새 봇과 문자 메시지를 한다고 알려준다. 사용자는 모르고 있지만 반대편엔 사람이 동작하고 있다. 간단히 시작을 알리는 프롬프트를 문자 메시지로 보내는 것으로 시작할 수 있다.

생략된 작업에 집중하기

경우에 따라 사용자가 주어진 상황에서 무슨 말을 할 수 있다고 생각하는지 알아 낼 수 있다. 예를 들어 가상 도우미를 디자인하려는 경우, 앱에서 "무엇을 도와 드 릴까요?"라고 질문해 다양한 사용자 응답을 수집할 수 있다. 실제 음성 인식은 필 요하지 않으며 단지 화면과 프롬프트만으로 이뤄진 목업만으로 가능하다.

오류 발생시키기

음성 인식이 완전히 구축되기 전에 사용할 수 있는 또 다른 기술은 오류 발생이다. 예를 들어 앱이 사용자에게 "몇 명과 함께 여행하시겠어요?"라고 묻고 사용자가 뭐라고 대답하더라도 바로 "죄송합니다. 몇 명이라고 하셨습니까?"라고 다시 물 은 후 버튼과 같은 GUI를 제공하는 것이다. 이와 더불어 사용자가 시스템과 상호 작용하는 다른 유용한 방법에 대해서도 알 수 있다.

VUI가 완성되기 전부터 GUI 테스트하기

모바일 VUI 앱은 대부분 조합된 형태이므로 액슈어^{Axure} 및 인비전^{InVision}과 같은 프 로토 타입 도구를 사용해 다양한 GUI 요소를 테스트할 수 있다. 이를 통해 목업으 로 모바일 앱의 간단한 작업 모델을 만들 수 있다. 이 모델에서는 버튼을 스와이프 하거나 누르는 등 특정 동작을 발생시킬 수 있다. 액슈어의 경우 프로토타입에서 오디오도 재생할 수 있다.

WOz의 장점 중 하나는 초기 프로토타입을 테스트할 수 있는 능력이지만 또 다른 장 점은 개발 주기상에서 후반부가 아닌 코드를 작성하기 전에도 설계를 변경할 수 있어 비용이 저렴해진다는 점이다.

WOz 테스트와 사용성 테스트의 차이점

VUI에 있어서 WOz와 사용성 테스트의 한 가지 중요한 차이는 바로 인식 정확도다.

GUI에서 보통 WOz를 수행할 때는 사용자가 화면의 어느 곳을 클릭했는지, 어떤 부분을 스와이프하거나 탭했는지가 명확하다. 애매모호함이 없기 때문에 그 버튼이나 리스트가 실제 코드와 연결되면 예정된 동작을 할 것이다.

WOz 테스트에서 마법사는 VUI 및 자연어 인터페이스를 사용해 실시간 해석을 수행하고 이것이 현실적으로 인식할 수 있는 것인지 판단해야 한다. 사용자가 문법에 맞춰 제대로 말해준다면 쉬운 작업이 될 수도 있지만 더 복잡한 경우 마법사는 사용자가 실제로 의미한 것을 빠르게 알아차리고 실제 시스템이 처리할 수 있을지 여부를 신속히 판단해야 한다.

마법사 역할은 보수적으로 접근하는 것이 더 좋지만 크게 걱정할 필요는 없다. 이 테스트는 초기 문제를 파악하는 것만으로도 매우 유용하다.

사용성 테스트

사용성 테스트는 동작하는 앱이 있는 단계에 사용된다. 시스템이 완전히 동작하는 상태에서 테스트하려는 모든 기능이 있어야 한다. 사용자 프로필이나 사용자 검색 기록과 같은 개인 정보가 필요한 항목을 테스트해야 하는 경우 가짜 계정을 만들어야 한다. 백엔드와 아직 연결돼 있지 않았다면 하드 코딩된 정보로 테스트할 수도 있다.

사용성 테스트는 일반적으로 테스트 인식 정확도를 목표로 하지 않는다. 이는 흐름과 사용의 용이성을 시험하기 위한 것이다. 그러나 인식 문제로 인해 문제가 발생하고 사용자가 작업을 완료하지 못할 수 있다. 가능하다면 몇 가지 주요 주제를 먼저 실행해 주요 인식 문제를 파악하고 전체 연구를 실행하기 전에 수정한다. 즉, 인지 문제는 꾸준히 해결해야 할 중요한 과제다. 인식되지 않아 테스트 진행에 문제가 발생한 부분은 추후 반드시 해결돼야 한다.

전통적인 사용성 테스트는 실험실에서 이뤄지지만 사용성 테스트를 다른 방법으로도 충분히 성공적으로 실행할 수 있다.

원격 테스트

일부 연구자는 원격 사용성 테스트를 싫어하지만 이를 제대로 수행하면 매우 유용할 수 있다. 원격 테스트의 이점은 다음과 같다.

- 로컬일 필요가 없으므로 인구 통계학적으로 실험자를 쉽게 찾을 수 있다.
- 사용자가 실험 장소에 방문하는 데 드는 비용을 지불할 필요가 없기 때문에 일반적으로 저렴하다.
- '실제 상황'에서 테스트하는 것이 더 좋다. – 실제 시나리오와 훨씬 유사하다.
- 사용자가 테스트에 참여할 때 아무도 자신을 응시하지 않기 때문에 자의식이 덜하다.
- 중재 또는 비중재 방식 가능 – 중재자 없이 테스트가 가능하다.

중재 대 비중재

앞에서 언급한 바와 같이 원격 테스트는 테스터의 참여 측면에서 더 많은 유연성을 허용한다. 원격 테스트를 통해 화상 회의 또는 전화로 대상을 관찰하고 인터뷰할 수 있다. 중재된 테스트는 참가자의 행동을 바탕으로 질문할 수 있으며 답변이 너무 짧으면 자세한 내용을 더 요청할 수 있다.

그러나 원격 테스트는 중재자 없이도 테스트할 수 있으므로 테스터는 자신에게 가장 적합한 시점에서 작업을 자유롭게 수행할 수 있다. 유용성 연구를 수행하는 데는 중재되지 않은 원격 테스트도 매우 효과적인 방법일 수 있다.

녹화

원격 사용성 테스트 중에는 진행자가 현장에 없기 때문에 사용자에게 일어나는 일을 기록할 방법이 있어야 한다. 오디오 구성 요소가 없는 모바일 앱을 테스트할 때는 스마트폰의 화면 레코딩 앱을 사용할 수 있지만 사용자가 앱과 대화해야 하는 경우는 사용하기가 어렵다.

일부 업체는 사용자가 웹캠을 갖고 있고 테스트 세션 녹화에 익숙한 경우로 제한하기도 하지만 이는 비용이 더 들기도 하며 웹캠이나 기타 녹음 장치를 소유하고 있거나 사용할 수 있는 사람들로 한정돼 인구 통계를 제한할 수 있다.

우리는 볼리오에 있을 때 그림 6-2와 같이 애플 페이스 타임을 사용해 사용자의 오디오 및 비디오를 아이패드의 PiP^picture-in-picture 기능으로 기록했다(사용자는 페이스타임의 화면 구석에서 자신의 모습을 볼 수 있다). 원격 테스트의 경우, 사용자가 말하는 중이 아닌 경우에도 표정 및 기타 오디오를 캡처하기 위해 녹음을 남겼다(물론 사용자로부터 허가를 얻었고 데이터를 내부에 보관했다).

그림 6-2 볼리오 앱을 사용하면 사용자의 비디오를 녹화할 수 있으므로 사용자 테스트에 유용하다.

이 방식은 매우 효과적이라는 것이 입증됐다. 사용자가 자기 차례에 앱에 대고 말한 것을 기록하는 것 외에도 사용자가 보고 있는 콘텐츠에 대한 반응도 관찰할 수 있었다. 예를 들어 스탠드업 코미디언 인터랙티브 앱을 테스트할 때 코미디언이 농담을 하는 동안 사용자가 웃고 있는지, 지루함을 느끼는지, 불쾌함을 느끼는지 관찰할 수 있었다.

사용자는 여러 가지 작업을 수행한 후 테스트한 시스템에 대한 주관적 인식을 조사하는 설문을 완료한다. 이러한 유형의 원격 테스트가 가진 단점은 IVR 시스템이 아닌 한 참가자의 응답을 실시간으로 추적할 수 없다는 것이지만 이점이 주는 혜택이 단점보다 크다.

원격 테스트 서비스

사용성 테스트를 수행할 때, 특히 사용자 테스트를 위한 예산이 없는 소규모 회사의 경우라면 창의력을 발휘해야 할 필요가 있다.

원격 사용자 테스트를 수행하는 또 다른 방법은 아마존의 메커니컬 터크$^{Mechanical Turk}$와 같은 서비스를 사용해 테스터 그룹을 찾는 것이다. '작업자'는 메커니컬 터크에 가입하고 '요청자'는 웹 페이지를 통해 온라인으로 수행할 수 있는 작업을 등록한다. 작업자는 자신이 원하는 작업을 선택할 수 있으며 요청자는 완료 작업에 대한 비용을 지불한다. 그림 6-3은 메커니컬 터크 작업자가 작업을 수행할 때 볼 수 있는 예제다.[9]

---

9 This example is taken from Amazon's "How to Create a Project" documentation (http://docs.aws.amazon.com/AWSMechTurk/latest/RequesterUI/CreatingaHITT emplate.html).

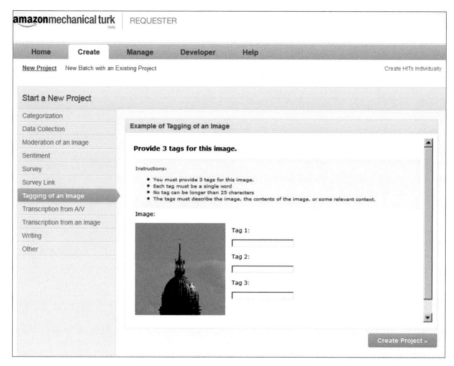

그림 6-3 아마존의 메커니컬 터크 작업 샘플

현재 D + M Holdings의 VUI 디자인 책임자인 앤 타임 고벨은 메커니컬 터크를 사용해 TTS와 녹음된 음성 안내의 비교를 성공적으로 테스트했다. 그녀는 메커니컬 터커 이용자들에게 행복, 낙담, 실망 및 기타 감정을 자극하고 신뢰와 호의에 관한 후속 질문을 하는 다양한 메시지를 듣도록 요청했다.

앤 타임 고벨은 원격 테스트가 실험실 테스트보다 다양한 장점을 갖고 있으며 이것이 사람들이 실험실을 방문하지 않아도 된다는 사실 때문만은 아니라고 말한다. 원격 테스트를 통해 '실제 상황' 시나리오를 보다 쉽게 시뮬레이션할 수 있다. 예를 들어 사용자가 전화로 처방전을 다시 발행해줄 것을 요청하는 경우를 들 수 있다. 원거리 사용자에게 집에서 실제 약병을 찾아 처방 번호를 읽어주도록 요청할 수 있다. 그들이 전화기를 들고 집안을 걸어다니면서 약병을 찾게 하는 것이 실험실에서 약병을 건네는 것보다 더 현실적인 예가 될 것이다.

컨버센트 랩스는 자신의 음성 지원 쿠킹 앱인 '예스, 셰프Yes, Chef'에 대한 사용자 연구를 수행할 때 실제 조리법을 일반 사람들의 부엌에서 테스트함으로써 사람들이 요리를 하는 동안 실제로 앱에 말하는 방식을 이해할 수 있도록 했다.

앤 타임 고벨은 원격 테스트 중에 다음과 같이 말했다.

> "참가자가 더 많은 것을 공유한다. 참가자와 함께 방안에 앉아 있었다면 그들은 어 떤 상황에서 일어난 일을 설명하려 하기보다 단순히 "일어난 일을 직접 보셨죠?" 라고 말할 가능성이 더 크다."

아웃소싱을 통한 테스트라도 피실험자에게 정당하게 지불하는 것을 잊지 말자. 메커니컬 터크는 사람들을 직접 모집하는 것보다 훨씬 저렴한 방법일 수 있다. 그렇다고 해서 돈을 많이 내지 않아도 된다는 것은 아니다. 이 방법을 통해 예산 내에서 더 많은 피실험자를 모집할 수 있다는 것을 의미한다. 적절한 인구 통계 분포에 들었다면 대략 5~10명의 사용성 평가 대상이 필요하며 통제를 덜 할수록 더 많은 피실험자가 필요하게 된다.

랩 테스트

전통적인 사용성 테스트는 단방향 거울 및 레코딩 장비가 있는 랩에서 수행된다. 직접 테스팅하기 위한 피험자 모집은 매우 효과적일 수 있다. 레코딩 장비가 이미 설치돼 있다면 필요한 것을 안정적으로 기록할 수 있다. 실험실 테스트의 전문가는 사용자 테스트를 수행하기 위한 전용 공간(특히, VUI 테스트를 수행할 만한 조용한 장소가 필요할 때 특히 중요)과 전용 레코딩 장비를 세팅해 사용자가 테스터 없이 작업을 수행할 수 있도록 한다. 그 옆에 바로 앉아 테스트하는 것은 사용자를 불편하게 만들 수 있다(단방향 거울 사용).

단점은 실험실을 유지하는 비용과 피실험자가 약속을 지키도록 하는 데 필요한 비용이 포함된다. 필요한 사람들을 테스트 지역에서 구할 수 없는 경우에는 인구 통계를 제한할 수 있다.

물론 '실험실' 테스트의 변형이 존재한다. 소규모 회사에서는 전용 공간이 반드시 필요한 것은 아니다. 조용한 개별 공간이면 충분하다. 이상적으로는 사용자가 보고 있는 것을 알수 있도록 카메라를 설치하므로 너무 가까이 앉아 있을 필요는 없다.

게릴라 테스트

사용자 테스트를 위한 예산이 없을 경우, 가끔은 밖으로 나가 사람들에게 앱을 사용해보도록 요청해야 한다. 커피숍, 쇼핑몰, 공원 등은 실시간 테스트를 위해 피실험자를 모집하는 효과적인 장소가 될 수 있다. 모바일 장치, 작업 정의서, 질문 및 보상을 준비한다. 수제 쿠키, 스타벅스 기프트 카드, 스티커조차도 사람들이 앱을 시험해 보는 데 5~15분을 소비할 만큼 충분한 동기가 될 수 있다. 그들에게 더 나은 앱을 디자인하는 데 도움이 되고 피드백이 다른 사람들에게 도움이 된다는 것을 상기시켜준다.

성능 측정

객관적 측정과 주관적 측정의 조합을 수집하는 것이 좋다. 하나의 측정이 항상 완전한 이야기를 제공하지는 않기 때문에 이 조합은 특히 중요하다. 예를 들어 사용자가 작업을 성공적으로 완료했지만 뭔가 마음에 들지 않을 수도 있고 앱의 기능이 기술적으로 완벽하지 않더라도 신경쓰지 않을 수도 있다.

제니퍼 발로그는 "실험자는 사용자가 작업에 실패한 것을 알지만 사용자는 신경쓰지 않았다."라고 설명한다. 볼리오 사용성 테스트 중에 이 사실을 알게 됐는데, 사용자의 말을 올바르게 인식하지 못했지만 오류 처리가 비교적 쉬웠기 때문에 사용자는 앱을 부정적으로 평가하지 않았다. 오류 횟수만 카운트했다면 그 결과는 달라졌을 것이다.

객관적인 측정을 위해서는 인상에 의지하지 말고 기록하라. 발로그는 다음과 같이 말했다.

> "때로는 대상 하나가 인상적일 수 있지만 실제 결과는 그 한 사람이 경험한 것과는 다를 수 있다."

그녀는 VUI 시스템 테스트를 위해 다섯 가지 주요 측정값(정확성과 속도 인지 노력, 투명성/혼동성, 친숙함, 음성)을 필터링한 연구를 인용한다.[10]

각 작업에서 '작업 완료'가 무엇을 의미하는지 미리 결정하라. 사용자가 작업을 진행하는 도중에 멈췄더라도 작업이 완료된 것일 수도 있다. 예를 들어 사용자가 가까운 약국을 찾고 있지만 지도에서 링크를 클릭하지 않은 경우, 여전히 작업을 완료한 것일 수 있다. 사용자는 약국 영업 시간만 알고 싶었을 수 있다. 사용자가 작업을 끝내면(자발적이든 아니든) 필요한 것을 얻었는지 묻고 그렇지 못했다고 대답하면 왜 얻지 못했는지 물어보라.

VUI 시스템에서는 오류의 수와 유형을 추적하는 것이 매우 중요하다. 예를 들어 거부 오류는 사용자가 말한 것을 다른 것으로 잘못 인식한 것과는 다르다. 오류가 추가로 발생한 후에 일어난 일(사용자가 복구했는지, 얼마나 걸렸는지)을 기록하는 것이 중요하다.

다음 단계

테스트가 끝나면 질문에 대한 응답, 작업 완료율, 오류 수와 유형 등을 기록하라.

불만을 확인하라. 사용자들이 어디서 힘들어했는지? 사용자들이 언제 말할 수 있는지를 알았는지? 어디에서 헤맸고 어느 부분에서 참을성이 없어졌는지? 오류가 생겼을 때 다시 시도해서 성공할 수 있었는지?

관찰 내용을 작성하고 권장 사항을 목록화하라. 심각한 순서대로 문제점의 순위를 매겨 팀 전체와 공유하고 문제를 수정할 시기와 방법에 대한 계획을 세워라.

---

10 Larsen, L.B. (2003). "Assessment of spoken dialogue system usability: What are we really measuring?" Eurospeech, Geneva.

자동차, 기기, 로봇의 VUIS 테스트

IVR 또는 모바일 앱이 아닌 다른 환경에서 VUI를 테스트할 때 약간의 차이가 적용된다.

자동차

자동차 테스트는 까다롭다. 대형 자동차 회사들 및 일부 대학들에서는 시뮬레이터를 보유하고 있지만 중소기업의 경우, 이러한 장비를 구입하는 것이 어려울 수 있다. 저렴한 방법으로는 시뮬레이터를 표시하는 모니터와 운전대와 운전 앱이 있는 휴대폰 또는 태블릿 고정대가 있는 자동차 모형^{mock-up}을 사용하는 것이 있다.

전기 자동차 회사인 넥스트 EV의 리드 음성 UX 디자이너 리사 폭슨은 종종 실제 차량을 주차장에 세워두고 자동차 사용성 테스트를 한다. 이를 통해 그녀는 사용자가 시스템을 어떻게 사용하는지, 사용자의 주의 산만 정도와 사용자가 어떤 것을 할 수 있었고 할 수 없었는지 등 중요한 정보를 보다 안전한 상황에서 수집할 수 있다.

자율 주행 자동차 회사인 죽스^{Zoox}의 경험 디렉터인 캐런 카산스키는 초기 사용 테스트는 완벽하게 동작하는 프로토타입을 사용해 진행할 필요가 없음을 강조한다. 마이크로소프트에서 포드 싱크^{SYNC} 시스템을 개발하는 동안(사용자가 버튼을 누르고 출퇴근 시간을 물어볼 수 있는 기능이 있는) WOz 테스트를 수행하기 위해 낮은 정확도 방법을 사용했다.

자동차에는 아직 푸시-투-토크 버튼이 없기 때문에 자동차 핸들에 스펀지로 제작해 부착했다(그림 6-4 참조). 주차장에 앉아 있는 동안, 한 사람이 노트북을 들고 뒷좌석에 앉아 미래 자동차에서 실행될 법한 프롬프트를 실행했다. 피실험자는 바로 그 경험에 몰입했고 팀은 사람들이 교통 정보에 대해 어떻게 질문하는지 등 다양한 발견을 하는 데 유용한 초기 테스트를 수행할 수 있었다.

그림 6-4 스폰지 푸시-투-토크 버튼이 있는 포드의 싱크 프로토타입
(사진: 캐런 카산스키)

기기와 로봇

캐런 카산스키는 자동차뿐 아니라 다른 기기의 초기 테스트 방법인 '경험 프로토타이핑experience prototyping'에 대해서도 말한다. 스마트워치를 개발하고 있다고 가정해보자. 첫 번째 모델이 나오기까지 시간이 걸릴 것이다. 제품 출시 전, 손목에 이와 같은 장치를 착용하고 쇼핑몰을 걸으면서 사용해보자. 카산스키는 "딕 트레이시Dick Tracy가 돼 시계 가까이에 대고 "내일 날씨가 어떠니?"라고 말해보세요."라고 말했다.

톰 치Tom Chi는 2012년 테드TED에서 구글 글래스 래피드 프로토타이핑에 대해 "실행하는 것이 최선의 생각이다."라고 말했다. 다시 말해 사람들이 기기와 어떻게 인터랙션하는지에 대해 오랫동안 생각해볼 수도 있지만 사람들이 실제 기기를 사용해 보도록 하는 것만한 것이 없다(심지어 원시적 프로토타입 형태일지라도).

아마존 에코와 같은 기기를 테스트하는 경우, 기기를 통해 프롬프트를 재생하기만 하면

되기 때문에 WOz 테스트까지 수행할 수 있다. 사용자가 방에 기기와 함께 있고 다른 방에는 다른 사람이 컴퓨터 앞에 앉아 사용자의 질문에 대한 응답을 재생할 준비를 하는 상황을 상상해보자.

로봇을 테스트할 때 WOz 방법을 사용할 수도 있다. 메이필드 로보틱스^{Mayfield Robotics}의 리드 UX 디자이너 엘렌 프란식은 사용자 입력에 대한 로봇의 반응에 사람들이 어떻게 반응하는지 테스트해야만 했다. 그녀는 로봇에 마이크를 장착하기도 전에 WOz를 사용해 시나리오 테스트할 수 있었다.

실험자는 블루투스를 통해 로봇과 연결돼 있는 아이패드 앱을 사용해 로봇의 움직임, 소리 및 애니메이션을 제어한다. 사용자가 로봇에 명령하거나 질문하면 실험자는 적절한 소리를 재생하며 로봇을 움직였다. 프란식은 이런 방식으로 사용자가 로봇의 (비언어적인) 반응을 이해했는지 테스트할 수 있었다. 로봇이 "예"라고 말했을 때 사용자가 알아들었는가? 로봇이 언제 알아들었는지 사용자가 알 수 있었는가?

그들은 로봇이 사람들의 집에서 실제로 사용되는 환경에서 테스트했기 때문에 실험자를 숨기려고 하지 않았다. 프란식은 "실험자는 진행을 막는 장애는 아니며 사람들은 여전히 로봇과 인터렉션하려 했고 그 실험들은 매우 가치 있는 것으로 밝혀졌다."라고 말했다.

결론

사용자 테스트 VUI 기기들은 모든 종류의 사용자 테스트와 공통점이 있다. 가능한 한 많은 개발 단계에 걸쳐 테스트하고 신중하게 타깃 사용층을 선택하라. 원하는 기능을 실험하도록 과제를 설계하라. 피실험자를 유도하지 말고 적합한 질문을 하라.

전통적인 방법은 VUI 앱을 테스트하기에 적합하지 않기 때문에 VUI 앱 테스트는 더 어려울 수 있다. 그러나 음성 인식이 적용되기 전에 테스트하거나 실험자가 음성 안내를 재생하거나 문자 전용 버전을 사용하는 등 다양한 해결 방법이 있다. 멋진 기능이 동작하는지 여부뿐 아니라 사용자가 만족하는 방식으로 작업을 완료할 수 있었는지 테스트하는 것이 중요하다. 당신이 "택시를 예약하고 엄마에게 꽃을 보내줘."라고 말했다고 해서 사용자가 실제로 그렇게 똑같이 말하는 것은 아니기 때문이다.

5장에서 언급했듯이 데이터 수집은 성공적인 VUI 설계를 위한 필수적인 요소다. 테스트 단계에서 데이터를 수집하는 것은 VUI를 초기에 개선하는 좋은 방법이다. 테스팅을 통해 사용자가 시스템과 어떻게 대화하고 인터랙션하는지 살펴보고 그에 따라 VUI를 구성하자.

7장

VUI 완료! 다음 작업은?

드디어 끝났다! 당신은 VUI를 디자인하고 개발했다.

그럼 이제 무엇을 해야 할까?

이렇게 앱을 출시하고 그로 인한 보상을 받는다면 더할 나위 없이 좋겠지만 앱을 출시한다는 것은 그리 단순한 일이 아니다. 먼저, 모든 것이 완벽하게 실행되는지 테스트해보고 확인해야 한다. 앱을 출시한 이후에는 시스템이 정상적으로 동작하는지 검증해야 한다. 다행히 시스템이 정상적으로 동작하는지 추적하고 분석하는 표준화된 방법들이 있기 때문에 이를 이용해 얻은 정보를 바탕으로 앱의 VUI를 개선할 수 있다.

7장에서는 VUI를 테스트하는 방법들을 소개하고 어떤 정보를 저장해야 하는지 그리고 이렇게 얻은 정보들로 무엇을 해야 하는지에 대해 알아본다.

출시 전 검증

먼저 검증에 대해 살펴보자. 아마도 이미 사용성 테스트, 기본 QA 테스트 등 몇 가지 일반적인 방법들을 통해 앱이 여러 다른 기기에서 동작하는지 확인해봤을 것이다. 이제

VUI에 특화된 몇 가지 검증법에 대해 알아보자.

대화 흐름 검증

VUI에서 중요한 검증 방법 중 하나는 음성 자동 응답 시스템^{IVR}에서 대화 흐름 검증법 Dialog Traversal Testing, DTT으로 불리는 방법이다. 이 경우, '대화'란 대화 흐름의 상태를 의미하며 보통 질문 하나와 이에 대한 사용자의 대답을 의미한다. 이는 이행, 오류 프롬프트, 도움 프롬프트 등을 비롯한 대화 상황에서 발행하는 모든 것이 포함된 상태를 말한다.

다음은 『Voice User Interface Design』에서 대화 흐름 검증법이 IVR 시스템에 어떻게 사용되는지를 설명한 내용이다.

> 대화 흐름 검증법의 목적은 시스템이 정확하게 설계된 대화에 따라 완벽하게 대화를 구현하는지 확인하는 것이다. 이 테스트는 실시간 시스템에서 전화로 이뤄지며 대화를 나누는 테스트 스크립트를 통해 진행한다. 각 단계에서 올바른 조치들이 취해져야 하며 올바른 프롬프트가 실행돼야 한다.
>
> 테스트 중에는 모든 대화가 실행돼야 한다. 각 대화 상태에서는 모든 일반적인 조건이나 오류 조건들이 테스트돼야 한다. 예를 들어 문법이 맞지 않는 말을 이용해 인식 거부에 대응하는 반응도 검사해봐야 한다. 또한 침묵을 통해 무언 시간 초과 No-speech timeouts 시스템도 검사해봐야 한다. 제대로 동작하는지 확인하기 위해 대화 상태에서 여러 번의 연속적인 오류를 제공해보기도 해야 한다.[1]

오늘날의 VUI는 초기 IVR 시스템과 공통점이 많지만 몇 가지 차이점도 있다. 예를 들어 VUI는 전화로 사용되는 것이 아니라 전화에 있는 앱을 통해 사용된다. 더욱이 가상 비서의 경우에는 다양하지만 깊이가 있지는 않을 것이다. 메인 프롬프트가 "무엇을 도와드릴까요?"에 대한 경우를 예로 들어보자. 이 경우에는 이 시점으로부터 접근할 수 있는 모든

---

1   Cohen, M., Giangola, J., and Balogh, J. Voice User Interface Design.(Boston, MA: Addison-Wesley, 2004), 6, 8, 75, 218, 247-248, 250-251, 259.

기본 기능에 제대로 접근할 수 있는지 검사해야 한다. DTT 테스트는 사용자가 각각의 기능에 대답할 수 있는 모든 경우의 수를 테스트하는 것이 아니라 그 기능에 접근하는지만 테스트한다. 더 복잡한 시스템의 경우에는 DDT 방법을 사용하는 것이 매우 어렵거나 비용적으로 부담이 될 수도 있다. 이 경우에는 가능한 많은 경우의 적합한 경로 또는 일반적인 오류 경로를 테스트해야 한다.

이 단계에서 사용자가 아무것도 말하지 않아 발생하는 무언 시간 초과나 사용자의 음성이 인식됐지만 그것에 대응하는 설계가 돼 있지 않아 발생하는 불일치^{No matches}와 같은 오류 등을 테스트하는 것은 매우 중요하다.

VUI와 같이 더 깊이 있고 다양한 대화가 요구되는 경우에는 대화의 모든 단계를 검증해보는 것이 중요하다. 나는 종종 대화 흐름도를 인쇄하고 검사하면서 메모를 기록한다(그림 7-1 참조).

흐름 검증^{Traversal Testing}은 시간이 많이 소요되는 작업이기 때문에 이 단계를 피하고 싶은 생각도 들겠지만 사용자들은 이런 당신의 철저함에 고마움을 느낄 것이다. 또는 적어도 실수 때문에 당신을 저주하는 일은 없을 것이다.

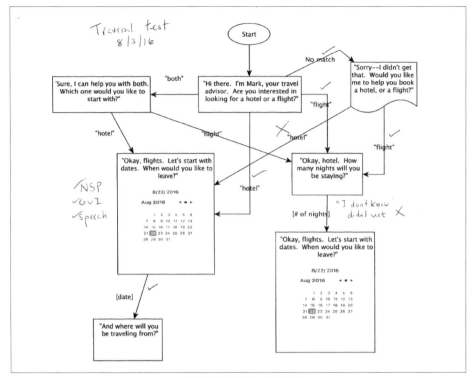

그림 7-1 흐름 검증 과정 예시

인식 검증

IVR에서 인식 검증^{recognition testing}은 기본 인식 매개변수들이 올바르게 설계됐는지 확인하기 위해 실행된다. 이는 일반적으로 10~20명 정도 규모로 구성된 그룹이 제공된 대본을 검증하는 방식으로 진행된다(그림 7-2의 예시 대본 참조).

오늘날의 클라우드 기반 음성 인식의 경우에는 조절할 매개변수가 더 적기는 하지만 여전히 인식 검증은 유용한 테스트다. 『Voice User Interface Design』에서 이미 언급했듯이 여기에서 주의해야 할 매개변수 중 하나는 발화 종료 설정이다. 예를 들어 전화번호의 경우, 보통 사람들은 숫자들의 조합을 말할 때 한 조합과 다른 조합의 사이에서 잠깐 멈췄다가 말을 하기 때문에 평균보다 긴 발화 종료 시간을 설정해야 한다.

이러한 변수는 음성 인식 엔진에 따라 다르긴 하지만 미리 설정할 수 있는 것일 수도 있으므로 테스트 초기에 조절해 실험자가 고생하지 않도록 하는 것도 중요하다.

또한 이 과정에서 예상 구문 목록에 추가할 수 있는 일반적인 오류들을 발견할 수 있다. 예를 들어 저자가 디자인했던 의료용 앱에서는 '바일(Vial, 약병)'을 '바일(Vile, 극도로 불쾌한)'이나 '파일(File, 문서)'로 잘못 인식하는 경우가 있었다. 이러한 오류들을 미리 추가하면 더 많은 사용자가 앱을 성공적으로 사용할 수 있다. 앤 타임 고벨이 지적했듯이 일반적인 사용자들은 의학적 배경이 없기 때문에 의학 사전을 이용하더라도 이러한 문제를 해결할 수는 없으며 또한 사용자들은 자신의 상태를 설명하기 위해 몇몇 특정 용어들을 사용하는데, 이는 의학 노트를 읽고 쓰는 것과는 매우 다른 상황이다.

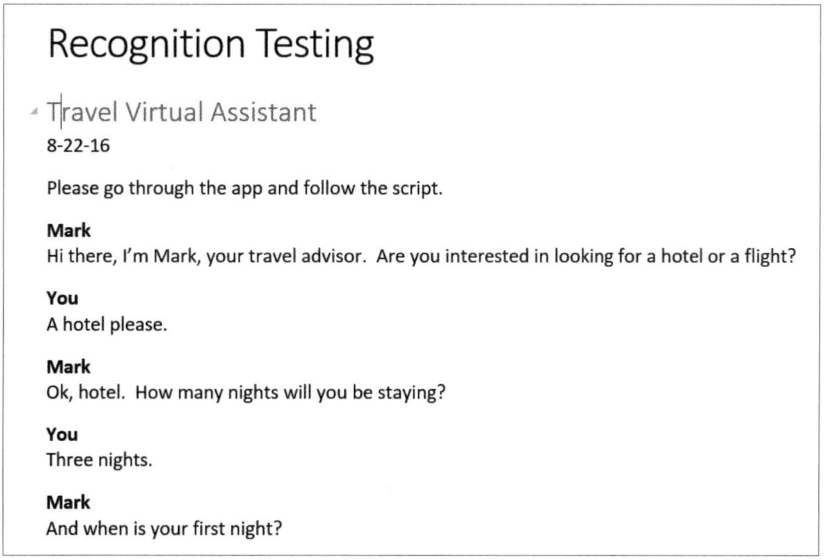

Recognition Testing

▲ Travel Virtual Assistant

8-22-16

Please go through the app and follow the script.

Mark
Hi there, I'm Mark, your travel advisor. Are you interested in looking for a hotel or a flight?

You
A hotel please.

Mark
Ok, hotel. How many nights will you be staying?

You
Three nights.

Mark
And when is your first night?

그림 7-2 인식 검증 대본 예시

부하 검증

사용 중인 인식기 인프라의 유형에 따라 많은 사용자가 동시에 사용해 발생하는 스트레스에도 시스템이 제대로 동작하는지 테스트하는 부하 검증Load testing 방법이 적용될 수도 있다. 모바일 앱의 부하 검증을 위해 사용할 수 있는 상용화된 서비스들이 있는데 이는 뉘앙스 커뮤니케이션즈 설립 초기에 사용했던 방법보다 훨씬 정교하다. 뉘앙스 커뮤니케이션즈 설립 초기, 우리는 마드하반^{Madhavan}이 복도를 달려오면서 "부하 검증!"이라고 외치면 모두 핸드폰을 들고 시스템에 전화를 걸어 검증하는 방식을 사용했다.

부하 테스트는 특정 사용자 수에 도달했을 때 백엔드가 충돌하거나 크롤링 속도가 느려지는지를 알아보는 것으로 앱을 시장에 내놓기 전에 이 같은 것들을 미리 확인하고 출시하는 것이 좋다.

이제 검증 단계는 완료했으므로 첫 번째 파일럿 테스트 출시에 대해 알아보자.

성과 측정

파일럿을 시행하기 전에 목표를 정해야 한다. 이를 통해 당신은 정확히 무엇을 측정해야 하는지 판단할 수 있고 그에 따라 시스템이 어떤 정보를 수집해야 하는지 결정할 수 있다. 앱이 출시되기 직전에 부사장이 보고 싶어하는 중요한 세부 사항을 추적하지 못한다는 것을 발견해 출시가 미뤄지는 불상사를 피하기 위해서는 가능한 한 빨리 목표를 정의해야 한다.

브루스 발렌타인^{Bruce Balentine}과 데이비드 모건^{David Morgan}의 저서인 『음성 인식 애플리케이션을 작성하는 방법(How to Build a Speech Recognition Application)』(EIG Press, 2001)에서는 이 프로세스에 대해 다음과 같이 설명하고 있다.

> 애플리케이션을 출시하기 이전에 개발자와 클라이언트 모두(마케팅, 영업, 지원 부서 등 관련된 모든 이해 관계자) 애플리케이션의 목표와 목적을 명시해야 한다. 그리고 각 목표에 대해서는 어떤 것이 성공이고 어떤 것이 실패인지 그 특성을 명확히 해야 한다. 너무 잦은 성공은 인식 정확도 면에서만 측정된다. 이 경우는 아마도 최악의 측정이 될 것이다. 인식 정확도 90%와 85%의 전화를 자동화하는 것이 나을까 아니면 97%의 인식 정확도와 40%의 전화를 자동화하는 것이 나

을까?[2]

발렌타인과 모건이 언급한 바와 같이 이러한 목표를 설정할 때는 이해 관계자들을 참여시키는 것이 중요하다. 디자인, 마케팅, 영업 및 타 부서가 측정돼야 하는 것에 대해 항상 같은 시각을 가진 것은 아니기 때문이다. 디자이너는 사용자가 시스템을 성공적으로 사용하고 작업을 완료할 수 있는지에 대한 관심이 가장 많을 것이고 비즈니스 개발 담당자는 자동화된 거래 건수에 대한 관심이 가장 많을 것이다.

사업 이해 관계자는 뭔가를 측정할 때 어떤 것이 어려운지, 왜 어려운지, 왜 쉬운지 등과 측정하고자 한 것을 왜 측정하지 못했는지, 측정했는지 등을 잘 설명하기 때문에 이 과정에 그들의 연설 팀을 잘 참여시킨다.

만약 목표들을 미리 정의하기 위해 그들과 함께 일한다면 당신은 무엇을 측정할 수 있고 어떤 것을 측정할 수 없는지 뿐 아니라 성공을 위한 기준을 잘 설정할 수 있을 것이다. 반면, 출시 후에 성공 기준을 설정하게 되면 양쪽 모두 힘들어지게 될 것이다.

성공을 위한 기준의 예시는 다음과 같다.

- 호텔 예약을 시도한 사용자의 60%가 예약을 완료한 경우
- 사용자의 85%가 한 달에 20일 이상 매일 건강 체크를 완료한 경우
- 음악 재생 시도의 실패율이 15% 이하인 경우
- 출시 첫 달 500명 이상의 사용자가 다운로드한 경우
- 고객 만족도가 평균 별점 4점 이상인 경우

임무 완수율

VUI 성공 측정의 한 가지 중요 기준은 임무 완수율task completion rate이다. 임무 완수는 사용자가 특정 과제를 성공적으로 시작하고 완료한 경우를 말한다. 발렌타인과 모건은 이를

---

2 Balentine, B. and Morgan, D. How to Build a Speech Recognition Application: A Style Guide for Telephony Dialogues.(San Ramon, CA: EIG Press, 2001),213, 309-311.

'우아한 결말graceful conclusion'이라고 부른다.[3]

모바일 앱에는 하나의 임무 또는 여러 개의 임무가 있을 수도 있다. 이 각각의 임무들은 측정하기 위해 미리 정의돼야 한다. 임무 완수 시점을 결정하기는 쉬워 보일 수 있지만 항상 고려해야 하는 세부 요소들이 있다. 앤 타임 고벨은 신용카드 애플리케이션의 예를 이용했다. '청구서 지불' 임무는 사용자가 현재 잔액을 지불할 수 있다면 임무를 성공적으로 수행한 것으로 여겨졌다. 그러나 고벨과 그녀의 동료들은 많은 사용자가 임무를 완수하기 전에 이탈한 것을 알 수 있었다.

인식 성능은 좋은 것으로 나타났기 때문에 그들은 처음에 왜 이런 결과가 나타났는지 의아했다. 마침내 그들은 많은 사람이 임무의 전체 과정 중 초반 과정인 잔액 확인 및 지불 만기일 확인 후 이탈하는 것을 알 수 있었다. 이를 알게 된 후 디자이너는 잔액 확인 과정과 지불 과정을 2개의 다른 임무로 나눴다. 그리고 '청구서 지불' 임무는 사용자가 잔액 확인 과정을 거친 후 지불 과정을 시작하기 전까지 시작되지 않도록 했다.

이전 사례와 마찬가지로 대화가 종료되기 전에 임무가 완료된 것으로 간주하는 경우가 있다. 비슷한 다른 사례로는 사용자가 그들의 증상과 관련한 질문들에 답을 해 의사에게 진료를 받아야 할지 결정해주는 건강 관리 앱이 있다. 결과가 나오면 사용자는 이 내용을 이메일로 받을 것인지 결정할 수 있는 옵션을 선택할 수 있다. 그렇다면 이 과정에서 사용자가 이메일에 관한 질문에 대답해야만 임무가 종료되는 것일까? 이 경우에는 결과 상태에 도달한 사용자 중 '건강 결과 수신'이라는 작업을 수행한 사용자들만을 별도로 추적해 몇 명의 사용자가 이메일 수신에 동의했는지 따로 관리하는 것이 더 적합하다.

성공한 임무의 예시는 다음과 같다.

- 호텔 방 예약
- 알람 설정
- 음악 재생

---

3   Balentine, B. and Morgan, D. How to Build a Speech Recognition Application. 213, 309–311.

- 조명 점등
- 퀴즈 게임에서 세 가지 질문에 응답
- 혈당 측정
- 지불 완료
- 예상 통근 시간 확인
- 영화 검색

중도 이탈률

사용자가 임무를 완수한 것을 측정하는 것만큼 사용자들이 어디에서 이탈했는지 분석하는 것 또한 중요하다. 작업 전반에 걸쳐 이탈 현상이 발생했다면 원인을 분석하기 어렵지만 대부분의 경우에는 앱의 특정 단계에서 발생한다. 예상보다 이른 중단이 발생하는 몇 가지 일반적인 이유의 예시들은 다음과 같다.

- 사용자가 작업을 예상했던 것보다 일찍 완료한 경우(예: 이전에 언급한 계좌의 잔액 확인의 경우)
- 프롬프트가 혼란스러운 경우
- 불일치나 문법이 어긋난 경우의 비율이 높은 경우(예: 사용자가 예상치 못한 발언을 한 경우)
- 사용자가 목표를 달성하기 위해 작업을 진행하고 있다고 느끼지 못한 경우

중도 이탈률이 높은 지점을 찾을 때는 그 상태로 이끄는 프롬프트를 조사하는 것이 중요하다. 이를 위해서는 사용자가 말하는 내용을 수집하고 기록하는 것이 중요하다. 일반적인 예로 예/아니요로 대답할 수 있는 질문을 하지만 그 응답을 처리할 수 없는 경우를 들 수 있다. 예를 들어 "이메일을 전송하시겠습니까? 아니면 취소하시겠습니까?"라는 질문에 사용자는 "예"라고 대답할 수도 있지만 디자이너는 "이메일 보내기" 또는 "취소"라는 대답만을 예상하고 설계하기도 한다. 디자이너가 항상 가능한 대답을 예상하고 설계하는 것은 아니기 때문이다.

또한 사용자가 이후에 어떤 행동을 취했는지 보는 것 또한 큰 도움이 된다. 사용자들이 앱을 완전히 종료해 버렸는가? 사용자들이 처음으로 돌아갔는가? 사용자들이 요청을 살짝 바꿔 다시 말하거나 다른 카테고리를 선택했는가? 메뉴나 카테고리가 헷갈리게 분류돼 있었을 수도 있다.

기타 추적해야 할 항목들

임무 완수와 중도 이탈률 외에도 어느 부분에서 대답해야 하는 시점에 대답하지 못했는지, 언제 가장 많이 시스템이 진행되는 도중에 끼어들었는지 등과 같은 것들을 기록하거나 분석하는 것도 유용하다.

VUI 소요 시간

IVR에서는 일반적으로 소요 시간을 전체 통화 시간으로 측정했다. 대개 IVR 시스템에서는 짧은 시간을 소요하는 것이 선호됐는데 이는 사용자가 임무를 빠르고 효율적으로 완료한 것을 의미하기 때문이다.

사용자가 혼란스러워하고 좌절하면서 앱 안에서 방황하는 것을 원치 않겠지만 사용자가 앱을 사용하는 시간이 길다고 해서 이것이 무조건 뭔가 잘못됐다는 것을 의미하는 것은 아니라는 것을 알아야 한다. 사용자들은 그들이 뭔가 목표를 향해가고 있다고 느낄 때 사용 시간이 긴 것에 관대할 수도 있다. 따라서 소요 시간이 항상 사용자 만족도나 성공을 측정하기 위한 척도가 되는 것은 아니다. 앤 타임 고벨은 이를 '절대적인 소요 시간이 아닌 인지적Perceptual 소요 시간'이라고 칭하면서 "빠른 응답 시간, 프롬프트 전달의 단조로움(단조가 길어 보임), 불필요한 표현, 응답의 다양성 부족, 너무 많은 옵션(사용자가 더 생각하도록 하는 원인), 시스템의 인식 오류 등과 같은 다양한 요소가 사용자를 짜증나게 할 수 있다."고 말했다. 사용자는 주식 시세를 반복적으로 청취하는 등 의도적으로 앱에서 많은 시간을 보낼 수도 있다. 만약 사용자가 자신이 이 시간을 통제하고 있다고 느낀다면 소요 시간의 길이가 나쁜 척도로 여길 필요가 없다.

그러나 때로는 소요 시간이 다른 이유에서 중요한 경우도 있다. 예를 들어 활동 추적 VUI 와 같이 매일 발생하는 대화를 제공하는 경우, 비즈니스 개발 담당자는 대화의 평균 소요 시간에 관심을 가질 수도 있다. 이와 같은 이유로 앱 다운로드를 고려 중인 사용자들을 추적하는 것도 의미가 있을 수 있다.

끼어들기

만약 당신의 VUI가 끼어들기를 허용한다면 사용자가 언제 끼어들기를 하는지, 시스템이 끼어들기에 너무 민감하게 반응하는지, 충분히 반응하지 못하는지 등을 추적하는 것이 유용하다. 모든 인식기가 끼어들기 변수를 조정할 수 있도록 허용하는 것은 아니지만 어 느 부분에서 사용자가 끼어들기를 가장 많이 하는지를 알면 앱 성능에 대한 통찰을 얻을 수 있다.

만약 사용자들이 특정 부분, 예상치 못한 부분에서 자주 끼어들기를 한다면 그들이 끼어 들었을 때의 프롬프트와 그 부분에 이르는 프롬프트를 조사해보라. 프롬프트가 너무 길 수도 있다. 그러나 여기서 가장 중요한 점은 신규 사용자와 장기 이용자의 끼어들기 비율 을 비교하는 것이다. 앱을 잘 아는 사람들만 특정 부분에서 끼어들기를 많이 한다는 사실 을 발견할 수도 있기 때문이다. 두 경우의 사용자들에게 같은 프롬프트를 제공하는 것보 다는 일정 횟수 이상 사용한 사용자들에게는 좀 더 짧은 버전의 VUI를 제공할 수도 있다.

음성 대 GUI

또 다른 흥미로운 측정은 양상을 보는 것이다. 당신의 모바일 앱에 말로 하거나 화면을 터치할 수 있는 부분이 많이 있을 수도 있다. 어떤 경우에 사용자들이 화면을 터치하는 것을 선호하는 경향을 보이지만 또 다른 경우에는 말로 하는 것을 선호하는 경향을 보일 수도 있다. 이를 통해, 어디에 투자해야 하는지 결정할 수 있다. 예를 들어 특정 부분에 서 사용자들이 화면을 터치하는 것을 선호한다면 GUI 옵션을 명확하고 접근 가능하도록 만들어야 할 것이다. 이와 반대로 특정 부분에서 사용자들이 말로 하는 것을 선호한다면

GUI 옵션을 최소화하거나 없애는 것을 고려해야 할 것이다(또는 음성 인식이 실패했을 경우에 대한 대비책으로 이용).

잦은 시간 초과와 불일치

이전에도 언급했듯이 음성이 인식되지 않아 시간 초과가 발생하는 비율이 높은 부분 또는 불일치(사용자의 단어가 정확하게 인식됐지만 VUI가 해당 표현에 대한 응답을 갖고 있지 않은 경우)가 발생하는 부분 등에 주목해야 한다.

NSP 시간 초과는 프롬프트가 복잡하거나 계좌 번호와 같이 사용자가 바로 응답할 수 없는 정보를 요구했다는 것을 의미할 수도 있다. 프롬프트를 검사해 만약 정보를 요구하는 경우에는 사용자가 잠시 멈출 방법을 제시하거나 필요한 것을 찾는 데 도움을 요청할 수 있도록 해야 한다.

불일치의 두 가지 종류:

- 올바른 거부^{correct reject}
- 잘못된 거부^{false reject}

'올바른 거부'란 사용자가 응답한 내용이 그 단계에서 예상된 응답이 아니기 때문에 발생한 상황을 말한다. 예를 들어 프롬프트가 "가장 좋아하는 색이 무엇인가요?"라고 물었을 때 사용자가 "스파게티가 먹고 싶어요."라고 했다면 이는 VUI 시스템이 예상한 답이 아니며 그래서도 안 된다. 적어도 인공지능과 자연어 처리 수준이 영화 〈허^{Her}〉에 나오는 수준에 도달하기 전까지는 말이다. 이런 종류의 답은 '범위 일탈^{out-of-domain}'이라고 불린다.

불일치의 또 다른 종류는 '잘못된 거부'다. 이는 사용자가 응답한 것을 VUI가 처리할 수 있었어야 함에도 처리하지 못한 상황을 말한다. 대개 많은 사용자 테스트가 진행되기 이전인 개발 초기 단계에서 이런 불일치가 나타나는데, 이는 디자이너가 사용자들의 다양한 응답 변수를 예상하지 못했기 때문에 발생한다. 예를 들어 가상 비서가 달력에 저장돼 있던 약속을 취소할 수 있는 기능이 있지만 사용자가 "나 목요일 회의에 참석 못하니까

내 달력에서 지워."라는 응답을 인식하지 못할 수도 있는데 이는 비록 이 요청이 논리적으로 완벽한 요청임에도 불구하고 시스템이 예상하지 못했던 것일 수도 있기 때문이다. 이러한 종류의 응답은 '범위 내in-domain'라고 불린다.

'범위 일탈'과 '범위 내'를 구분하는 것은 순전히 학문적이라는 것을 아는 것이 중요하다. 인식기는 두 경우 모두 거부하며 두 가지 유형의 오류를 구분할 수 있도록 수정하는 과정에서 사용자의 발언이 기록되고 분석된 경우에만 거부하지 않을 것이다.

또 다른 복잡한 경우는 질문에 대답하는 응답을 포함하지만 더 지능적인 VUI가 필요한 경우다. 예를 들어 "가장 좋아하는 색이 무엇인가요?"라는 질문에 사용자는 "내 집의 색이 가장 좋아요."라고 대답한 경우다. 머지않아 이와 같은 응답에 대응하는 것도 가능할 것이다.

마지막으로 5장, '고급 VUI 디자인'에서 언급했듯이 인식기가 제대로 동작하지 않아 실패하는 경우가 종종 있다. 예를 들어 사용자가 "수영장의 깊이Depth가 얼마인가요?"라고 질문한 것을 인식기가 "수영장 죽음Death이 무엇인가요?"라고 잘못 인식하는 경우다. 만약 이것이 자주 발생한다면 "수영장 죽음"을 주요 문구에 추가하는 것이 맞지만 이를 디자인 초기에 예상하는 것은 쉬운 일이 아니다. N-베스트 목록을 이용하면 이러한 이슈를 해결할 수 있다. '수영장의 깊이'는 목록의 뒷부분에서 나타날 경향이 높고 첫 번째로 선택하는 것보다 과정 중에 더 관련성이 높은 일치가 발생할 수 있으므로 이를 통해 VUI의 정확도를 자동으로 향상시킬 수 있다.

이 예시는 ASR, NLU 및 백엔드에서 적절한 콘텐츠에 접근하는 것 등과 같이 VUI에서 여러 실패 지점이 발생할 수 있다는 것을 상기시키는 또 다른 예다. 이런 문제가 발생했을 때 사용자에게는 문제가 어떤 것인지는 중요하지 않고 단지 실패했다는 사실이 중요하다. 따라서 VUI를 디자인할 때는 이 모든 것을 고려해야 한다.

성공적인 VUI를 위해서는 사용자가 말했을 때 오류가 발생한 지점을 추적하는 것이 중요하다. 만약 사용자가 말한 것에 대해 오류가 너무 자주 발생한다면 사용자는 시스템에 대한 신뢰를 잃을 것이다. 만약 실패 지점을 찾아내고 사용자가 무엇을 말해야 하는지 알려주거나 흐름 문제를 고치거나 핵심 문구들을 추가해 인식률을 높이거나 NLU 모델을 다시 훈련하는 등의 과정을 통해 프롬프트를 수정하는 등 실패를 개선하기 위한 계획이 있다면 당신의 시스템은 빠르게 향상됨과 동시에 사용자를 다시 끌어올 수 있을 것이다.

탐색

앱에 이전 버튼이나 되돌아가기 버튼이 있다면 이 버튼들의 사용 여부를 추적하는 것을 통해 중요한 통찰을 얻을 수 있을 것이다. 대개 되돌아가기 버튼은 사용자가 맞게 선택했다고 생각했지만 아니었던 경우에 주로 사용된다. 이 문제를 해결하기 위한 한 가지 전략은 사용자가 여러 다른 지점에서 시작하더라도 같은 결과에 이를 수 있도록 허용하는 것이다.

사용자가 '인터넷' 또는 '이메일' 중 2개의 다른 도움말 카테고리 중에서 선택해야 하는 기술 지원 애플리케이션의 경우를 생각해보자. 사이트에서 자주 묻는 질문은 이 두 카테고리 안에 있는 질문들이 아예 다르다고 여겨 나눴지만 사용자들은 그 질문들이 매우 비슷하다고 생각할 수도 있다. 예를 들어 사용자가 "내 이메일이 안 돼요."라고 말했을 때 이는 이메일 문제가 아닌 사용자의 와이파이 문제로 이에 대한 대답을 인터넷 카테고리에서 찾아야 하는 경우가 있을 수도 있다.

'반복' 기능이 있는 경우에는 이 기능의 사용량이 가장 많은 곳을 확인하는 것이 좋다. 이는 프롬프트가 너무 길거나 말이 너무 많아 사용자가 첫 시도에 작업을 수행할 수 없다는 것을 의미할 수 있다. 많은 사용자가 시각 정보보다 청각 정보를 기억하는 것을 더 어려워한다는 것을 항상 명심하라. 이 경우, 단계를 세분화하거나 더 많은 시각적 단서를 추가하는 것을 고려하라. 의도적 반복 외에 반복되는 쿼리를 문서화하는 것도 좋다. 예를 들어 사용자가 "이번 주 날씨는 어떤가요?"라고 계속 물어본다면 왜 그렇게 자주 물어보는지를 알아내는 것도 좋다.

지연

많은 인식 엔진이 지연에 대한 정보를 제공하는데, 여기서 지연 시간은 인식기가 발화 종료 지점을 감지하고 인식 결과를 도출하는 데까지 걸린 시간을 의미한다. 지연 시간이 너무 길면 사용자는 시스템이 제대로 들었다고 생각하지 않고 했던 말을 반복해 오류가 발생할 것이다. 구글의 클라우드 음성 API는 이 정보를 보여주는 대시보드를 제공한다(그림 7-3 참조).

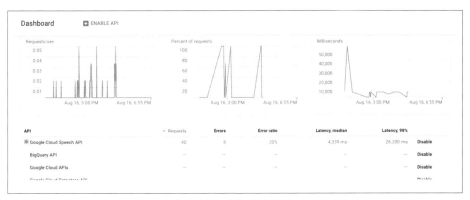

그림 7-3 구글의 음성 대시보드

전체 통화 녹음

"빨간색", "골든게이트 공원에 가고 싶어요.", "차로 10분 이내 거리에 있는 오늘 밤에 갈 수 있는 레스토랑을 찾아주세요." 등과 같이 분석될 내용 대부분이 개별 발화 수준에서 이뤄지지만 때로는 대화를 전체 중 일부로서 보는 것이 유용할 수도 있다.

IVR에서는 이를 '전체 통화 녹음'이라고 부른다. 사용자의 응답 부분만을 녹음하는 대신, 시스템이 말한 것을 포함해 전체를 하나의 파일로 저장한다. 이는 더 많은 저장 공간을 요구하기 때문에 일반적으로 일부 통화에서만 이뤄진다.

메모리를 적게 사용하는 방법은 재생된 시스템 프롬프트와 사용자 발화 내용을 다시 연결해 대화를 다시 만드는 방법이다. 만약 끼어들기가 발생했다면 대화를 다시 만들기 위해서는 끼어들기가 언제 어느 부분에서 발생했는지와 같은 정보도 추가로 필요하다.

전체 통화를 들으면 대화의 특정 부분만 들었을 때는 찾지 못했던 문제들을 발견할 수 있다. 만약 문제가 발생해 사용자가 대화로 10회 전환됐다면 처음부터 문제가 발생한 지점까지 들었을 때 해결 방법을 찾을 수도 있다.

그러나 재생성된 통화에서도 많은 대화 오류를 발견해낼 수 있다. 뉘앙스 커뮤니케이션즈 초기 시절, 디자이너 중 한 명은 출퇴근 시간에 시스템에 녹음된 대화들을 들으며 "실리콘 밸리의 교통 체증이 심각해질수록 우리의 성능은 향상된다."라고 말하기도 했다.[4]

유용한 부분을 얻기 위해서는 통화를 무작위로 선택하는 것이 좋다. 아무 문제가 없는 통화나 오류가 있는 통화만 선택해서는 안 된다. 사용자 유형은 시간대와 요일에 따라 달라질 수 있으므로 짧은 통화를 표본으로 필터링하려는 유혹에 넘어가지 말고 최소 일주일의 기간을 표본으로 필터링해야 한다.

멀티모달 앱에서 대화를 다시 만들 때는 화면상에서 일어난 반응도 함께 표시해야 한다.

이러한 유형의 분석은 자주 행해지는 것이 아니기 때문에 자체적으로 분석 프로그램을 만들어야 할 수도 있다. 볼리오에서는 CTO인 번트 하버메이어$^{Bernt\ Habermeier}$가 만든 대화 대시보드가 있었다. 대화가 전환될 때마다 대시보드에 시스템이 말한 것과 사용자가 말한 것 그리고 다음 발생한 상황을 보여준다(그림 7-4 참조). 이에는 영상 재생 기능도 있어 사용자의 반응을 보고 들을 수 있다.

---

4   Cohen, M., Giangola, J., and Balogh, J. Voice User Interface Design.(Boston, MA: Addison-Wesley, 2004), 6, 8, 75, 218, 247-248, 250-251, 259.

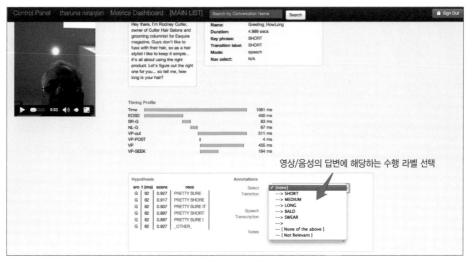

그림 7-4 볼리오의 대화 대시보드

정보 수집

지금까지 측정에 필요한 여러 중요한 점들을 논의했지만 측정을 위해서는 정보를 수집해야 한다. 정보의 수집 없이 시장에 앱을 출시한다면 장님과 같을 것이다. 시스템이 얼마나 잘 동작하고 있는지, 얼마나 안 좋은지 알 수 없다. 사용자가 사용에 실패한 경우, 만약 적절한 정보 수집이 되지 않으면 그조차도 알 수 없다.

VUI 프로젝트 초기에 개발 팀에 얘기해 그들이 초기 단계부터 정보 수집을 해야 하는 필요성을 이해하도록 하라. 앱을 출시한 후에 로깅 시스템을 구축하는 것은 훨씬 더 어렵다. 수집해야 할 정보는 다음과 같다.

- 인식 결과(신뢰 점수를 포함해 사용자가 말했을 때 들은 내용)
- 가능한 N-베스트 목록(가능한 가설 목록)
- 사전 및 사후 종료된 발화를 포함해 상태별 사용자의 발화 소리(인식 결과가 100% 정확하지 않기 때문에 글로 옮기기 위함)
- 인식 결과, 어떤 것이 일치해 인식됐다면 그 일치 결과

- 오류: 말하기 시간 초과(시간 정보 포함), 불일치, 인식 오류
- 상태 이름(또한 사용자가 사용해온 앱의 위치를 추적하는 다른 방법)
- 지연
- 끼어들기 기능이 활성화됐을 때 끼어들기 정보

사용자가 어떤 주어진 상황에서 하나 이상을 말하는 경우를 포함해, 음성 대화가 실패한 경우에도 사용자의 발언과 오디오를 수집하는 것이 중요하다. 사용자에게 출발하려는 공항을 물어보는 가상 여행 비서를 상상해보라. 화면에는 사용자가 탭하거나 말할 수 있는 워싱턴의 공항 목록이 표시된다. 그 순서는 다음과 같다.

1. 사용자가 "워싱턴의 파스코^{Pasco}"라고 말한다.
2. 파스코가 실제로 존재하는 공항임에도 "넘기다^{pass} 코^{co}" 공항으로 잘못 인식한다.
3. 아무런 일도 일어나지 않는다(이유는 멀티모달 상태이기 때문에 "죄송합니다."라는 오류 메시지도 표시되지 않는다).
4. 사용자는 반복해 "워싱턴의 파스코라고 말했잖아!"라고 말하지만 다시 잘못 인식해 "패츠^{Pats}가 간다^{go}" 공항으로 인식한다.
5. 아무런 일도 일어나지 않는다.
6. 사용자가 당황스러워하며 화면에 표시된 목록에서 파스코를 선택한다.

일부 개발자는 다음의 행동을 유발한 최종적인 결과만을 기록하기도 하겠지만 그렇게 할 경우, 중요한 정보를 놓치게 된다. 사용자가 어디서 어떻게 실패했는지를 아는 것이 시스템을 개선하는 데 도움이 된다.

사용자가 앱을 갑자기 종료하거나 앱이 다운될 수 있기 때문에 대화할 때마다 정보를 기록하는 것이 가장 좋다. 사용자가 성공적으로 앱을 사용하고 종료한 경우와 같은 가장 최상의 시나리오만을 수집하는 경우, 중요한 데이터가 빠질 것이다.

녹음된 오디오 정보는 익명으로 처리돼야 하며 분석 이외의 용도로는 사용되지 않아야 함은 두 말할 필요 없이 중요하다.

전사(轉寫)

시스템 성능을 정확하게 분석하기 전, 중요한 작업이 하나 더 필요하다. 사람이 VUI에 말하는 사용자의 말을 듣고 또 직접 문자로 옮기는 작업이다.

당신은 "잠시만요, 요즘 음성 인식이 92% 정확하다고 들었어요. 나는 그냥 훨씬 저렴한 자동 시스템을 사용할 거예요."라고 말할 수 있다.

대부분의 경우, 음성 인식 결과가 매우 정확한 것은 사실이다. 그러나 많은 경우에는 그렇지 않다. 그리고 이 경우에는 데이터 세트를 구성하고 향상시키기 위해 사용자가 직접 말한 것을 이용한다. 잘못된 데이터로 데이터 세트를 작성하는 것은 성공적인 방법이 아니다. 발렌타인과 모건은 "음성 인식 성능을 판단하는 유일한 방법은 개별 음성을 기록한 다음 오프라인에서 문자로 옮기는 것이다."라고 말했다.[5]

문자로 옮기는 작업에는 비용이 들지만 최소한의 데이터도 문자로 옮기지 않으면 좋은 VUI를 구축할 수 없다. 아펜[Appen]과 같이 문자로 옮기는 작업을 전문으로 하는 회사도 있지만 이와 비슷한 서비스를 제공하는 중소기업들도 많다. 품질 관리 회사도 올바른 방법이 제공되는 경우에는 이러한 작업을 수행할 수 있다. 이를 위해 미리 계획을 세우는 것이 도움이 되는데 그 이유는 선택한 업체가 작업을 하기 위해서는 오디오를 특정 형식으로 수집해야 하기 때문이다.

볼리오 앱에는 대화 대시보드에 문자로 옮겨 적을 수 있는 공간이 있다. 우리 품질 관리 팀이 동영상 창에서 사용자의 응답을 재생해, 사용자가 말한 내용을 정확히 적어뒀다(그림 7-5 참조).

---

5 Balentine, B. and Morgan, D. How to Build a Speech Recognition Application, 213, 309-311.

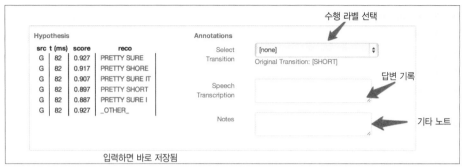

그림 7-5 볼리오 앱의 전사 도구

음성 인식 결과, 일치 내용, 음성 대본으로 VUI의 성능을 분석하고 실제 수행하는 방식을 파악할 수 있다.

출시 단계

실제 출시된 어떤 신기술과 마찬가지로 즉시 출시하는 것보다는 단계적으로 출시하는 것이 가장 좋다.

파일럿(시범 서비스)

가능하다면 파일럿으로 시작하라. 파일럿은 소수의 사용자부터 수백 명에 이르기까지 그 적용 범위가 다양하다. 이러한 유형의 출시가 중요한 이유는 오류를 찾아낼 수 있기 때문이다. 파일럿은 VUI에도 유용하다. 아무리 많은 QA 테스트와 사용자 테스트를 해도 사용자가 시스템에 얘기하는 모든 경우에 대해 준비할 수 없기 때문이다.

실제로 작업을 수행하기 위한 행동 그리고 사용자가 스스로 중요한 작업을 수행하는 상황을 수집한 데이터가 없으면 사람들이 시스템과 대화하는 다양한 방법들을

평가할 방법이 없다.[6]

가능하다면 여러 개의 (짧은) 파일럿을 계획하라. 이 방법을 사용하면 신속하게 시도할 수 있으면서도 인식을 향상하는 요소들도 테스트할 수 있다. 출시하기 전에 '75%의 사용자 발화를 올바르게 처리하기'와 같은 성능적인 목표를 설정하는 것이 도움이 될 수 있다. 이 시작 비율은 사전에 수집할 수 있는 데이터양에 따라 매우 달라진다. 때에 따라 파일럿 시작 시의 성공률이 훨씬 낮을 수도 있다.

파일럿 서비스 사용자가 시스템을 사용하는 것을 매일 문자로 옮기고 각각의 발화를 분석하라. 잘못된 거부이나 승인 등이 확인한 후 핵심적인 어구/모델을 업데이트해 출시하라.

설문

피드백을 얻는 또 다른 유용한 방법은 설문 조사다. 서베이몽키^{SurveyMonkey}와 같은 타사 사이트를 통해 설문 조사를 실행하는 것이 일반적이지만 VUI로 설문 조사를 진행할 수도 있다. 사용자들은 앱을 사용한 후 나중에 보내진 링크를 클릭하기보다는 앱 사용 시 설문 조사에 응할 확률이 높다. 그림 7-6은 센스리의 아바타가 질문을 하는 설문 조사의 예시다. 사용자는 말하거나 터치할 수 있다.

설문 조사를 합리적인 길이(일반적으로 5개 이하의 질문들)로 유지하고 '기타'와 같은 열린 응답을 허용하라.

---

6 Cohen, M., Giangola, J., and Balogh, J. Voice User Interface Design.(Boston, MA: Addison-Wesley, 2004), 6, 8, 75, 218, 247-248, 250-251, 259.

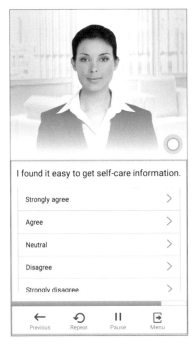

그림 7-6
아바타를 통한 설문 조사 진행

앤 타임 고벨은 이전에 작업을 수행하지 않은 다른 성격의 페르소나나 아바타를 사용해 설문하는 것을 제안한다. 예를 들어 남성 아바타가 사용자가 일정 잡는 것을 도와준 경우, 여성 아바타가 사용자가 앱을 만족스럽게 사용했는지 묻는 것이다.

또한 "제가 당신의 질문에 답변할 수 있었나요?"와 같이 작업이 완료된 후에 간단하게 예/아니요 질문을 요청하면 로그를 활용하지 않고도 잠재적인 문제를 조사할 수 있다.

마지막으로 설문 조사는 본질적으로 편향될 수 있다는 것을 기억하는 것이 중요하다. 일반적으로 설문 조사에 참여하는 사람들은 대부분 매우 만족하거나 불만을 가진 사람들이다. 설문 조사를 짧게 설계하면 참여도를 높일 수 있다. 간단한 예/아니요 질문이나 별점을 매기는 것만으로도 충분할 수 있다.

분석

필요한 모든 것을 기록하고 파일럿을 실행하며 발화를 녹음했다. 이제 이 모든 데이터로 무엇을 해야 할까?

먼저 문법에 맞는 데이터와 문법에 어긋난 경우의 비율을 검사하라. 이 용어는 IVR 영역과 밀접하게 관련돼 있지만 이 개념은 VUI에도 적용된다. 다음은 『Voice User Interface Design』에서 발췌한 몇 가지 정의다("가장 좋아하는 색깔이 무엇입니까?"에 대한 답변).

문법에 맞는 데이터

- **올바른 수락**: 인식기가 올바르게 대답한 경우["내가 가장 좋아하는 색은 빨간색이야.", "빨간색"]
- **잘못된 수락**: 인식기가 잘못된 대답을 한 경우["내가 그 질문을 지나쳤어. 하지만 내가 좋아하는 색은 청록색이야.", "파란색"]
- **잘못된 거부**: 인식기가 문법상 어떤 경로와도 일치하는 것을 찾지 못해 대답을 거부한 경우["나는 마젠타색이 멋지다고 생각해.", "일치 결과 없음."]

문법에 맞지 않는 데이터

- **올바른 거부**: 인식기가 정상적으로 입력을 거부한 경우["나는 호텔을 예약하고 싶어요.", "일치 결과 없음."]
- **잘못된 수락**: 틀린 대답이었지만 입력이 인식기 문법 어긋났기 때문에 비슷한 발음을 대답으로 인식한 경우["나는 신문을 읽는다.[read]", "빨간색[red]"으로 인식]

이러한 카테고리들은 분석에 중요하지만 사용자가 알아야 하는 것은 아니다.

> 사용자의 관점에서는 문법에 맞거나 틀린 경우의 구분은 중요하지 않다. 그들에게 중요한 것은 그들이 뭔가를 말했고 시스템과의 대화가 예상대로 진행되지 않는다

는 것이다. [7]

대부분의 최신 모바일 앱은 문법 그 자체를 다루지 않지만 이 개념은 여전히 시스템 성능에 유용한 방법이다. 문법에 맞는 경우는 사용자가 인식돼야 한다고 생각하고 말한 것을 의미한다. 이는 작업 흐름 내에 있다. 문법에 맞지 않는다는 것은 시스템이 사용자가 말한 것을 고의로 버렸다는 것을 의미한다.

수락과 거부 사이의 균형을 유지하는 것이 중요하다. 당신이 과도하게 일반화해 가능한 한 많은 수락을 하려고 한다면 사용자가 맞는 답을 하지 않았음에도 시스템이 무엇인가를 인식한다. 시스템을 충분히 견고하게 만들면 인식하면 안 되는 것을 인식하는 것에 대해 걱정할 필요가 없지만, 반드시 인식해야 하는 것들을 충분히 인식하지 못할 것이다.

다른 매개변수와 디자인 요소도 조정될 수 있다. 한번 살펴보자.

신뢰 임곗값

대부분의 ASR 시스템은 결과와 함께 신뢰도 점수를 보여준다. 2장, '기본 음성 사용자 인터페이스 디자인 원칙'에서 설명한 것처럼 신뢰도 점수를 사용하면 확인 전략을 결정할 수 있다. 예를 들어 특정 임곗값을 초과한 결과는 절재적으로 확정할 수 있고("OK, 샌프란시스코.") 중간 임곗값인 경우 분명하게 확정할 수 있다("샌프란시스코라고 말한 것 같은데 맞습니까?")

신뢰도 점수를 사용해 확인 전략을 결정하는 경우, 각 단계에서 올바르게 설정됐는지 확인하는 것이 중요하다. 다른 단계에는 또 다른 신뢰 임곗값이 필요하다는 것을 발견할 수도 있다. 이상적으로는 데이터를 재실행하는 방식으로 임곗값을 최적화하는 것이 좋다.

---

7   Cohen, M., Giangola, J., and Balogh, J. Voice User Interface Design.(Boston, MA: Addison-Wesley, 2004), 6, 8, 75, 218, 247-248, 250-251, 259.

발화 종료 시간 초과

앱의 각기 다른 단계마다 발화 종료 값을 다르게 설정해야 할 수도 있다. 설정을 원하는 대로 바꿀 수 있다면 데이터를 검사해 사용자들의 자주 대화를 중단하는지 확인하라. 앞에서 언급한 일반적인 예로 전화번호나 신용카드와 같은 숫자로 구성된 그룹을 읽는 것이다. 일부 인식 엔진의 경우, 문법에서 종료와 비종료에 해당하는 발화 종료 값을 다르게 구성해, 사용자가 신용카드 번호의 숫자 그룹 사이에서 잠깐 정지할 수 있게 하면서도 카드 번호를 완전히 말했을 때는 종료를 재빠르게 감지할 수 있다. 또 다른 경우는 "어떻게 지내니?" 또는 "그것에 대해 더 알려주세요."와 같은 열린 질문의 경우다. 종종 사람들은 VUI에 대답하면서 잠시 멈출 것이다. 사용자의 대화를 끊지 않으면서도 발화 종료 감지가 너무 오래 걸리지 않게 하는 것 사이의 균형을 맞춰야 한다. 너무 오랫동안 기다리게 하면 사람들은 자신들이 말이 인식되지 않았다고 생각할 수도 있다.

중간 결괏값 대 최종 결괏값

구글을 비롯한 몇몇 ASR 도구를 사용하면 중간 결과를 실시간으로 받아볼 수 있다. 즉, 여러 단어가 인식되면 앱에서 결과를 볼 수 있다는 뜻이다. 사용자가 다 말하기도 전에 VUI가 사용자의 입력과 일치하는 것을 찾아볼 수 있다. 이는 애플리케이션을 매우 멋지게 만들 수도 있지만 단점도 갖고 있다. 피자 주문 앱의 경우 "어떤 토핑을 원하십니까?"라고 물었을 때 사용자가 "페퍼로니, 올리브, 버섯"이라고 대답할 수 있다.

만약 중간 결과에 일치시키는 경우 '페퍼로니'가 여러 재료 중 하나와 일치하는지 확인해 해당 대화를 완료할 것이다. 이는 사용자가 말하기를 끝내기 전에 대화를 중단시키고 요청된 재료 중 일부가 빠질 것이다.

중간 결괏값을 일치시키는 것이 적절한지 판단하기 위해 데이터를 확인하라. 단순한 예/아니요의 경우에는 좋은 방법이 될 수도 있다.

맞춤 사전

VUI에 특정 브랜드의 이름이나 일반적이지 않은 용어가 사용될 수도 있는데 이는 거의 인식되지 않거나 아예 인식되지 않을 수도 있다. 많은 ASR 도구가 특정 항목들을 더 높은 확률로 배치해 인식 어휘를 사용자가 맞춤화할 수 있도록 하고 있다.

예를 들어 뉘앙스 커뮤니케이션즈가 개발한 음성 인식 엔진에 '내 단어'가 있다. 여기에 자신만의 단어를 추가할 수 있다(그림 7-7 참조). 단어 가이드의 한 예로 '에미넴Eminem'을 들 수 있다. 음악 앱을 제작한다면 '에미넴'이 '엠엔엠M & M'보다 더 높은 확률로 인식되기를 원할 것이다.

이전에 언급했던 또 다른 예시는 환자가 약물의 '약병(vial, 바일)'에 관해 묻는 의료 앱이다. '약병'을 어휘 사전에 추가하면 '극도로 불쾌한(vile, 바일)'보다 더 높은 확률을 부여해 음성 인식 엔진이 더 쉽게 인식 값을 제공할 수 있을 것이다.

그림 7-7 뉘앙스 커뮤니케이션즈가 개발한 음성 인식 엔진 '내 단어'의 사용자 맞춤 단어 기능

구글의 음성 API는 이 작업을 위해 '단어 및 구문 힌트'를 제공한다. 이를 통해 특정 단어의 확률을 높일 수 있고 이름이나 도메인의 어휘와 같은 새 단어들을 추가할 수 있다.

프롬프트

변수를 살펴보는 것 외에 프롬프트를 검사하는 것 또한 중요하다. 단어의 미묘한 변화가 사용자의 말하는 방식에 영향을 미칠 수 있기 때문이다.

> "예를 들어 프롬프트가 "어디로 가세요?"라고 말했을 때 사용자는 "나는 샌프란시스코에 갈 거야."와 같은 대답을 할 가능성이 더 높지만 프롬프트가 "가고자 하는 도시가 어디입니까?"라고 말하면 "내가 가고자 하는 도시는 샌프란시스코입니다."라고 말할 가능성이 크다.[8]

만약 일치하지 않는 항목이 많다면 프롬프트의 단어들을 확인해보라. 당신이 예상했던 유형의 답변을 들을 수 있는 방법으로 질문하고 있는가? 그리고 비슷한 유형의 반응을 일괄적으로 받아들이지 말라. 예를 들어 기본적인 예/아니요 핵심 문구도 항상 같지 않을 수도 있다. 예/아니요 질문의 차이점을 확인해보자.

- "끝났습니까?"라는 질문에는 "네, 끝났습니다."라는 답변을 기대할 것이다.
- "맞습니까?"라는 질문에 "네, 맞습니다."라는 답변을 기대할 것이다.

단어 순서와 같은 간단한 것도 사용자의 응답을 곡해할 수 있다. 앤 타임 고벨은 "A를 원하십니까, 아니면 B를 원하십니까?"라는 표현에서 "A와 B 중 어떤 것을 원합니까?"와 같은 형식으로 질문을 변경해 올바른 응답을 많이 증가시키는 예를 보여준다.

도구

아직은 디자이너가 사용자 데이터를 기반으로 VUI를 향상시킬 수 있는 도구가 많지 않다. 자신만의 도구를 만드는 것이 필요할 수도 있다.

8　Cohen, M., Giangola, J., and Balogh, J. Voice User Interface Design.(Boston, MA: Addison-Wesley, 2004). 6, 8, 75, 218, 247-248, 250-251, 259.

한 가지 필수적인 것은 핵심 문구를 향상하는 쉽고 강력한 방법이다. 대본과 불일치를 분석하면 예상되는 인식 구문을 추가하거나 향상해야 하는 부분을 빨리 찾아낼 수 있다. 만약 당신이 영국의 전화 거는 앱을 디자인하는 미국인 디자이너라고 한다면 당신은 영국에 있는 많은 사용자가 전화를 걸기 위해 "링^{Ring}"이라고 말하는 것을 발견했을 것이다. 따라서 당신은 이 문구를 쉽게 추가하고 데이터베이스에 액세스할 필요 없이 변경 사항을 적용하거나 새로운 버전의 앱을 출시할 수 있게 해주는 도구가 필요하다.

볼리오에서는 특정한 단계에서 '불일치'가 발생하는 것을 쉽게 볼 수 있는 도구가 있었다. 주요 문구를 추가하는 드래그 앤 드롭 방식과 이러한 변경 사항을 테스트 환경으로 적용하는 간단한 방법을 제공했다(그림 7-8 참조).

대시 보드 사용자가 여러 명 있을 수 있다. 외부 사용자는 더 높은 수준에서 세부 정보를 보고 싶어 할 수 있다. 센스리 대화 대시보드는 아바타가 말하는 내용과 사용자가 말한 내용(인식 결과) 및 기기에서 수집한 모든 정보를 보여준다(그림 7-9 참조).

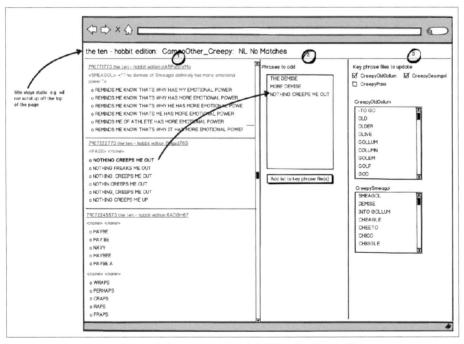

그림 7-8 새로운 주요 문구를 추가하기 위한 볼리오의 도구 모형

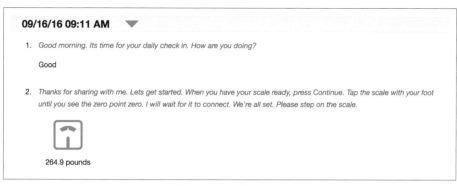

그림 7-9 센스리 대화 대시보드

콜 센터용 음성 인식 앱을 개발하는 복스콤^{Voxcom}에는 통화 기록으로부터 자동으로 시스템 보고서를 작성하는 자동화된 스크립트가 있다(그림 7-10 참조). 이는 중도 이탈률(사용자가 얼마나 작업을 수행했는가)과 사용자가 얼마나 응답을 자주 수정해야 했는지 등의 핵심 요소를 즉시 결정할 때 매우 유용하다.

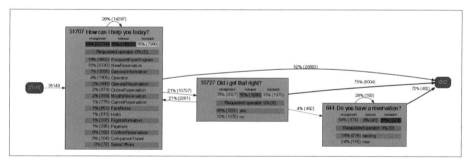

그림 7-10 복스콤의 자동화 그래프, 항공사 통화 조정 앱(출처: 비탈리 유르첸코(Vitaly Yurchenko))

회귀 테스트

데이터를 분석하고 문제가 된 프롬프트를 수정하고 매개변수를 조절할 때 실제로 성능이 향상됐는지 확인하는 것이 중요하다.

그냥 추측만 하지 말고 데이터(오디오 녹음)를 가져와 새로 조정된 시스템을 통해 재실행해보라. 불일치율이 떨어졌는가? 잘못된 수락률이 향상됐는가?

회귀 테스트는 개선 사항이 잘 동작하는지 확인하는 확실한 방법을 제공한다. 문제를 해결하다가 예상치 못하게 다른 문제를 만들 수도 있다. 회귀 테스트를 이용하면 업데이트가 적용되기 전에 문제가 있는지 알 수 있다.

결론

앱을 출시하는 것은 흥미로운 일이다. VUI는 복잡한 입력 방법인 음성 입력을 사용하기 때문에 예상대로 정확히 동작하는지 확인하기가 특히 더 어렵다.

그러나 다행히도 앱의 상황을 감시해 디자이너가 성능을 빠르게 향상시킬 수 있도록 도와주는 방법들이 있다. 데이터 수집이 시작되자마자 분석을 진행할 수 있도록, 필요하다고 예상되는 모든 정보를 기록하는 것이 중요하다. 사용자가 실제로 말한 것을 전사하는 것은 시스템이 어떻게 동작하고 있는지 이해하는 데 꼭 필요한 방법이다.

설계 초기에 성공을 측정하기 위한 기준과 임무 완료에 대해 정의함으로써 이해관계자 간의 합의가 이뤄져 개발자들이 정보 수집을 위한 설계를 할 시간을 가질 수 있도록 하라.

실패한 부분을 찾아내 빠른 개선을 하는 것이 성공적인 VUI를 만드는 데 가장 중요하다.

8장

음성 지원 기기 및 자동차

8장에서는 모바일 앱 외에 VUI가 사용되는 사례들을 소개한다. 아마존 에코 같은 홈 어시스턴트 및 스마트 워치와 자동차의 음성 시스템 등이 포함된다. 일부 사례는 실제 상용화된 것이고 일부는 곧 상용화를 앞두고 있다.

이러한 기기들의 발전이 시작됐고 빠르게 변할 것이며 8장에서는 앞으로 다가 올 미래를 소개한다. 이 장에 기여한 이 분야의 다른 많은 전문가들에게 깊은 감사의 말을 전한다.

기기들

오늘날 시장에는 다양한 음성 지원 기기들이 있다. 아마존 에코나 구글 홈과 같은 홈 어시스턴트를 통해 조명을 제어하고 타이머를 설정하고 음악을 듣는 등 다른 많은 작업을 수행할 수 있다. 스마트워치 및 기타 웨어러블 기기는 피트니스 정보를 기록하고 스마트폰을 가방이나 주머니에 둘 수 있게 해준다. 일부 TV는 음성 지원을 통해 원격 제어 기능을 제공한다.

홈 어시스턴트

가장 잘 알려진 음성 지원 기기 중 하나는 홈 어시스턴트다. 현재 아마존 에코가 시장을 주도하고 있으며 구글 홈이 최근(2016년 11월) 출시됐다. 현재 아톰^{Athom}의 호미^{Homey}, 마이크로프트^{Mycroft}, 이브^{Ivee}, 지보^{Jibo} 등도 곧 출시를 앞두고 있다.

아마존 에코는 상단에 조명 링이 있는 약 9인치 높이의 검은색 원통형 모양이다(그림 8-1 참조). 기본 인터페이스는 아마존의 알렉사 음성 서비스이지만 계정을 설정하고 기능을 추가하고 인식된 것을 보여주는 연동 모바일 앱이 있다. 볼륨을 조절하려면 상단의 링을 물리적으로 회전시키거나 알렉사에게 말로 지시할 수 있다. 발광 링 아래에는 원거리 음성 인식이 가능한 7개의 마이크가 배치돼 있다. 에코에게 질문하거나 명령을 내리려면 기동어인 "알렉사"라고 말해야 한다.

에코는 끊임없이 기동어를 듣고 있다. 이 처리는 로컬에서 수행된다. 다시 말해, 알렉사가 기동어를 듣지 못한 상태에서 사용자가 한 말은 저장되지 않는다. "알렉사"라고 누군가 말한 것이 입력되면 상단의 링에 파란색 불이 들어오고 몇 초간 요청을 듣는다. 다음은 에코에게 말할 수 있는 몇 가지 예시다.

- "알렉사, 10분짜리 타이머를 맞춰줘."
- "알렉사, 베어네이키드 레이디^{Barenaked Ladies}의 "콜 앤 엔서^{Call and Answer}"를 틀어줘."
- "알렉사, 미국 대통령이 누구지?"
- "알렉사, 내가 어떻게 출근해야 하지?"[모바일 앱을 통해 현재 위치를 설정할 수 있다.]
- "알렉사, 내 쇼핑 목록에 우유를 추가해줘."

에코는 현재 소매가 180달러에 팔리고 있다. 아마존은 2개의 더 저렴한 모델도 판매하고 있다. 탭^{Tap}은(그림 8-2 참조)은 사용자가 말하기 전에 물리적으로 기기를 탭^{tap}해야 사용할 수 있다. 닷^{Dot}은 낮은 품질의 스피커가 탑재돼 있는 에코의 찌그러진 버전 같은 기기다.

그림 8-1
아마존 에코

그림 8-2
아마존 탭

알렉사는 유머 감각도 있다. 알렉사에게 "넌 스카이넷[1]이니?"라고 물으면 그녀는 "저는 스카이넷과 아무 상관이 없어요. 걱정 마세요."라고 대답한다.

또한 아마존의 개발자들은 '제퍼디!^{Jeopardy!} 쇼'를 즐기거나 칭찬을 받거나 어린이의 질병에 대한 조언을 구하는 등 천여 개의 자신만의 '스킬^{Skill}'을 추가할 수 있도록 했다.

구글은 2016년 I/O 콘퍼런스에서 홈 어시스턴트 구글 홈을 발표했다(그림 8-3 참조). 블로그의 설명에 따르면 다음과 같다.

> 구글 홈은 구글 어시스턴트를 집 안의 모든 장소에서 사용 가능하게 하는 음성 기반 기기다. IVR을 사용해 엔터테인먼트를 즐기거나 일상적인 작업 관리를 하거나 구글 검색 결과를 얻을 수 있다. 간단한 음성 명령을 통해 구글 홈에게 노래 재생, 오븐의 타이머 설정, 항공편 확인, 조명 켜기 등을 요청할 수 있다. 구글 홈은 어느 집에나 어울릴 수 있도록 하단부를 다양한 색상과 재질로 선택 가능하게 디자인됐다. 구글 홈은 올해 하반기 출시 예정이다.

그림 8-3 구글 홈

---

1 영화 터미네이터에서 인류를 멸망시키려 하는 인공지능 슈퍼컴퓨터 - 옮긴이

호미(그림 8-4 참조)는 네덜란드에 본사를 두고 있는 아톰이 만들었다. 스마트 오븐, 텔레비전 또는 전등 스위치와 같이 집안의 다른 기기들과 연결된다.

호미는 기동어 "헤이! 호미."로 시작할 수 있다. 호미의 재미있는 기능 중 하나는(데모 비디오에 따르면) 누군가가 "헤이! 호미, 나 스타트랙 보고 싶어." 와 같이 TV 프로그램 시청을 요청하면 "자막도 같이 틀까요?"라는 연관된 질문을 할 수 있다는 것이다. 이상적으로 사용자가 늘 자막과 함께 보기를 원했다면 매번 질문을 하지는 않을 것이며 데모 비디오에서는 호미가 티비를 켜면서 조명을 어둡게 조절하는 것을 볼 수 있다.

마이크로프트는 남성 페르소나가 있다는 점에서 특이하다. 에코와는 달리 표정을 표시할 수 있는 애니메이션 화면인 '얼굴'이 있다(그림 8-5 참조). 오픈 소스 기기로 2017년 출시 예정이다.

그림 8-4 아톰의 호미

그림 8-5 마이크로프트

그림 8-6은 '얼굴'(화면도 있음) 외에도 훨씬 더 많은 움직임을 나타내는 지보이다. 예를 들어 지보가 사용자를 향하고 있지 않을 때 "헤이! 지보."라고 말하면 지보는 사용자 쪽으로 향할 것이다. 지보는 2017년 미국과 캐나다에서 출시될 예정이다

그림 8-6
지보

지보에게 "좋아하는 영화가 뭐니?"라고 물으면 스타워즈의 오프닝 음악을 재생하고 TIE 전투기가 비행하는 영상을 보여주면서 주위를 돈다. 현재는 지보가 가장 다양한 캐릭터를 보여줄 수 있을 것으로 보인다.

기기의 성격은 주요 고려 사항이다. 따뜻하고 귀여운 캐릭터는 매일 보는 가족 간의 인터랙션에는 적합하겠지만 의학적 조언을 전달하는 기기에 탑재한다면 사용자의 신뢰를 얻을 수 있을까? 기기의 성격은 단순히 음성을 고르고 귀여운 응답을 삽입하는 것 이상으로 VUI가 사용되는 맥락과 사용자의 기대와 분위기를 이해하는 것이 핵심이다.

이러한 기기의 성공은 뛰어난 마이크 설계 및 신호 캡처, 신호 향상 소프트웨어의 발전 때문에 가능할 수 있었다. 아마존 에코는 방안 어디서도 요청을 안정적으로 이해할 수 있다. 부엌에서 손을 사용할 수 없을 때 유용하다. 회의실 끝에서 "헤이! 시리" 또는 "오케이 구글"을 시도하면 실패할 가능성이 높다(반면 회의 중 실수로 호출되는 것을 볼 수도 있음!). 스마트폰은 일반적으로 사용자와 가까운 곳에서 사용되지만 에코는 넓은 공간에서 사용하도록 설계돼 있기 때문이다. 물론 마이크 기술과도 관련이 있다.

스마트폰을 사용해 홈 어시스턴트가 제공하는 많은 일들을 할 수 있지만 손이 닿지 않는 홈 어시스턴트 기기는 사용자가 음성을 사용할 가능성이 훨씬 높다. 사소한 것처럼 보일 수 있지만 실제로 사용 시에는 큰 차이가 있다. 스마트폰을 들어서 잠금을 해제하고 "오케이 구글"이라고 말한 후 요청하는 것이 얼마나 귀찮은가? 또한 많은 사람이 대부분 타이핑을 통해 스마트폰을 사용하는 것에 익숙하며 사용 방법을 음성으로 바꾸지 않는다.

물론 화면이 적은 것은 사용자 경험에 영향을 미친다. 기기가 명령을 이해하지 못했을 때는 사용자에게 알려야 한다. 2장, '기본 VUI 디자인 원칙'에서 설명했듯이 아마존 에코는 색다른 방식으로 오류 처리한다. 빛을 줄여 이해하지 못했음을 나타낸다. 질문을 했음은 알아차렸지만 내용을 이해하지 못했을 경우에는 "죄송합니다. 질문을 이해하지 못했습니다."라고 말한다. 또한 알렉사는 상황에 적합한 도움말을 제공한다. 만약 당신이 1과 10 사이가 아닌 볼륨 레벨을 요청하면 알렉사는 설정 가능 범위를 알려준다.

홈 어시스턴트 기기에서 고려해야 할 다른 사항 중 하나는 한 집에서 한 명 이상의 사용자를 구분할 것인지 여부다. 누구나 기기를 사용할 수 있게 할 것인가, 아니면 특정 사용자에게는 "잠금"돼 있을 것인가? 누가 노래를 틀 수 있도록 허용할 것인지는 중요하지 않을 수 있지만 아무에게나 현재 은행 잔고를 알려주거나 수백 달러의 제품(앞선 예시의 "곰돌이 젤리~!")을 주문할 수 있게 하거나 문을 열 수 있게 하는 것은 현명하지 않다.

스크린이 없는 기기의 VUI 설계하기

랩 126(Lab 126)의 선임 음성 UX 디자이너인 이안 맨지스는 시각적 피드백이 없는 VUI 우수 설계 사례에 대해 다음과 같이 말했다.

스크린이 없는 기기를 위한 VUI를 설계하는 것에는 많은 도전이 따르는데 이는 과거 IVR 시스템의 VUI 설계가 직면했던 문제들과 비슷하다. 다음은 몇 가지 우수 사례다.

짧게 유지할 것

말하는 것은 순식간이며 일시적이고 선형적이므로 인지 부하와 오류를 최소화하기 위해서는 메시지를 정확하고 분명하게 전달해야 한다. 길거나 복잡한 문장이나 전문적인 용어들 또는 너무 많은 선택 사항들은 빠르고 쉬운 이해를 방해할 것이다. 약간은 부족한 것이때로는 더 나을 때도 있는 것이다.

자연스럽게 유지할 것

사용자는 VUI에 말하는 방법을 배우지 않고도 쓸 수 있어야 한다. 인터페이스를 더 자연스럽게 만드는 것이 디자이너와 기술이 가진 임무다.

피드백을 제공할 것

화면을 제공할 수 있는 경우에는 인식 결과를 문자로 보여줄 수 있지만 음성 전용 시스템에서는 피드백이 입출력과 동일한 채널에서 이뤄지기 때문에 제한적이다. 사용자에게 기기가 이해한 것을 분명하고 자연스럽게 대화식으로 알려주는 것이 중요하다.

모호한 것을 위해 디자인할 것

대화는 종종 모호하기도 하기 때문에 VUI는 이를 대비해 기획돼야 한다. 시리는 "어느 것인가요?"라고 물으며 선택 가능 목록을 스크린에 보여줄 수 있다. 그러나 이는 음성 전용 시스템에서는 불가능하다. 만약 선택할 수 있는 항목의 수가 많지 않다면 발음을 자연스럽고 명확하게 설계할 수 있지만 선택 항목이 많아질수록 어려워진다.

수정을 지원할 것

실수는 발생할 수 있다. 실수가 발생해서 사용자가 처음부터 다시 시작하는 것은 어려운 일은 아니지만 좋은 사용자 경험은 아니다. 스크린이 있는 경우에는 수작업으로 수정하는 것을 지원할 수 있지만 VUI에서는 사람들이 말하면서 스스로 실수한 것을 정정하는 것과 같은 수정을 지원해야 한다. 원스텝One-step 수정이 가장 일반적으로 사용되는데 이는 사용자가 잘못된 입력을 취소하고 다시 입력하는 방법이다. 예를 들어 시스템이 "보스턴 말씀이시죠? 맞습니까?"라고 물었을 때 사용자가 "아니요. 오스틴입니다."라고 수정하는 것이다. 원스텝 수정을 구현하는 것은 기술적으로 까다로울 수는 있지만 이것이 잘 적용된다면 좋은 사용자 경험이 될 것이다.

시기의 중요성

VUI는 질문이 1분 또한 1시간 동안 화면에서 사라지지 않는 GUI와는 달리, 사람의 대화에서 일반적으로 통용되는 시간 규칙을 고려해야 한다. 사람들은 대화할 때 발화자 간의 일시 중지 상태 시간을 약 400밀리초 미만 정도 소요하며 긴 침묵은 방해 요소로 작용될 수 있다. 따라서 VUI는 기계가 필요한 시간만을 고려하는 것이 아니라 사람들이 필요한 시간을 고려해 설계돼야 한다.

목록의 어려움

화면과 문자는 목록이나 많은 양의 구조화된 데이터를 볼 때 유용하다. 메뉴, 연락처 목록, 카드 사용 기록 확인 등은 시각적으로 볼 때는 쉽지만 VUI를 사용해서 확인하는 것은 매우 어려울 것이다. 만약 구조화된 데이터를 VUI에서 보여줘야 한다면 한 번에 얼마만큼의 데이터를 전달할 것인지, 전달 속도 항목과 항목 간의 전달 간격 등을 고려해야 한다. 목록이 검토를 위한 것인가 아니면 사용자가 내용을 편집하기 위한 것인가? 사용자에게 익숙한 내용인가 아니면 생소한 내용인가? 사용자가 질문을 한두 가지 하면 항목의 수를 현저히 줄일 수 있는가? VUI에 목록을 적용할 때는 사용자 테스트를 하는 것이 좋다.

TTS의 제약 사항

최근 TTS 기술이 비약적으로 발전했지만 아직은 사람 간의 대화나 문자로 전달하는 것과 비교하면 여러 제약 사항들이 있다. 자연스러운 대화에서는 잠깐의 멈춤, 속도의 변화, 강조, 억양의 변화 등으로 중요한 부분을 강조해서 말할 수 있다. 화면에서는 문자가 강조되거나 밑줄을 사용하거나, 이탤릭체를 이용하거나, 색 또는 서체를 이용해 강조할 수 있다. 그러나 TTS에서 운율에 변화를 적용하는 것은 매우 어려운 일이다. 음성 합성 생성 언어는 TTS의 음조, 속도 음량 등을 수정하기 위한 기능을 제공하지만 매우 동적인 TTS에는 복잡성만 더한다. TTS는 다양한 기술과 기능에 적합하지만 아직 스탠드업 코미디를 하는 것은 불가능하다.

아마존 랩 126에서 초기 단계부터 에코를 담당했던 수석 관리자 샤미타 소마셰커는 여전히 IVR 시스템의 많은 디자인 원칙들이 중요하다는 멘지스[Menzies]의 의견에 동의했다. 아마존 에코는 IVR 시스템은 아니지만 기본적인 컴퓨터-인간 인터페이스 원칙은 여전히 적용되고 있다.

소마셰커는 에코 개발의 어려운 점 중 하나로 에코에서 수집된 엄청나게 많은 양의 데이터를 꼽았다. 데이터를 옮기고 편집하는 것은 VUI 시스템 성능 향상과 이해를 위해 중요한 일이지만 사람이 분석하기에는 양이 너무 많기 때문에 데이터를 보는 다른 방법을 찾아야 했다고 말했다.

또 다른 중요한 도전 과제는 '사람들이 에코를 이용해 무엇을 할 수 있는지를 어떻게 가르쳐줄 것인가'에 대한 것이다. 대부분의 사용자는 에코를 통해 모든 것을 할 수 있기를 기대하기 때문에 에코의 사용을 위해 휴대폰을 봐야 하는 것을 달가워하지 않기 때문이다.

소마셰커에 따르면 에코의 "시몬 가라사대$^{Simon Says2}$ 기능이 사용자들에게 큰 호응을 얻었다고 한다(특히 에코 리모컨을 갖고 다른 방에 있을 때). "알렉사, 시몬 가라사대 ○○"라고 하면 에코는 사용자를 대신해 ○○을 반복해서 말한다. 그녀는 이 기능을 부모들이 자녀들을 재우기 위해 특히 많이 사용했다고 한다. 알렉사가 "잭^{Jack}, 이제 이 닦을 시간이야."라고 하면 아이들이 말을 들었기 때문이라고 한다.

소마셰커는 감쇠 기능 또한 에코의 인기 기능이라고 말했다. 만약 에코에서 음악이 재생되고 있는 도중에 당신이 "알렉사"라고 부르면 음악이 갑자기 멈추는 것이 아니라 서서히 볼륨을 줄여 사용자가 알렉사의 대답을 들을 수 있게 한다. 하지만 책을 듣는 중이었다면 일시 정지를 한다. 이는 매우 사소해 보일 수 있지만 이로 인해 사용자 경험은 크게 향상된다.

소마셰커는 에코의 얇은 조명 링 또한 사용자 신뢰를 구축하는 매우 중요한 디자인 요소라고 말했다. 사용자들은 링에 불이 켜져 있을 때만 클라우드로 대화가 전송하는 것을 알고 있기 때문이다. 항상 클라우드에 연결돼 있는 것은 신뢰에 큰 문제를 일으킬 수 있다.

더 많은 사례와 정보를 확인하고 싶다면 알렉사 스킬 모음 음성 디자인 우수 사례 사이트를 참고하라(http://amzn..to/2fPPJXf/).

시계/밴드/이어폰

스마트워치도 점점 인기를 얻고 있다. 어떤 스마트워치들은 세련되고 우아하며 일반 시계와 똑같아 보이는 반면(그림 8-7 참조), 어떤 것들은 누가 봐도 '전자 기기'처럼 생겼다. 스마트워치는 사용자의 핸드폰과 연동돼 있어 스케줄을 확인하고 전화를 받고 문자 메시지를 확인하는 등의 작업이 가능하다. 마이크로소프트는 팔찌 타입의 기기를 제공한다(그림 8-8 참조).

2　3명 이상을 위한 게임으로 1명이 '시몬'의 역할을 맡아, '시몬 가라사대'를 외친 후 다른 플레이어에 지시를 하는 게임 – 옮긴이

그림 8-7 애플워치, 모토360, 페블

그림 8-8 마이크로소프트 밴드

스마트워치를 사용하면 사용자들이 계속해서 핸드폰을 확인하지 않아도 되기 때문에 그들에게 더 효율적인 삶을 제공한다. 하지만 계속해서 핸드폰을 확인하는 대신 계속 손목을 쳐다보기 때문에 다른 사람들이 보기에는 그들이 시간을 확인하거나 어딘가로 가기 위해 서두른다고 생각할 수도 있다. 대부분의 스마트워치는 설정이 가능하기 때문에 사용자가 보고 싶은 내용만 보이도록 할 수 있다.

모토360은 안드로이드 폰과 비슷한 방식으로 명령에 응답할 수 있다. "오케이 구글"이라고 말하면 질문을 시작할 수 있다. 예를 들어 "내가 언제 머리를 잘랐지?"라고 질문하던지, 리프트^{Lyft}를 요청하거나 문자 메시지에 답을 할 수 있다.

다만 스마트워치가 시장에 나온 지는 몇 년 지났지만 아직 가격이나 크기 때문에 대중화되지는 못했다. 많은 제조사들은 여자들을 위한 작은 크기를 시장에 내놓는 것을 고려하기 시작했다.

스마트워치의 또 다른 도전 과제는 누구도 시계에서 타이핑을 하고 싶어하지 않기 때문에 좋은 VUI를 제공해야 한다는 것이다. 화면에 공간이 있긴 하지만 매우 일정량의 정보만 표시할 수 있다.

또한 아직 많은 사람이 공공 장소에서 자신의 스마트워치에 대고 말하는 것에 익숙하지 않다.

또 다른 새로운 기기로는 애플의 에어팟과 같은 무선 이어폰이 있다. 무선 이어폰은 블루투스를 통해 핸드폰과 연결돼 있기 때문에 연결선이 없다. 두 번 탭하면 시리에게 말할 수 있다. 에어팟은 빔형성 마이크를 사용해 외부 소음을 걸러내고 사용자의 목소리를 듣는다.

시계나 팔지 타입 외에도 씽크긱의 스타트랙 컴배지와 같은 다양한 기기가 있다(그림 8-9 참조).

그림 8-9
씽크긱의
스타트랙 컴배지

블루투스를 통해 휴대폰과 연결돼 있으면 배지를 통해 전화를 받거나 명령을 내릴 수 있다. 많은 사람에게 스타트랙의 컴배지가 VUI의 전형적인 예시일 것이다. 어디서나 음성으로 명령을 내릴 수 있고 톡톡 치거나 구동어를 이용해서 동작시킬 수 있기 때문이다. 우리가 상상했던 미래로 한 걸음 더 다가가는 것이다.

다른 기기들

텔레비전 사업자들 또한 VUI에 많은 투자를 했다. 한 가지 예시로 컴캐스트Comcast는 사용자가 음성으로 TV를 제어할 수 있도록 하는 X1 음성 원격이라는 음성 지원 원격 제어 장치를 제공하고 있다. 사용자는 리모컨의 버튼을 누르면 명령을 내릴 수 있다. 버튼이 눌리면 TV 화면 아래에 파란색 진행 표시와 함께 '듣는 중'이라고 표시된다. 명령은 CNN과 같은 방송사 이름을 인식해 실행되며 채널 정보가 입력되면 아래쪽에 표시되고 채널이 변경되면 바로 안내 표시가 사라지며 변경된 채널을 시청할 수 있게 된다.

다른 명령어 예시:

- "NBC 보기"
- "어린이용 영화 검색"
- "스포츠 앱 실행"
- "7시 프로그램 목록 보기"
- "청각 장애인을 위한 자막 보기"
- "설정 보기"
- "해리슨 포드[Harrison Ford]가 출연하는 영화 목록 보기"

이 경우에는 구동어를 사용하는 것보다 버튼을 누르고 사용하는 것이 더 자연스럽게 사용될 수 있다. 대개 사람들은 TV를 볼 때 항상 리모컨을 근처에 두기 때문이다. 또한 이렇게 함으로써 인식 성능을 향상할 수 있다.

리모컨이나 TV가 사용자의 명령에 응답하지 않는 대신, TV 화면의 시각적인 피드백을 제공해 사용자가 명령을 확인할 수 있도록 했다.

자동차 및 자율주행차

자동차의 음성 인식은 2000년대 중반 처음 도입됐다. 2005년 IBM은 혼다[Honda]와의 제휴를 통해 자동차에 내비게이션 기능과 함께 저갯[Zagat] 레스토랑 리뷰 듣기 기능을 추가했다. 2007년 포드는 마이크로소프트/텔미[Tellme]의 음성 인식 기술을 활용해, 운전자가 블루투스로 연결된 휴대폰으로 전화를 걸 수 있도록 구현한 싱크를 출시했다. 최신 버전의 싱크에서는 음악을 재생하고 교통 정보를 얻는 등 다양한 작업을 수행할 수 있다.

자동차 VUI의 도전 과제들

자동차용 VUI 설계하는 데는 많은 어려움이 있다. 첫째는 소음이다. 시간당 70마일[3]로 운전하면서 음악이 재생되고 있고 동승자도 말을 하고 있는 상황에서의 인식 작업은 쉽지 않다. 음악이나 사람들의 대화가 없더라도 도로 소음만으로도 이미 어려운 상황이다. 마이크를 설치할 올바른 위치를 찾는 것 또한 매우 어려운 작업이다.

또한 자동차는 스마트폰이나 인터넷에 연결된 다른 기기보다 업그레이드 주기가 느리다. 최근까지도 자동차의 음성 소프트웨어를 업그레이드하려면 소유자가 자동차를 딜러에게 가져다줘야 했다. 이 때문에 개선 작업이 훨씬 더 어려웠다.

테슬라가 자동으로 소프트웨어를 업그레이드하는 것을 지원하는 것과 같이 이런 상황들은 변하고 있지만 여전히 자동차의 VUI는 종종 불만족스럽고 사용하기 어렵다. J. D. Power 2015 초기 품질 연구에서 꼽은 자동차에서 가장 많이 발생하는 문제 중 1위는 음성 인식 시스템이었다(참고로 10위는 컵 홀더, 2위는 블루투스 페어링 및 연결). 보고서에 따르면,

> 빈번하게 음성을 인식하지 못하거나 명령을 잘못 해석하는 내장형 음성 인식 시스템은 새로운 차량 소유 경험에서 가장 골치 아픈 영역이다. 연구에 따르면 음성 인식 시스템의 불만율이 가장 높은데 이는 쉽게 닳거나 더럽혀지는 내장재나 과도한 바람 소리와 관련된 문제보다 약 3배 정도 높다.

이는 두 번째로 큰 불만인 스마트폰을 블루투스를 통해 차량과 연결할 수 있다고 가정하는 것이다. 페어링 과정은 골치 아프고 많은 시간이 소요되는 작업인데 특히 두 명 이상의 드라이버나 모바일 기기가 있는 경우는 더 심하다.

누르면 바로 말을 할 수 있는 푸시-투-토크처럼 간단한 방식이라 할지라도 몇 가지를 컨트롤할지, 컨트롤을 어디에 둘 지 등 디자인 일관성이 부족한 상황이다. 혼다의 2016년형 오디세이^{Odyssey}의 음성 명령 사용 방법을 알려주는 영상에서는 실제로 "음성 명령을

---

3   112Km/h - 옮긴이

사용하시려면 통화 버튼이 아닌 대화[talk] 버튼을 누르십시오.”라고 안내하고 있다. 필자도 토크 버튼을 눌러야 할 때 끊기(차 안에서 끊기 버튼이 무슨 의미가 있는지 의문이다) 버튼을 누른 적이 있다.

자동차 안을 위한 디자인

사용자에게 스마트폰을 연결하는 여러 장애물을 통과하고 음성 인식 시스템을 활성화하는 방법을 알려줬더라도 여전히 짚고 넘어가야 할 디자인 요소가 있다.

다음은 포드의 싱크 음악 시스템 초기 버전 샘플이다(그림 8-10 참조). 사용자는 블루투스 대신 유선으로 스마트폰이나 MP3 플레이어를 연결해야 했다. 또한 사용자가 말하고 싶을 때마다 핸들의 음성 버튼을 먼저 눌러야 했다.

사용자   [핸들의 음성 버튼을 누른다.]

싱크   싱크입니다. 명령을 말씀해주세요.

사용자   USB.

싱크   USB입니다. 명령을 말씀해주세요.

사용자   어. 부르스 스프링스틴[Bruce Springsteen][4]

싱크   [이해하지 못했음을 나타내는 소리를 크게 내며]

          앨범, 아티스트, 장르, 트랙 또는 재생 목록의 재생을 요청할 수 있습니다. 미디어를 제어하려면 '재생', '일시 중지', '이전 트랙', '다음 트랙', '이전 폴더' 또는 '다음 폴더'라고 말해주세요.

위 상황을 읽는 것만으로는 그다지 나빠 보이지 않는다. 하지만 저 상황에 빠진 불쌍한 운전자를 상상해보라. 더욱이 사람들이 오디오를 청취할 때 경험하는 표준 인지 부하 외에도 실제로 운전할 때 발생하는 인지 부하까지 더해지는 것이다. 먼저 사용자는 “USB”

---

4 미국 싱어송라이터 – 옮긴이

라는 모호한 명령어를 기억해야 한다. 그다음 "명령을 말씀해주세요."라는 메시지가 재생됐을 때 사용자가 사용할 수 있는 음악 재생 관련 명령은 28개다. 사용자에게는 별다른 도리가 없다. 이 예시를 제공해준 캐런 카산스키에 감사한다.

그림 8-10 포드 싱크 음악 예시

사용자에게 모든 작업을 수행할 수 있도록 허용하는 대신, 사용자가 주로 하거나 또는 하고 싶어하는 작업에 집중해야 한다. 물론, "부드러운 재즈를 연주해줘."라고 말할 수 있다면 좋겠지만 이것이 주요 사용 신scene일까? 자동차에서의 인터랙션은 가능한 간단하고 쉽고 빨리 기억할 수 있어야 한다. 일반적인 작업의 프로세스를 단축하라. 예를 들어 포드의 싱크는 운전자가 퇴근 시 교통 정보를 얻을 수 있는 교통 정보 기능을 도입했다. 주소 입력에 대한 인식의 어려움은 말할 것도 없이 이를 설정하기 위해 필요한 음성 명령을 사용자에게 가르치는 일은 매우 어려운 일이다. 대신 사용자는 온라인으로 포드 싱크 계정에 로그인하고 목적지를 설정한다. 그렇게 하면 사용자는 차 안에서는 "집까지의 교통 상황"과 같은 간단한 명령을 사용해 필요한 정보를 얻을 수 있다.

오디오 설계에도 주의가 필요하다. 한 자동차 내비게이션 앱은 운전자를 본 다른 사람들이 '안녕하세요' 메시지를 보낼 수 있게 했다. 이를 위해 선택한 오디오는 "삑삑" 소리였는데, 이는 운전할 때 매우 방해가 됐다.

자동차 일체형 시스템 구현의 어려움을 극복하기 위한 한 가지 해결책은 스마트폰에 어려운 작업을 맡기는 것이다. 애플의 카플레이$^{Car\ Play}$(그림 8-11 참조)와 안드로이드의 오토^{Auto}가 그 예다.

그림 8-11 애플의 카플레이

카플레이는 애플 전용 케이블로 아이폰을 자동차에 연결하면 동작한다. 그러면 자동차의 터치 스크린에서 익숙한 아이폰의 인터페이스를 사용할 수 있다. 핸들의 버튼을 눌러 음성 명령을 시작할 수도 있다. 카플레이는 아이폰에서 일반적으로 할 수 있던 모든 일을 지원하지 않지만 자동차 내비게이션 및 음악 재생 등과 같이 자동차 안에서 도움이 되는 앱들의 사용을 지원한다.

안드로이드의 오토(그림 8-12 참조)는 마이크로 USB 케이블을 통해 자동차와 유선으로 연결된다.

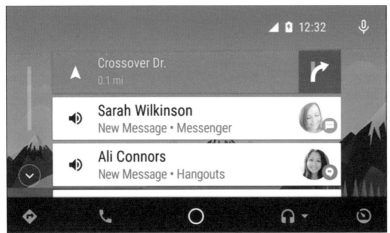

그림 8-12
안드로이드 오토

일체형 시스템에 비해 스마트폰 사용이 갖는 또 다른 이점은 사용자가 스마트폰을 항상 갖고 다니기 때문에 차에서 당신이 했던 일이 나중을 위해 저장되는 것이다. 예를 들어 자동차에서 드라이클리닝 찾기를 미리 알림으로 설정한 경우 나중에 현재 위치에 관계없이 핸드폰으로 알림을 받을 수 있다.

또한 사용자들은 이미 스마트폰 음성 명령에 익숙하기 때문에 또 다른 복잡한 명령어들을 새로 익힐 필요가 없다.

부주의 운전

인식 문제와 사용자 경험 문제를 해결했을지라도 자동차 설계 시 다른 것들과 차별화되는 핵심 요소가 있는데 이는 부주의 운전이다. 2015년 미국 안전 보장 이사회(NSC)에 따르면 미국은 반세기 만에 1년 중 교통 사망자가 가장 많이 증가한 것으로 나타났다. 이 중 일부는 유가 하락과 경제적인 개선으로 인해 도로에서 더 많은 운전자가 생기게 된 것 때문도 있지만 일부는 부주의한 운전의 증가로 인한 것이다. NSC에 따르면 치명적인 자동차 충돌의 26% 는 부주의한 운전으로 인한 것이라고 한다.[5]

---

5 "National Safety Council: Safety on the Road."(2015). Retrieved from http://nsc.org/

전기 자동차 회사 넥스트 EV의 리드 음성 UX 디자이너인 리사 폭슨은 인지, 시각, 신체 등 총 세 가지 유형의 운전자 주의 분산이 있다고 말한다. 운전 중 문자 보내는 것은 이 세 가지 모두를 포함한다.

전기 자동차 회사 아티에바[Atieva]의 사용자 경험 수석 관리자인 재러드 스트로드맨[Jared Strawderman]은 차량용 VUI를 설계할 때(특히 내가 몰 차라면) 안전이 제일 중요하다는 데 동의했다.

자동차 설계 시 안전은 사용성만큼이나 중요하다. NHTSA 가이드 라인이 따르면 운전자는 도로에서 2초 이상 눈을 떼지 않아야 한다고 규정하고 있다. 모바일 앱의 음성 인터페이스는 적절한 경우 화면을 이용할 수 있지만 자동차 VUI에는 이러한 사치는 있을 수 없다. 결과적으로 자동차 VUI 설계자는 가능한 한 화면 없이 음성 위주의 인터랙션을 완성하는 방법을 찾아야 한다. 자동차의 음성 인터랙션을 설계할 때 핵심 과제는 사용자가 운전 중에 스마트폰을 보고자 하는 유혹을 피할 수 있도록 돕는 것이다.

사람들은 점점 더 많은 시간을 모바일 기기 사용에 보내고 있다. 베일러 대학[Baylor University]의 한 연구에 따르면 대학생들은 하루 평균 9시간을 스마트폰 사용에 보내는데 그중 30%는 문자 메시지에 소비한다고 한다.[6]

곧 자율주행 자동차가 상용화되겠지만 그전에 사람들이 부주의한 운전자가 되지 않으면서도 차 안에서 어떻게 더 많은 일을 할 수 있게 할 것인가?

자동차 내 음성 인식은 초기 전화를 통한 음성 인식과 비슷하다. 모든 것이 정확해야 한다. 혼다는 "최상의 결과를 얻으려면 창문을 모두 닫고 온도 조절 팬을 꺼야 한다."고 조언한다. 사용자는 "FM 라디오 7번을 틀어줘."와 같이 명령을 분명하고 정확하게 말해야 한다. 더 좋은 디자인은 사용자가 "라디오 방송국 97.3 틀어줘." 또는 "내가 좋아하는 라디오 방송국 틀어줘." 등을 인식하는 것이다.

일부 자동차는 사용자가 토크 버튼을 누르면 화면에 사용할 수 있는 음성 명령을 표시하

---

6 "Cellphone Addiction Is 'An Increasingly Realistic Possibility,' Baylor Study of College Students Reveals.)(2014). Retrieved from http://www.baylor.edu/

기도 하는데, 이는 매우 거슬린다. 문자 메시지를 핸즈프리로 받아쓰기하는 것은 전화기를 내려다보는 것보다 틀림없이 안전하지만 여전히 주의를 산만하게 한다.

운전자의 산만함을 줄일 수 있는 다른 방법으로 상황 인지가 있다. 이는 전화가 왔을 때 자동으로 오디오를 일시 중지해 운전자가 급하게 기기를 조작하지 않도록 하는 것을 포함한다. 상황 인지의 좋은 예로 코타나를 들 수 있다. 코타나는 운전하는 도중 문자 메시지가 오면 블루투스 헤드셋이 연결돼 있는지를 확인하고 누가 메시지를 보냈는지 알린 후 내용을 읽을 것인지를 묻는다. 또한 답 문자를 보낼 것인지도 묻는다. 다음은 코타나의 자동차를 운전하는 사용자 예시다. 다시 말하지만 사용자는 음성 명령을 내리기 전에 핸들의 토크 버튼을 눌러야 한다.

코타나	[음악 일시 정지] 캐시로부터 문자가 왔습니다. 읽어드릴까요, 무시할까요?
사용자	읽어줘.
코타나	메시지는 "늦을 것 같아, 7시까지 집에 갈게"입니다. 답문자, 전화하기 또는 완료
사용자	답 문자.
코타나	네, 뭐라고 보낼까요?
사용자	"괜찮아, 이따 봐."
코타나	네, 캐시에게 "괜찮아, 이따 봐."를 보내기, 내용 추가하기, 다시 작성하기.
사용자	보내줘.
코타나	메시지를 전송합니다. [음악 다시 재생]

이 인터랙션에서 사용자는 시각적 피드백 없이도 작업을 완료할 수 있다. 또한 코타나는 명령을 단순화해, 긴 옵션 목록 없이 각 상태에서 사용할 수 있는 명령을 사용자에게 알렸다. 어떤 엔지니어는 "중간에 있는 단어 하나만 고치고 싶을 때는 어떻게 하나요?"라고 물으며 멋진 편집 명령을 추가하는 것을 제안하겠지만 대체로 문자 메시지가 짧은 것을 고려하면 이는 의미가 없다. 또한 코타나의 응답도 매우 짧다. 코타나가 "당신의 메시

지는 다음과 같습니다 : ⟨메시지 내용⟩ 이제, 메시지를 보내거나 더 추가할 수 있습니다. 그렇지 않으면 다시 시도할 수 있습니다. 당신은 무엇을 하고 싶습니까?"라고 묻는 것은 번거롭다. 대신, 친절하지만 짧게 유지하라. 이러한 상황에서는 간결함이 중요하다.

텔레링고^{TeleLingo}의 링고핏^{LingoFit}은 자동차 VUI를 두 가지 방식으로 접근한다. 이 시스템의 임무 중 하나는 운전자가 부주의해지거나 졸려할 때 운전자에게 경고하는 것이다. 링고핏은 운전자가 안전하고 교통 체증이 없는 길에 있고 운전자의 집중도가 필요 수준 이상임을 감지하면 간단한 운동을 할 것을 제안한다.

예를 들어 링고핏은 사람들에게 슬라이드 콘텐츠에 대해 질문함으로써 프레젠테이션 준비를 돕는다. 또한 외국어를 배우는 데 도움을 준다. 자동차 안에 있는 것의 이점 중 하나는 상황을 이용할 수 있다는 것이다. 예를 들어 운전자가 다리를 건너는 경우 더 기억하기 쉽도록 "다리"라는 단어를 가르치는 기회로 이용하는 것이다.

스트라우더만^{Strawderman}은 또한 모바일과 자동차 VUI 설계의 차이점을 다음과 같이 말한다.

또 다른 요인은 기기와 사용자 간의 관계다. 모바일 기기의 경우 장치 소유권을 통해 사용자를 확인하는 것이 쉽다. 대부분의 모바일 기기는 공유되지 않지만 차량은 공유되는 경우가 많다. 이 때문에 개인화된 경험을 제공하는 것이 좀 더 어렵지만 불가능하지는 않다.

자동차에는 시각적 행동 유도가 필요한 주요 사용 신이 있다. 예를 들어 자동차에서 자주 사용되는 기능 중 하나인 내비게이션 시스템을 들 수 있다. 트래픽, 대체 경로 관심 지점 결과 등 세부 정보를 전달을 위해 자동차 UI와 화면이 필요하다. 이는 에코 사용자가 알렉사로부터 기대하지 않는 정보들이다.

기기 전환

앞서 언급했듯이 설계자는 차 안팎의 사용자 경험을 가능한 매끄럽게 유지하도록 설계해야 한다. 또한 자동차, 스마트폰 스마트워치와 같이 자동차 내의 여러 기기가 수신 대기를 하는 경우에 대응하는 것도 중요하다. 어느 기기가 명령을 들어야 할까? 캐런 카산스키는 "상황에 따라 가장 최상의 결과를 제공할 수 있는 기기"라고 말한다. "나는 누가 듣는지 상관하지 않는다, 일만 제대로 처리된다면"이라고 덧붙인다. 모든 장치가 듣도록 하고 누가 대답할 것인지 기기들 사이에서 협상하게 한다는 것이다. 필요에 따라 사용자가 "워치에 저장해줘."와 같이 장치를 지정하게 하는 것이 유용할 수도 있다.

만약 내가 운전 중에 "어젯밤에 자이언츠 게임에서 누가 우승했지?"라고 물었을 때 내 스마트워치는 운전 중임을 감지하고 결과를 표시하지 않아야 한다. 그 대신, 정보를 크게 소리 내어 알려주거나 그러지 못할 경우 스마트폰에게 위임해야 한다.

아마존 에코에서도 근무한 스트라우더만은 오디오 북을 청취할 때 기기를 전환할 수 있는 기능을 높이 평가한다.

자동차의 블루투스를 통해 휴대 기기에서 오디오 북을 듣다가 집에 들어왔을 때 알렉사가 책의 어디에서 중단했는지 정확하게 알고 있는 것은 마법 같은 경험이다.

인터랙션 모드

차 내의 인터랙션 모드 선택하는 것은 매우 중요한 결정이다. 사용자가 말하기 전에 물리 버튼을 누르도록 할 것인가? 처음에만 버튼을 누르게 하고 대화 도중에는 그냥 답을 할 수 있게 할 것인가? 기동어를 사용할 것인가?

지금까지는 푸시 투 토크가 지배적인 모델이었다. 자동차가 계속해서 사용자가 하는 말을 듣지 않아도 되기 때문에 매우 실용적이다. 푸시 투 토크의 또 다른 장점은 음악이나 팟캐스트와 같은 오디오를 바로 음소거하거나 감쇠시켜 음성 인식 정확도를 높일 수 있다는 것이다. 마지막은 에코 같은 기기들과는 달리 사용자가 있는 곳이 차 안이라는 것을 알고 있다는 점이다. 운전자는 방 건너편이나 소파가 아닌 항상 핸들과 가까운 곳에 있을 것이다.

반면, 아마존 에코나 구글 홈과 같은 기기가 보편화되면서 사람들이 그 경험에 더 익숙해져서 자동차에서도 비슷한 경험을 기대하게 될 수도 있다. 이상적인 접근 방식은 새로운 대화를 시작할 때는 푸시 투 토크를 사용하지만 대화 중에는 버튼을 누르지 않아도 되는 하이브리드 방식일 것이다. 예를 들어 앞선 코타나의 문자 메시지 시나리오에서 코타나가 "듣고 싶습니까? 무시합니까?"라고 묻는 메시지에 대한 응답을 기다리는 짧은 시간 동안은 버튼을 누르지 않아도 답할 수 있게 하는 것이다. 또는 사용자가 노래를 선택하기 위해 버튼을 눌렀지만 모호한 경우에 "케이티 페리의 'I Kissed a Girl' 또는 질 소블의 노래 중에 선택하세요."라는 응답에 대해 사용자가 버튼을 다시 누르지 않고도 "질 소블"이라고 대답할 수 있도록 하는 것이다.

자동차 결론

운전자가 스마트폰의 모든 기능을 사용할 수 있도록 VUI를 설계하는 것은 매력적일 수 있지만 조심해야 한다. 사람들은 자동차에서 많은 일을 하길 원하지만 그렇다고 디자이너가 모두 허용해야 하는 것은 아니다. 동승자와 얘기하는 것보다 전화로 누군가와 얘기하는 것이 더 혼란스러운 이유 중 하나는 운전자가 까다로운 주행 상황에 처했을 때 동승자는 상황을 인식하고 말을 멈추지만 전화 상대나 VUI는 운전자가 집중해야 할 순간을 모르기 때문이다. 가장 많이 쓰이고 유용한 작업에 집중해 간단하고 쉬운 방법으로 설계를 함으로써 운전자의 주의 산만을 최소화해 우리 모두가 도로에서 안전을 유지할 수 있도록 하자.

그리 멀지 않은 미래에 자율 차량이 출시되면 자동차 VUI 설계는 완전히 새로운 단계로 접어들 것이다. 운전자의 주의 산만은 더 이상 문제가 되지 않을 것이지만 공유 차량의 동승자와의 프라이버시와 같은 새로운 문제가 발생할 것이다. 이때는 음성이 최선의 방법은 아닐 수도 있다. 아마도 승객은 명령을 말하기보다 버튼을 눌러 창을 내리고 싶어 할 수도 있다.

스트라우더만은 또한 신뢰의 문제를 제기한다

오늘날 자동차 음성 인식의 문제는 사용자 간의 신뢰가 매우 부족하다는 것이다.
자동차 VUI는 여전히 명령 제어 유형 인터랙션이 주를 이루지만 사용자가 시스템이 기대하는 명령을 정확하게 말하지 않으면 바로 실패하게 된다. 자동차 장비 제조업체가 NLU 도입하고 의미 있는 기능의 동작들을 지원할 정도로 용감하다면 사용자의 신뢰를 얻을 수 있을 것이다. 사용자가 스마트폰을 사용할 때와 같이 매번 유용한 응답을 들을 수 있다는 확신을 갖게 되는 때가 오면 음성이 운전자가 자동차와 상호 작용할 때 가장 유용한 방식이 될 것이다.

도움을 준 제러드 스트로더만, 리사 폭슨, 캐런 카산스키에게 감사한다.

결론

VUI는 더 이상 스마트폰용이 아니다. 자동차, 손목, 심지어 냉장고까지 확대되고 있다. 각각의 기기들은 IVR 또는 모바일 경험 때와는 다른 각각의 도전 과제를 갖고 있다.

이 글을 쓰는 시점에서 많은 새로운 기기와 자동차 VUI가 곧 출시될 예정이다. 그들이 점점 더 보편화되더라도 목표를 놓치지 않는 것이 중요하다.

VUI는 1950년대에 시작한 이래 많은 발전을 해왔다. 오늘날의 VUI는 그 어느 때보다도 공상 과학의 꿈과 비슷하다. 목소리만으로 노래를 재생할 수 있고(수백만 개의 목록 중에서), 나를 태울 차량을 요청할 수도 있고 우즈베키스탄의 인구수를 찾아보거나 수천 마일 떨어진 곳의 누군가에게 메시지를 보낼 수도 있다.

VUI가 아직 모든 곳에서 인기를 끌지는 못했지만 그 인기가 날로 높아지고 있다. 최근 비즈니스 인사이더Business Insider의 기사에 따르면 약 5억 400만 명이 가상 비서를 사용하게 될 것이고 2021년에는 그 숫자가 약 18 억[1]으로 늘어날 것으로 추산하고 있다. 인터랙션의 대부분이 이미 음성을 통해 이뤄지고 있으며 NLU 기술이 발달함에 따라 더 많은 곳에서 사용하게 될 것이다.

최근에 나는 아버지에게 생일 축하한다고 말하기 위해 전화를 했다. 우리는 아마존 에코에게 생일 축하 노래를 불러줄 것을 부탁했고 우리 네 명, 나와 남편, 아들 그리고 알렉사가 함께 노래했다. 알렉사는 우리가 매일 대화하는 우리 가정의 신뢰할 수 있는 구성원이 돼가고 있다. 아들이 숙제를 하는 동안 단어의 철자를 물어봤을 때 우리 모두 대답하지 않자, 아들은 "알았어, 알렉사에게 물어볼 거야!"라고 말하기도 했다. 내가 라우터를 재부팅해야 했을 때 에코가 연결됐는지를 확인하기 위해 "알렉사, 너 동작하고 있는 거지?"라고 물어봤다. 알렉사는 "모든 것이 잘 동작하고 있는 것 같네요."라고 응답했다. 깜박이는 불빛이나 스마트폰의 그래프를 확인하는 것보다 얼마나 좋은 방법인가.

에코나 구글 홈과 같은 가정용 어시스턴트는 재미있는 기기다. 하찮은 장난감처럼 보일

---

1 Dunn, J.(2016). "Virtual Assistants Like Siri and Alexa Look Poised to Explode." Retrieved from http://businessinsider.com/

수 있는 사치품이기도 하다. 하지만 〈2001: 스페이스 오디세이〉, 〈스타트랙〉, 〈허〉와 같은 영화들이 VUI를 내용상 중요한 부분으로 사용하는 이유가 있다. 바로 컴퓨터와의 자연스러운 커뮤니케이션 때문이다. 인류는 의사소통을 갈망한다. 주변에 아무도 없으면 우리는 애완동물이나 TV에 말하기도 한다. 우리는 컴퓨터와도 얘기하고 싶어한다. 최근까지는 전혀 가능성이 없었고 아직 갈 길이 멀다. 하지만 올바른 설계 원칙을 갖고 있다면 VUI가 단순한 속임수 정도만 될 필요가 없다. VUI는 우리가 기술과 상호 작용하는 방식을 근본적으로 변화시킴으로써 우리가 컴퓨터처럼 행동하지 않고 더 자연스럽게 행동할 수 있게 한다.

스마트폰 어시스턴트

- 어시스턴트.에이아이
- 코타나
- 하운드
- 오케이 구글
- 로빈
- 시리

가정용 어시스턴트

- 아마존 에코
- 아톰의 호미
- 구글 홈
- 아이브
- 마이크로프트

장난감/기타

- 이글아이 프리폴, 텔레폰 프로젝트
- 헬로 바비, 마텔과 토이토크/풀스트링
- 지보

- 한슨 로보틱스의 소피아
- 씽크긱의 스타트랙 '컴배지'
- 당신은 잭을 모른다

앱

- 그레이시 아바타, 실비아
- 멀리
- 무디스, 비욘드 버
- 센스리
- 스피카주, 토이토크
- 볼리오, 에스콰이어와 얘기하기 포함
- 윈스톤 쇼, 토이토크

비디오 게임

- 바이너리 도메인
- 데어 케임 언 에코
- 인 버비스 버투스

스마트워치/밴드

- 애플 워치(http://www.apple.com/apple-watch-series-1/)
- 마이크로소프트 밴드(http://bit.ly/2g5rkO2/)
- 모토 360(http://amzn. to/ 2eNJvm4/)
- 페블(http://amzn.to/ 2f 32n1b/)

자동차

- 2016 혼다 오디세이(http://bit.ly/2eNOUto/)
- 2009 포드 싱크 2009(http://bit.ly/2eNN8IB/)
- 애플 카 플레이(http://www. apple.com/ios/carplay/)
- 안드로이드 오토(https://www. android.com/auto/)
- 링고핏(https://www.youtube.com/watch?v=-9Fs0PrGFKE)

음성 사용자 인터페이스 디자인

VUI 디자인의 핵심 개념과 활용

발   행 | 2019년 6월 28일

지은이 | 캐시 펄
옮긴이 | 김 명 선 · 김 선 영

펴낸이 | 권 성 준
편집장 | 황 영 주
편   집 | 이 지 은
디자인 | 박 주 란

에이콘출판주식회사
서울특별시 양천구 국회대로 287 (목동)
전화 02-2653-7600, 팩스 02-2653-0433
www.acornpub.co.kr / editor@acornpub.co.kr

한국어판 ⓒ 에이콘출판주식회사, 2019, Printed in Korea.
ISBN 979-11-6175-316-4
http://www.acornpub.co.kr/book/designing-voice-ui

이 도서의 국립중앙도서관 출판시도서목록(CIP)은 서지정보유통지원시스템 홈페이지(http://seoji.nl.go.kr)와
국가자료공동목록시스템(http://www.nl.go.kr/kolisnet)에서 이용하실 수 있습니다.(CIP제어번호: CIP2019023547)

책값은 뒤표지에 있습니다.